Jean-Claude Wolf

Pantheismus nach der Aufklärung

VERLAG KARL ALBER

Ist Pantheismus eine verwerfliche Häresie, die zu Atheismus und Materialismus führt? Oder die universelle Religion der Zukunft? Beide Fragen lassen sich deshalb nicht bündig beantworten, weil es »den« Pantheismus nicht gibt. Es gibt zahlreiche Spielarten des Pantheismus. Eine Spurensuche findet sie in den Religionen nach der Aufklärung, insbesondere bei einer Reihe von europäischen und außereuropäischen Philosophen (Tagore), die den Übergang von Kants Kritizismus zu einer neuen Vision auf das Eine und Ganze wagen. Ein dynamischer Neospinozismus (Lessing, Herder) inspiriert mehr als eine Generation von Denkern und Dichtern. Um kontroverstheologische Abgrenzungen und weltanschauliche, insbesondere naturalistische Vereinnahmungen zu verhindern, wird ein weiter und offener Begriff von »Pantheismen« untersucht (Herder, Schleiermacher). Am Beispiel von Hegels Ausführungen zum unglücklichen Bewusstsein wird eine spekulative Variante von Pantheismus dargestellt. Der Übergang vom Pantheismus zum Atheismus (Feuerbach, Bruno Bauer) ist möglich, aber nicht zwingend. Einige Pantheisten verknüpfen die autonome (oder »reine« Ethik) mit heteronomen Elementen der Abhängigkeit der Menschen vom Einen und Ganzen. Für eine monistische Deutung der Ethik (Schopenhauer) wird die Verschiedenheit unter den Individuen unwichtig. Auch das Interesse von Hegel und Schopenhauer für den Mesmerismus bezeugt eine Annäherung der »Aufklärung über die Aufklärung« an Elemente einer liberalen Weltfrömmigkeit. Der Mesmerismus wird von Emerson erweitert zum Gleichnis des Einen und Allen.

Der Autor:

Jean-Claude Wolf ist Ordinarius für Ethik und politische Philosophie in Fribourg in der Schweiz. Bereits bei Alber erschienen: Verhütung oder Vergeltung? Einführung in ethische Straftheorien (1992); John Stuart Mills »Utilitarismus«. Ein kritischer Kommentar (2. Auflage 2012); gemeinsam mit Peter Schaber: Analytische Moralphilosophie (1998).

Jean-Claude Wolf

Pantheismus nach der Aufklärung

Religion zwischen Häresie und Poesie

Verlag Karl Alber Freiburg / München

Originalausgabe

www.verlag-alber.de

Umschlagmotiv: Samuel Buri, Aus Kosmos: Galaxie 1989

Photographie des Umschlagmotivs: Christian Baur
Satz: SatzWeise, Föhren
Herstellung: CPI buch bücher.de GmbH, Birkach

Gedruckt auf alterungsbeständigem Papier (säurefrei)
Printed on acid-free paper
Printed in Germany

ISBN 978-3-495-48584-2

Vorwort

Meine ersten Entwürfe zum Thema Pantheismus verdanken sich vielen Einflüssen, die – halb bewusst, halb unbewusst – in meine Problemskizze eingeflossen sind. Erste Anregungen gehen auf Walter Robert Corti und Guido Schmidlin in Winterthur zurück. Ihrem Andenken sind die folgenden Kapitel gewidmet.

Der vorliegende Text wurde in den Jahren 2011 und 2012 verfasst. Verschiedene Personen haben sich zu ersten Entwürfen geäußert: Martin Bondeli, Andreas Graeser, Anita Gröli, Barbara Hallensleben, Florian Häubi, Hans Peter Lichtenberger, Thomas Regehly, Mariette Schaeren, Adrian Schenker, Thomas Schindler und Helmut Zander. Catherine Buchmüller-Codoni hat überdies das ganze Manuskript sorgfältig lektoriert. Wohlwollendes Entgegenkommen, verbunden mit wertvollen redaktionellen Hinweisen habe ich von Lukas Trabert vom Alber Verlag erfahren. Zahlreiche Kommentare von Genannten und Ungenannten haben mich zu Änderungen und Zusätzen angeregt; allen Ansprüchen konnte ich nicht genügen. Für eventuelle Irrtümer und Fehler der Darstellung bin ich selber verantwortlich. Bei den hier erwähnten und bei allen Personen, die an meinen Vorlesungen und Seminaren teilgenommen haben, möchte ich mich bedanken.

Ich vermeide im Text die Rede von »dem« Pantheismus und lasse den bestimmten Artikel meist weg. »Der« Pantheismus als homogene Doktrin wird entsprechend immer in Anführungszeichen gesetzt, um zu signalisieren, dass es sich dabei meist um einen Kampfbegriff handelt, nicht um eine neutrale Bezeichnung. Auf die Formulierung »Pantheistinnen« wurde aus stilistischen Gründen verzichtet, aber ich habe nicht die Absicht, Frauen auszuschließen.

Zitate

»Wohin ich mich auch wende,
Da ist kein Ort, wo du nicht bist,
Du wohnst in allen Wesen,
und strahlst doch über alle hinaus.«
(Hinduistisches Gebet)

»Alles, was ist, ist in Gott, und nichts kann ohne Gott sein noch begriffen werden.« (Spinoza, *Ethica* I, prop. XV)

»Für mich ist die Gewissheit eines ethischen Weltwillens absolut und sicher darin gegeben, dass er sich in mir gestaltet und erlebt. Ich sehe meine Philosophie als ethisch gewordenen Pantheismus, als die notwendige Synthese von Theismus und Pantheismus.« (Albert Schweitzer, aus einem Brief vom 30. Januar 1927 an Oskar Kraus)

»Jene heilige Einheit nun, worin Gott ungetrennt mit der Natur ist, und die im Leben zwar als Schicksal erprobt wird, in unmittelbarer, übersinnlicher Anschauung zu erkennen, ist die Weihe zur höchsten Seligkeit, die allein in der Betrachtung des Allervollkommensten gefunden wird.« (Schelling, *Bruno oder über das göttliche und natürliche Prinzip der Dinge*, 101)

»Wir sind naturforschend Pantheisten, dichtend Polytheisten, sittlich Monotheisten.« (J. W. von Goethe, *Maximen und Reflexionen*, 807)

»[…] nur im Pantheismus ist Gott ganz, überall in jedem Einzelnen.« (Novalis, *Blüthenstaub*)

»Und man erkenne, dass in der Demuth und Niedrigkeit die grösseste Kraft und Tugend samt den Wundern liegen; und wie Gott allen Dingen so nahe sey, und Ihn doch kein Ding begreiffet, es stehe Ihm dann still, und ergebe den eigenen Willen, so wircket Er durch alles, gleichwie die Sonne durch die gantze Welt.« (Jacob Böhme, *Mysterium Magnum*, XVII, 43)

Inhalt

Einleitung

Pantheismus ist – im Unterschied zu Mystik – gegenwärtig kein akademisches Modethema. Am Ende des 19. Jahrhunderts hat Eduard von Hartmann einen Pantheismus als neue und universelle Kunstreligion ausformuliert; doch hinter der scheinbar sachlichen Formulierung verbergen sich der Eifer des Kulturkampfes und die Vorgeschichte einer hitzigen Verfolgungskampagne, mit der die Orthodoxie nach Hegels Tod und seit dem Vormärz in Deutschland und in der Schweiz[1] gegen die »Drachensaat des Hegelschen Pantheismus« mobilisierte. Die Zeiten, in denen Enzyklopädisten wie Saint-Simon, Comte und von Hartmann fast zu postchristlichen Religionsstiftern wurden, sind vorbei. Gleichwohl sind pantheistische »Visionen« in vielen Religionen anzutreffen. Moden können sich übrigens schnell ändern. Varianten oder Momente von (nicht-affektiver) Mystik und Pantheismus finden sich zuweilen bei ihren heftigsten Kritikern wie z. B. Karl Barth und Emil Brunner. Vielleicht wird es bald »in« sein, pantheistische Visionen wissenschaftlich und philosophisch zu erforschen. Pantheisten haben sich auf dem Internet bereits global vernetzt und organisiert. Es scheint, als seien pantheistische Elemente im Zeitgeist und in der zeitgenössischen Kunst anzutreffen. Diese Indizien regen zu einer Spurensuche an, die mit einer Vielfalt von Ausprägungen, Praktiken und Formulierungen rechnet.

Anregungsquelle eines Pantheismus ist mystische Erfahrung.

[1] Der sog. »Zeller-Handel«, ein Streit um die Berufung von Eduard Zeller von 1847 an die Universität Bern, treibt seltsame Blüten wie z. B. die Streitschrift von Romang 1848. Die 277 Seiten lange Schrift wiederholt genüsslich das Votum des Landammanns Blösch: »das Leugnen Gottes ist seinem innersten Wesen nach anarchisch; das Leugnen der Unsterblichkeit nothwendig communistisch« (168, 172), auch wenn der Autor meint, ein »Kommunismus der Entsagung« sei mit dem christlichen Glauben vereinbar, aber nicht ein Kommunismus der Überheblichkeit und Begierde. (Vgl. 175) Ordnungspolitische Zuordnung dieser Art werden heute kaum mehr vorgenommen.

Neuere Philosophen von Schopenhauer bis Bergson, die sich mit der Mystik beschäftigten, haben betont, dass der Philosoph (oder die Philosophin) selber nicht Mystiker ist. Ein Mystiker gibt sich Gott hin und versucht, den Weg der Hingabe (oder der Verneinung des Egoismus) bis zum Ende zu gehen. Der Philosoph achtet auf die Reden der Mystiker. Er geht ein bisschen über die bloße Gelehrsamkeit im Umgang mit Texten hinaus, aber er geht, jedenfalls in seiner Rolle und Aufgabe als Philosoph, nicht so weit wie der praktizierende Mystiker. Er ist jemand, der, wie es Ralph Waldo Emerson ausdrückt, (Mystiker und Dichter) zitiert und in Zitaten denkt. Zitieren schließt Originalität nicht aus. Sogar Genies wie Shakespeare und Proust sind Virtuosen des Zitats.

Der Philosoph lebt so, als ob er sich auf den Weg des Mystikers begeben wollte, aber er schreitet diesen Weg nicht ab. Er trifft alle Reisevorbereitungen, ohne sich selber auf die Reise zu begeben. Da niemand in einer einzige Rolle aufgeht, kann ich auch über Mystik nachdenken und Mystik praktizieren, so wie ich über Verliebtheit nachdenken und mich selber verlieben kann. Aber es ist nicht zwingend, beide Rollen (gleichzeitig) zu spielen. Philosophie ist ein Leben für die Erkenntnis, womit mehr gemeint ist als nur wissenschaftliche Erfahrung oder banale Alltagserfahrung. Mitgemeint ist jene Erkenntnis, der alles zum Sinnbild werden kann. Damit ist aber nicht gesagt, dass sich Religion bloß in fiktionalen Welten bewegt. Religionsphilosophie bezieht sich auch auf jene Erfahrungen, die Kontaktnahme oder Begegnungen mit dem Göttlichen oder Heiligen bedeuten. Ob es sich dabei um eine »theoretische« Erkenntnis handelt, bleibt umstritten.

Mit Henri Bergson können wir mystische Erfahrung als eine Form der sympathetischen Teilnahme am göttlichen Einen und Ganzen charakterisieren.

»Jeden Augenblick eratmen wir etwas von diesem Ozean von Leben, dem wir eingesenkt sind, fühlen wir, wie sich unser Wesen, oder doch der Verstand, der es lenkt, nur durch eine Art örtlicher Erstarrung aus ihm gebildet hat. Die Philosophie kann nur die Anstrengung sein, sich diesem Ganzen neu zu verschmelzen. Und der in sein Prinzip aufgelöste Intellekt wird zum Entgelt sein eigenes Entstehen erleben. Nicht aber auf einen Wurf wird sich ein solches Unternehmen verbinden können. Mit Notwendigkeit wird es kollektiv und progressiv, wird zu einem Austausch von Eindrücken, die sich so lange berichtigen und überbauen, bis endlich die Menschheit sich weitet, bis erreicht wird, dass sie sich selbst überwächst.«[2]

---

[2] Bergson 1969/1927, 207 f.

Erkenntnis als Teilnahme geht über ein teilnahmsloses Betrachten hinaus und nimmt Teil am göttlichen Ganzen. Beim Mystiker findet das Göttliche vollen Anklang. Gibt es so etwas wie teilnehmende Intuition, so finden lebhafte Berichte darüber selbst bei nüchternen Zeitgenossen einen gewissen Anklang.

Im Folgenden geht es um Mitteilung dieses Klangs. Der mystische Klang erscheint den Areligiösen als bloßes Geräusch und als gedankenlose Weitergabe von Zitaten; umgekehrt vermag ein religiös »musikalischer« Mensch sogar in Geräuschen eine Art von Musik zu hören; das Zitat wird zur generationenübergreifenden Quelle von Originalität. So betrachtet kann neuere und zeitgenössische Musik, welche Geräusche inkorporiert, als »pantheistische« Kunst gelten. Solche Vergleiche und Anspielungen sind alles andere als frei erfunden. Sie sind Zitate. Wer sich in »den Abgrund aller Seligkeit« versenkt, ist »[...] ein Mitklang in der Wesen Harmonie« (Herder). Und dass es genuin religiös »Unmusikalische« wie Sigmund Freud gibt, wird weder verschwiegen noch angeprangert. Überzeugte Agnostiker und Atheisten haben kein Bedürfnis nach »Heilung«. Doch so, wie wir manchmal finden, was wir nicht gesucht haben, sind »Ungläubige« *a fortiori* nicht vom Heil ausgeschlossen.

Pantheismus mit und nach der Aufklärung fügt sich in Bestrebungen ein, Religion ihren aufgeklärten Gegnern neu schmackhaft zu machen. Neben Judentum, Islam und den diversen christlichen Konfessionen bilden Deismus, religiöser Agnostizismus (»Fideismus«) und Pantheismus eine Bereicherung im Spektrum religiöser Optionen, die auf postchristliche Fortbildungen der Religionsphilosophie verweisen. Auf religionssoziologische Stellungnahmen zu Begriff und These der Säkularisierung und der Moderne wird in dieser Arbeit verzichtet.

Im ersten Teil geht es nicht so sehr um ein historisches Porträt, sondern eher um eine Umkreisung »des« Pantheismus in einschlägigen Bildern und Begrifflichkeiten. Pantheismus vereinigt Anregungen der Religionen, der Kunst und der Philosophie. Er hat die Aufklärung überlebt, ohne in Magie, Esoterik oder Obskurantismus zu verfallen. Er widersetzt sich der Entzauberung, aber er inszeniert keine Wiederverzauberung der Welt. Er bleibt eine lebendige religiöse Option in einem Zeitalter, das von Wissenschaft und Technik geprägt ist.

Stimmungen einer All-Einheit und All-Verbundenheit finden sich in vielen, auch voneinander unabhängigen Kulturkreisen. Es liegt im Charakter dieser nebulösen Vision, dass sie sich nicht als Waffe zu kontroverstheologischen Abgrenzungen eignet. Eine ultimative Betrachtungsweise lässt sich einnehmen oder nicht – aber sie lässt sich nicht beweisen oder widerlegen. Dass *de facto* um Visionen gestritten wird, »beweist« nur die Neigungen mancher Menschen zum (religiösen) Fanatismus. Einige werden sich daran stoßen, dass Pantheismus (relativ) profillos bleibt, selten völlig widerspruchsfrei formuliert wird oder sich bis zu einem gewissen Grad den Spielregeln einer rationalen Diskussion entzieht. Andere werden ihn dafür preisen, dass er ihre Sichtweise zum Ausdruck bringt und dem intensiven Gefühl entspricht, »mitten drin« in der Natur und der Geschichte und damit »in der Wahrheit« zu stehen – eine »Wahrheit«, die vielleicht nicht mehr (aber auch nicht weniger!) als eine subjektive Ansicht der Welt ist. Ein Pantheismus, der das Böse leugnete, wäre kein Beitrag zur Lösung des Theodizeeproblems, doch ist dieses Problem überhaupt lösbar? Kann ein Pantheismus, der die Nähe Gottes hervorhebt, eine Quelle des Trostes sein?

Im zweiten Teil wende ich mich Hegel zu, genauer gesagt einem Abschnitt seiner *Phänomenologie des Geistes*. Hegel erhebt bekanntlich einen strengen Anspruch auf systematisches Denken. Er hätte am »Stimmungspantheismus« des ersten Teils keine Freude gehabt. Allerdings muss man hinzufügen, dass Hegel an Gotteserkenntnis und sogar Gottesbeweisen nur deshalb festhalten kann, weil er versucht, den Verstand mit seinen starren Unterscheidungen (wie z.B. Natur und Geist, Leib und Seele, Jenseits und Diesseits usw.) zur Vernunft zu bringen. In diesem Sinne wird auch die strenge Unterscheidung von Theismus und Pantheismus problematisiert.

Hegel als Pantheist zu lesen, ist keine neue Idee. Leider wurde es schon zu Hegels Lebzeiten und in den polarisierenden Stellungnahmen nach seinem Tod oft getan, um ihn politisch oder theologisch zu diskreditieren oder zu vereinnahmen. Die pantheistische Lesart, die u.a. Heinrich Heine populär gemacht hat, kann jedoch ein Licht auf Hegels eigentümlich schroffe Behandlung von Religion als »unglücklichem Bewusstsein« werfen. Hegel hat wie kein anderer die Frage provoziert, ob Pantheismus eine Vorstufe zum Atheismus sei oder ob er, in Verbindung mit seiner dialektischen Auffassung des Begriffs, dazu geeignet sei, die »Abgründe Gottes« angemessener zur Darstellung zu bringen. Hegel hat – vielleicht in einer gewissen kritischen Nachfolge von Herder und Schleiermacher – ein Denken entwickelt, das es erlaubt, scheinbar Unvereinbares, etwa den christlichen Theismus und den »heidnischen« Pantheismus, auf eine anregende Weise zusammenzufassen. Insbesondere Herder hat den Übergang von Natur- zu Kraft- und Geistpantheismus vorgezeichnet.

Im dritten Teil werden autonome und heteronome Elemente der Ethik unterschieden und aufeinander bezogen. Wäre Pantheismus Fatalismus, dann wäre es schlecht um die Möglichkeit von Ethik bestellt. Führt Pantheismus zu einer Retheologisierung der Ethik? Theologische oder religiöse Hintergrundannahmen der Ethik werden oft als Elemente der Fremdbestimmung verdächtigt. Doch was ist eigentlich so schlimm an einem gewissen Grad an Fremdbestimmung? Stehen wir nicht von der Geburt bis zum Prozess des Sterbens in radikal abhängigen und asymmetrischen Beziehungen, in denen wir abhängig von und – im besten Fall – im Vertrauen auf andere Kräfte leben? Ist nicht der Mensch das Wesen, das zuerst nicht einmal aufrecht gehen kann und öfter als die meisten anderen Lebewesen fällt? Ist es legitim, den Mensch nur nach dem Maßstab seines aufrechten und selbständigen Gangs zu beurteilen?[3] Autonome oder »reine« Ethik gilt zwar gewöhnlich als die einzige und beste Theorie, doch ist sie das auch? Heteronomie und »unreine Ethik« finden sich auch bei Kant, Schopenhauer und in der Alltagsmoral. Die Konzeption einer »reinen« Moral ist irreführend und problematisch; Moral kann nicht auf heteronome Elemente verzichten.

Der Pantheismus Spinozas und Herders vereinigt das autonome Element, dass die Tugend ihr eigener Lohn ist, mit der heteronomen Auffassung einer »schlechthinnigen Abhängigkeit« endlicher Wesen von Gott. Die Stärke des Individuums liegt »nur« in der erkennenden Partizipation am Unendlichen. Das Endliche ist »nur« ein Lichtstrahl des Unendlichen. Damit wird das Individuum zwar nicht isoliert, aber auch nicht geschwächt, sondern gestärkt. In diesem Sinne kann Novalis schreiben: »[…] nur im Pantheismus ist Gott ganz, überall in jedem Einzelnen.«[4]

Teilnahme am Unendlichen vermag überdies ein Muster von Toleranz zu entwerfen, das – als Kunst zur Selbst- und Rollendistanz –

[3] Vgl. MacIntyre 1999, dtsch. 2001. Zu den Risiken des aufrechten Gangs vgl. Bayertz 2012, 249f. Der aufrechte Gang prädisponiert zur Arroganz des »Humanchauvinismus«, deshalb schreibt der Apostel Paulus: »Darum, wer meint, er stehe, sehe zu, dass er nicht falle.« 1 *Kor.* 10, 12.

[4] Novalis, zitiert nach Zeller 1875, 566.

über das sture Beharren auf Halbwahrheiten und Vorurteilen hinweghilft. Allerdings sollte man diese zutreffenden Beobachtungen nicht zu den falschen Behauptungen zuspitzen, Toleranz und gegenseitiger Respekt ließen sich nicht ohne (pantheistische) Religion begründen und/oder realisieren, oder jede Religion (auch die pantheistische) mache moralisch blind, heuchlerisch, korrupt und gewaltbereit. Es empfiehlt sich, Pantheismus und sein Verhältnis zur Ethik ohne apologetische oder polemische Absichten in Betracht zu ziehen. Ich hoffe, dass das im Folgenden gelungen ist.

Im vierten Teil wird der Gang durch Denkfiguren des Pantheismus mit einer Darstellung einiger Aspekte der Wirkungsgeschichte des Mesmerismus abgerundet. Dazu gehört Hegels »Aufklärung über die Aufklärung« und sein Versuch, im Übergang von der Natur- zur Geistphilosophie den Mesmerismus als – zumindest therapeutisch relevantes – Phänomen zu begreifen. Die Erweiterung des Mesmerismus und der Theorie des Fluidums zur Vision eines poetischen Pantheismus ist naheliegend und wird u. a. von Emerson vollzogen. Hegel dagegen versucht, die mesmerischen Effekte in seine Enzyklopädie der Wissenschaften als Übergangsphänomen, das zurück (ins Unbewusste der Natur) und voraus (in die Welt geistiger Beziehungen) verweist, zu integrieren. Ähnlich wie bei Schopenhauer wird der Mesmerismus und Somnambulismus aber nicht als Eingangstor zu einer okkulten Weltanschauung verwendet, sondern an die therapeutische Nutzung der Heilwirkung der Natur zurückgebunden. Mehr noch als im zweiten Teil wird deutlich, wie sich bei Hegel pantheistische Tendenzen mit Motiven der Zurückweisung eines weltanschaulichen Pantheismus verbinden. Die Frage, ob ein Pantheismus der Weltseele als eigenständige Option und Vision auch künftig einen festen Platz behalten wird, bleibt aus der Sicht Hegels offen. Nochmals wird bestätigt, dass seine Philosophie zentrale Elemente eines Pantheismus integriert hat, ohne sich auf einen dogmatisch umrissenen oder weltanschaulich fixierten Pantheismus festzulegen. Pantheismus – in Hegel und anderswo – wird oft erst dann wahrnehmbar, wenn nicht mehr nach einer wohldefinierten Position gesucht wird, sondern nach einem »Duft«, »Klang« oder »Strahl« im Zwischenbereich von Kunst und Religion.

Erster Teil

Pantheismus – eine sanft vereinnahmende Vision von Gottes Allgegenwart

1.1 Pantheismus, Einsfühlung, Teil und Ganzes

Ich bin Teil des Universums, Eins im All. Ich beziehe mich auf das Ganze, stehe in Verbindung, fühle mich eins, aber gelegentlich auch einsam, separat, abgetrennt, »entfremdet« vom Rest der Welt. Das Faktum, Teil des Ganzen zu sein, ist stabil. Das Gefühl, eins mit allem zu sein, ist instabil. Das Gefühlsleben ist wechselhaft: Manchmal fühle ich mich eins, »solidarisch«, gleichsam »Kind Gottes«, manchmal fühle ich mich isoliert, verloren, »vergessen«. Die Erinnerung an das Faktum kann mich vielleicht trösten, oder jedenfalls beruhigen. Die Einsfühlung mit dem Ganzen hat etwas Beruhigendes, eine Tendenz von der Verlorenheit zur Geborgenheit, von der Fremde zur Heimkehr.

Diese oder ähnliche Beschreibungen sind in ihrer Bildlichkeit und Begrifflichkeit zwar abhängig von einer spezifischen religiösen Erziehung, von kirchlichen Einflüssen oder kulturellen Prägungen, aber sie sind vielleicht auch nachvollziehbar als »letzte Beschreibungen«, die etwas über die »Einbettung des Individuums ins Ganze« sagen. Sie betreffen den Menschen, der Sinn sucht, verfehlt oder findet. Die folgende Skizze soll nur zeigen, dass Pantheismus keine absurde oder inferiore Auffassung ist, kein »non-starter«, sondern eine Sichtweise, die es verdient, eigens erwähnt und untersucht zu werden. Dabei geht es nicht um eine historische Lexikondefinition, sondern um das Recht auf ein persönliches *Aperçu*, eine eigene Vision[1] und Darstellung, die sich

[1] Von Vision im Sinne einer lebendigen und poetisch gestalteten Einsfühlung mit dem Eins und Alles ist in den Schriften von Ralph Waldo Emerson die Rede. So können etwa dessen essayistische Porträts von Platon und Swedenborg sowie sein berühmter Essay »Nature« als Dokumente eines freien, nicht-konformistischen Pantheismus gelten, der Elemente des Transzendentalismus und der Romantik miteinander verknüpft und durch die Wahl des *Aperçus* eine dogmatische Fixierung bewusst verhindert. Zu Emersons Auffassung von Vision vgl. White 1972, 97–119. Zu Emersons »Nature« vgl. Richard-

nicht von den impliziten Abwertungen und Verleumdungen »des« Pantheismus als eines naiven Optimismus, einer Vorstufe zum Atheismus oder einer gefährlichen Häresie abschrecken lässt.

Ob das Spannungsverhältnis zwischen poetischer Vision, persönlichem *Aperçu* und begrifflicher Darstellung restlos auflösbar ist, lässt sich bezweifeln. Seine sprachliche Verdichtung findet das *Aperçu* im Aphorismus und Fragment. So wird das Größte (Gott) im Kleinsten (Aphorismus) eingerahmt.

Einsfühlung mit dem Ganzen evoziert die Überzeugung, dass Gott in uns ist, doch Einsfühlung mit jedem Einzelnen im Ganzen legt auch nahe, dass Gott um uns oder über uns und auch unter uns ist. Dass Gott in allen Dingen ist, heißt nicht, dass seine Einheit in Einzelteile zertrümmert oder das Unendliche mit dem Endlichen verwechselt wird. Gott in allen Dingen meint vielmehr: Gott nicht nur im Seelenfunken, sondern auch auf allen Seiten, an allen Enden und in allen Beziehungen. Es sind nicht primär narzisstische Gefühle, die auf Gott verweisen, sondern Gefühle der Offenheit. Mystische Intuition ist eine Form der Öffnung, der Weisheit des Hörens und aller Sinne.[2] Pantheismus unterstreicht die Einheit, auch die Einheit von Körper und Geist. Das geistliche Hören beginnt mit dem Hören auf den eigenen Körper.[3]

Die Vorstellung eines Gottes über uns, die strikt hierarchische Auffassung trifft im Pantheismus auf weniger Entsprechung als in der Bilderwelt der orientalischen und mittelalterlichen Theismen, die das Verhältnis von Gott und Mensch als steile Hierarchie denken, verkörpert in der gotischen Architektur.[4] Die bevorzugten Gebets- und Fröm-

---

son 1999, 76–105. Emersons »Nature« und sein Platon-Porträt ist enthalten in Emerson 1992. Vgl. Emerson 1987.

[2] Zur Phänomenologie des mystischen Vernehmens vgl. Glück 2012. Vgl. du Prel 1885; Steiner 1995/1902. In der Vorrede zu dieser ersten Auflage (auf S. V) findet sich der bezeichnende Satz: »Wer die ›Wahrheit‹ nicht nur versteht, sondern **in ihr**, mit ihr lebt […].« [Meine Hervorhebung]. Obwohl Steiner einem Pantheismus der Sache nach nahe steht, verteidigt er doch zunehmend die Eigenständigkeit des Individuums und der materiellen Welt. Vgl. Zander 2011, 181 f. Dieser Weg wurde zuvor von Eduard von Hartmann beschritten, in der Gestalt eines »transzendentalen Realismus« und einer umfassenden Kritik des Akosmismus.

[3] Vgl. Rowe: *Listening through the body*, in Rowe 2003, 157–166.

[4] »Der gotische Dom ist eine Kultstätte und eine Wohnung des Gottes, wenn die Menschen dabei sind […]. So sehen wir im Geiste, wie durch die Taten der Menschen immer mehr gearbeitet werden kann zum Herunterführen höherer Wesenheiten. Wieder tritt vor unsere Seele der Pfingstgedanke. Der Pfingstgedanke drückt in einem Symbolum

migkeitsmetaphern sind jene der Unterwerfung und des Gehorsams. Für einen Pantheismus und seine Verankerung in der mystischen Einsfühlung ist es dagegen die Metaphorik des Hörens und Vernehmens, der »open mindedness«. Gott bleibt erhaben über alles, aber nicht im Sinne des »ganz Anderen« oder »Abgehobenen«. Pantheismus überhöht Gott nicht notwendigerweise zu einem thronenden, richtenden und zürnenden Gottvater, sondern er bevorzugt das Bild von Allvater oder Allmutter, die ihre reuigen Kinder stets mit offenen Armen erwarten. Der Gott »des« Pantheismus kann sich nicht von den Menschen abwenden oder sich vor ihnen verbergen – es gibt keinen »verborgenen« oder »fernen« Gott, aber es gibt den verstockten oder »tauben« Menschen. Wir sind nicht Untertanen, sondern eher Kinder oder Freunde Gottes. Die Nähe Gottes macht uns zu seinen Nachbarn.

Einsfühlung hat nichts mit privater Intimität zu tun, sozusagen mit jener Nähe, mit der sich jeder selber der Nächste ist. Pantheismus degradiert Gott nicht zu einem privaten Kuschelgott, einem Gott meiner subjektiven Erlebnisse, sondern zeugt von Gott in allen Menschen und in der Natur, Gott in der Geschichte und Gott in der Gemeinschaft. Gottes Fußspuren sind überall, nicht nur in den Herzen einer exquisiten Elite. Auch wenn der Ausgangspunkt ein Gefühl oder Erleben ist, so ist der Bereich der Vision doch allumfassend.

Die Bezeichnung des Menschen als Teil der Natur klingt nüchtern und hat unmittelbar keine Beziehung zum (intensiven) Erleben oder zur Stimmung. Das Vokabular von Teil und Ganzem ist etwas spröde – schließlich ist auch ein Stein Teil eines Steinhaufens, aber er »nimmt nicht teil« am Steinhaufen, es sagt nichts über eine erlebbare, fühlbare, einsehbare Qualität des Verhältnisses aus.

---

aus, was wir durch solche Betrachtung erkennen können: dass die Menschen durch ihre Arbeit Stätten schaffen für das Herabsteigen geistiger Wesenheiten, dass sie arbeiten an der Vergeistigung der Welt.« Steiner 1998, 32 (aus einem 1908 gehaltenen Vortrag). Steiners Darstellung der christlichen Gedanken- und Bilderwelt hat vielleicht mehr Affinitäten zum Panpsychismus als zum Pantheismus, hält er doch an der vertikalen Metaphorik höherer Welten fest. Der Panpsychismus setzt keine monistische Auffassung des Bewusstseins voraus, sondern ist auch mit der Annahme einer Vielzahl separater Bewusstseinszentren vereinbar; für monistische und pantheistische Visionen ist jedes individuelle Bewusstseinszentrum eine Begrenzung des einen göttlichen Bewusstseins. Pantheismus scheint das vertikale Verhältnis von Gott und Welt in den Hintergrund zu drängen, zugunsten der horizontalen Verhältnisse von Nachbarschaft und Verbundenheit. Damit werden Bilder von Oben und Unten nicht vollständig eliminiert.

Die Rede von Teil und Ganzem ist eine erste, nüchterne Annäherung. Als **Teil** des Ganzen bin ich klein, sehr klein. Aber als Teil **des Ganzen** (und nicht nur Teil eines größeren Teiles) bin ich in direkter Beziehung zum Ganzen, in erlebter oder erlebbarer Nähe zum Ganzen. Ich bin zwar klein, aber nicht unwichtig, nicht »verloren«, keine »quantité négligeable«. Die erlebbare, Herz und Geist erweiternde Beziehung zum Ganzen gibt meinem Leben Sinn und Bedeutung, macht mich zum »Teilhaber des Ganzen«. An der Grenze der Begrifflichkeit öffnen sich die Schleusen für eine Flut von Bildern. Diese »Sympathie mit dem Ganzen« ist schwer zu vermitteln oder gar sprachlich zu artikulieren und hat vielleicht ihr Pendant im Urvertrauen des Kindes oder in den Resonanzphänomenen, mit denen die natürliche Sympathie oft verglichen wird. Es ist, als würde ich mit dem Ganzen »mitschwingen« oder in das Seufzen der gesamten Kreatur einstimmen. (Vgl. *Röm.* 8, 22) Das Ganze scheint sich wie eine Schutzhülle um mich zu wickeln, die »Schöpfung« ist nicht nur »Kleid Gottes«, sondern auch Kleid und Schutzhülle der Menschen. Wir sind nicht nur »Ausgewickelte« (Evolution), sondern auch »Eingewickelte« der Natur, Teilhaber, Mitspieler, Akteure, die eine bestimmte Rolle in einem größeren Zusammenhang, einem »Weltdrama« spielen.[5]

Die Rede von Teil und Ganzem macht die Bezugnahme auf das religiöse oder gar theologische Vokabular nicht zwingend. Jemand kann Naturalist sein und sich gleichwohl als Teil des Ganzen bezeichnen oder sogar fühlen. Die religiöse oder theologische Ausdruckweise ist nur ein mögliches, kein unvermeidbares Vokabular. Pantheismus muss nicht dogmatisch oder realistisch gedeutet werden; eine pantheistische Vision kann auch mit den Mitteln einer Poetik der Imagination gedeutet werden. Nach der Auffassung von Gaston Bachelard gibt es eine Rückkehr und ein Heimischwerden im Universum durch den poetischen Tagtraum. Durch die Funktion des Imaginären und Irrealen gelangen wir in eine Welt des Vertrauens. Bachelard hat dies an zahlreichen Beispielen der Poesie erläutert.[6]

Die Verbindung von Religion und Poesie muss die Religion nicht »verfälschen« oder »abschwächen«. Sie kann sogar mit der Annahme

---

[5] Interessant ist in diesem Zusammenhang die Auffassung von Henri Bergson, der mystische Intuition als »participation« charakterisiert. Vgl. Bergson 2008/1932, ch. 4; ders: 2011; Waterlot 2012.

[6] Vgl. Bachelard 1960.

einer ursprünglichen Einheit von Dichter und Priester begründet werden. So schreibt Novalis:

»Dichter und Priester waren im Anfang Eins – und nur spätere Zeiten haben sie getrennt.«

Im gleichen Zusammenhang können wir lesen:

»Ich bediene mich hier einer Licenz [sc.: der dichterischen?] – indem ich Pantheismus nicht im gewöhnlichen Sinne nehme – sondern darunter die Idee verstehe – dass alles Organ der Gottheit – Mittler seyn könne, indem ich es dazu erhebe [...].«

Novalis deutet an, dass sich Pantheismus mit Entheismus (bzw. der Annahme, dass es nur einen göttlichen Mittler gebe) vielleicht vereinbaren lasse, indem man diesen einzigartigen Mittler »zum Mittler der Mittelwelt des Pantheisten macht«.[7] Damit ist eine Synthese von Christologie und Pantheismus (mit poetischer Lizenz) skizziert.

1.2 Einwände

Seit je gibt es theologische Vorbehalte gegen »den« Pantheismus (oder die Pantheismen), vielleicht auch und gerade deshalb, weil platonische und stoische Einflüsse die Theologie in die Nähe eines Pantheismus brachten. Die Vorbehalte richten sich gegen Deutungen, welche entweder Gott in der Natur (Atheismus) oder die Natur in Gott verschwinden lassen (Akosmismus). »Dem« Pantheismus wird entweder Gottlosigkeit oder Weltlosigkeit unterstellt; letztere gleicht der »Gottesvergiftung«[8], für die alles Gott ist und nichts anderes neben Gott Platz hat. »Dem« Pantheismus – so wird in streitbarer Laune unterstellt – gehen entweder Gott selber oder die Individuen verloren. »Der« Pantheismus sei nicht unterscheidend, sondern absorbierend. Er gleiche einem schwarzen Loch, das alles zu verschlucken droht.

[7] Die Zitate von Novalis stammen aus »Blüthenstaub«. Vgl. Novalis 1981, 456 und 458.

[8] Gemeint ist eine religiöse Obsession, die im Verhältnis zu Gott jede Möglichkeit einer kritischen Distanz ausschließt und u.a. die Rechtlosigkeit und Verworfenheit (Tilmann Moser) des Menschen festschreibt. Umgekehrt kann man sich fragen, was die Einforderung demokratischer Rechte der Menschen gegenüber Gott bedeuten könnte. Ist der Mensch Eigentum seines Schöpfers, so kann er ihm gegenüber keine Rechte haben!

Die Option einer Auflösung des Individuums im Ganzen ist nicht nur ein Problem für »den« Pantheismus, sondern auch für »den« Theismus, der die Größe und Macht Gottes akzentuiert.

»Was ist der Mensch und wozu taugt er? Was ist sein Glück und was sein Unglück? Die Zahl der Tage eines Menschen – wenn's viel ist, sind es hundert Jahre. Wie ein Wassertropfen im Meer oder ein Sandkorn, so verhalten sich seine wenigen Jahre zur Ewigkeit.«[9]

Die beliebten Metaphern vom Tropfen bzw. vom Sandkorn und vom Meer (das wie der Horizont zu den eindrücklichsten Naturmetaphern für das Ewige gehört) können sogar einen Wunsch oder eine Sehnsucht zum Ausdruck bringen, sich (das vermeintlich substantielle Individuum) in Gott zu verlieren oder überhaupt keine Spuren als Individuum zu hinterlassen: Die Seligkeit, als Tropfen im Meer zu versinken. Allerdings scheinen auch andere religiöse Bewegungen oder Denkweisen in dieser Hinsicht durchaus ambivalent zu sein: Das Verschwinden des Individuums kann als Verlust oder als illusorische Flucht vor dem Strafgericht, aber auch als höchste Geborgenheit in Gott bewertet werden.[10] Inwiefern Selbstauslöschung als Ziel religiöser Askese oder als Vorbereitung auf die »Eingießung Gottes« Sinn macht, soll hier nicht diskutiert werden. Es ist zumindest unfair, ein solches Schwanken ausschließlich »dem« Pantheismus zuzuschreiben. Es entspricht sowohl einer biblischen Auffassung als auch ihrer dialektischen Ausdeutung, dass es Bewahrung durch Hingabe gibt.[11]

Um diese Gefahren der Nicht-Unterscheidung und Vermischung von Gott und Welt bzw. Individuen entgegenzuwirken, wurde der Ausdruck ›Panentheismus‹[12] eingeführt, der beide Pole – das Eine und das Alle – gleichermaßen betont und voneinander unterscheidet. Was der Panentheismus für sich beansprucht, kann Pantheismus auch leisten. Die polemischen Thesen, die besagen, »der« Pantheismus nivelliere

---

[9] *Sir.* 18, 8 ff. In: *Die Heilige Schrift.* Zürich: Verlag der Zürcher Bibel 1993.

[10] Ein solches Schwanken zwischen einem Wunsch nach Auslöschung und einem Wunsch nach Verewigung des Individuums dokumentiert z. B. Tagore in Bezug auf die religiösen Baoul-Sänger von Bengalen – vgl. Tagore 2004, Appendix I [OA 1931]. Diese Bewegung ist auch symptomatisch für die Weigerung, pantheistische Visionen dogmatisch oder definitorisch zu fixieren.

[11] Vgl. *Matth.* 16, 25; *Joh.* 12, 25. Hegel: *Phänomenologie des Geistes* (1807), *Werke* Band 3, Frankfurt a. M.: Suhrkamp 1970, 375; zur Kritik der Askese vgl. Hegel, a. a. O., 421 f.

[12] Vgl. Benedikt Göcke 2012.

den Unterschied zwischen Gott und Welt, er verwirke den sicheren ethischen Standard des jüdisch-christlichen Monotheismus bzw. leugne das Böse und verliere sich in unkontrollierten Anthropomorphismen, beruhen auf der kontroverstheologischen Konstruktion eines scharfen Gegensatzes zwischen Theismus und Pantheismus.[13] Diese Konstruktion hat, ähnlich wie die heftigen Debatten um die natürliche Religion[14], an Schärfe verloren. Sie beruht wie so manche Polemik auf projizierender Kritik. Bekanntlich gibt es auch für einen christlichen Theismus schwerwiegende, logisch kaum aufzulösende Probleme: wie ein inkarnierter Gott ein »ganz anderer Gott« bleibe, wie viel moralische Orientierung ein »allzu« transzendenter Gott bieten könne, wie viel Anthropomorphismus die Anrede Gottes als Vater enthalte und warum Gott gegen exzessive Übel nichts unternehme. Systematische Theologie versucht, mit besonders dicken, umständlich formulierten und gelehrten Büchern zu vertuschen, dass diese Probleme nicht »wissenschaftlich«, sondern nur im Glauben und Vertrauen auf Gott zu »lösen« sind. Pantheismus wird zum stellvertretenden Sündenbock für Brüche und Inkohärenzen im eigenen theologischen Denken.

Niemand kann das Individuum bzw. die Summe der Individuen vom Ganzen trennen. Pantheismus nach der Aufklärung muss allein schon aus ethischen Gründen die Individuen untereinander und vom Ganzen unterscheiden. Gott ist in der Welt; aber er ist mehr als die Summe der endlichen Wesen. Die Frage ist damit nicht mehr so sehr, ob Pantheismus *per se* moralisch ist; vielmehr gilt die Forderung, seine Anhänger an Standards der Moral und der Zivilisation zu messen.

Dass Gott nicht mit den Dingen in der Welt zusammenfällt, lässt sich mit dem Sachverhalt erläutern, dass das Ganze nicht nur die Summe seiner Teile, sondern auch das Geflecht der Beziehungen der Teile zueinander und der Teile zum Ganzen ist. Die Unterscheidung von Teil und Ganzem soll nicht die Beachtung der vielfachen Beziehungen der Teile untereinander und der Teile zum Ganzen ausschließen. Pantheismus konstruiert keine Welt von Atomen, die zufällig aufeinanderprallen oder aneinander vorbei gehen, keine Welt von Nomaden, sondern eine Welt von Monaden. In jedem Individuum als Monade spiegelt sich das Ganze, und das Ganze spiegelt sich in jedem Individuum. So betrachtet lässt sich eine stärkere Akzentuierung des ontologischen und

---

[13] Vgl. Sparn 2012.
[14] Vgl. Leese 1954.

normativen Status der Individuen bzw. deren relativer Selbständigkeit[15] im Rahmen eines Pantheismus vornehmen, ohne die zwischen Spinoza und seinen Kritikern hängige Frage zu entscheiden, ob den Individuen der Status von Substanzen zukomme. Individuen sind real und damit in einer Weise schützens- und beachtenswert, wie es bloß fiktive Entitäten nicht sind.

Wollte man »den« Pantheismus präziser definieren, so wäre man rasch an einem Punkt angelangt, wo sich die Abgründe der endlosen theologischen Kontroversen auftun. Alle Formulierungen haben ihre Grenzen. Formulierungen sind Fallen; Ausdrücke wie ›Welt‹ und ›in‹ bzw. ›außer‹ sind wahre Fallgruben. »Gott ist in der Welt. Ja, wo ist er denn? Überall – oder nirgends?« »Es gibt nichts außer Gott. Doch, es gibt doch endliche Wesen.« »Die Welt ist in Gott. Ist etwa in Gott eine Welt, die noch größer ist als Gott selber?« »Gott ist in der Welt – aber ist er auch von der Welt?« Solche Vexierfragen sollen nicht weiter untersucht und beantwortet werden. Wer pantheistisch gestimmt ist, wird dafür viele Formulierungen finden – und mit keiner ganz zufrieden sein.

Es ist möglich, dass Pantheismus nicht für eine stabile Position steht, sondern für eine Stimmung oder ein Moment der Gottesbeziehung. Georg Simmel hat das in einem kurzen Essay angedeutet, und zwar mit Blick auf die Begriffe der Macht und der Liebe. Allmacht ist ein problematischer Begriff, weil Macht sich nur in der Überwindung von Widerstand realisiert – es braucht also sowohl eine Gegenmacht zur Macht Gottes, welche diese einschränkt, als auch einen Prozess der Überwindung dieser Gegenmacht. Allmacht ist so betrachtet ein dynamischer, wenn nicht sogar oszillierender Begriff. Ähnliches gilt für Liebe: Sie setzt sich aus der Sehnsucht nach einem anderen und dem Dialog mit einem Gegenüber auf der einen Seite, und dem Wunsch nach vollständiger Vereinigung auf der anderen Seite zusammen. Was für menschliche Liebe gilt, dass sie die beiden gegenstrebigen Richtungen nach Gegenüber und Verschmelzung »in liebendem Widerstreit« vereinigt, wird auf die Erfahrung der Liebe Gottes übertragen. Diese Liebe, die von Gott ausgeht, besteht nicht nur aus Harmonie und Nähe, sondern auch aus Zorn und Gericht. Simmel verweist hier auf die all-

---

[15] Ontologisch kann nur von einer relativen Selbständigkeit der Individuen die Rede sein – das gilt für Theismus und Pantheismus gleichermaßen, im Unterschied zur Verabsolutierung des Egos in der Philosophie von Max Stirner. Vgl. Hellenbach 1887.

gemeine Struktur von Idealen, deren restlose Aufhebung selbstaufhebend wäre. Und er zieht daraus die Schlussfolgerung, dass das Gottesverhältnis zwischen Gegenüber und pantheistischer Vereinigung oszillieren muss. Im Gegensatz zu Hegel wird der Weg vom dem Gott-Gegenüberstehen und dem Verschmelzen mit Gott als Hin und Her, als Oszillieren ohne Versöhnung beschrieben.[16] Es ist vielleicht kein Zufall, dass diese Diagnose von einem jüdischen Intellektuellen stammt, der sich zur religiösen Praxis des Judentums und des Christentums in einer Art schwebender Äquidistanz befindet. Diese scharfsinnige Diagnose kann als Kritik an einem konsequenten Pantheismus, aber auch als Außenbetrachtung eines Intellektuellen beurteilt werden, der sich auf keine religiöse Praxis oder Übung einlassen will. Warum schließt Simmel das Moment der Versöhnung aus? Ist es nicht wahrscheinlich, dass Menschen (jedenfalls so lange sie leben) die Beziehung zu Gott als periodische Abwechslung von Nähe und Distanz erfahren? Widerspricht das der pantheistischen Vision, dass Gott stets nah ist?

1.3 Endlich, unendlich

Pantheismus lässt sich auch mit dem Verhältnis von Unendlichem und Endlichem formulieren. Gott ist das Unendliche, die Welt dagegen das Endliche. Der Begriff des ›Unendlichen‹ scheint lediglich negativ zu sein, doch die bloße Verneinung des Endlichen führt nicht zum Unendlichen. Die formale Verneinung jedes einzelnen Dinges ist endlos und erzeugt das bloße Und-so-weiter. Unendlich kann das Unendliche nur sein, wenn es sowohl sich selber als auch alles Endliche umfasst. Das Unendliche kann das Endliche nicht ausschließen oder immer wieder von sich wegstoßen, sondern es muss dieses gleichsam »umarmen«. Das echte Unendliche hat das Endliche und damit die Negation seiner selbst integriert. Hegel sagt vom Geist, dass er »die Form der Gegenständlichkeit in ihm ganz auflösen« müsse, »in ihm, der ebenso dies sein Gegenteil in sich schließt«.[17] So betrachtet ist Gott kein besonders großes »Ding« in der Welt, kein innerweltlich Seiendes unter anderen, keine *res infinita*. Was (wo und wie) Gott sei, lässt sich in einem Satz

[16] Vgl. Georg Simmel: *Vom Pantheismus* (1902), in: Simmel, *GA* Band 7, 1995, 84–91.
[17] Hegel 1970/1807, 502.

gar nicht sagen. Von der Welt dagegen lässt sich sagen: Sie ist in Gott, aber sie ist in ihm sowohl »aufgelöst« als auch »aufbewahrt«. Die Verbindung von »aufgelöst«, »aufbewahrt« und »auf eine höhere Stufe versetzt« bezeichnet Hegel mit dem Verb »aufheben«. Wir sind in Gott aufgehoben. Oder Gott verhält sich zu allem, was ist, wie die größtmögliche Wohnung.

Das Unendliche ist nicht nur mit sich selber gleich (die »Identität Gottes mit sich selber«, Gott »ist« und »bleibt«), sondern Gott ist auch von sich selber verschieden (Gott »wird«). Gott ist eher ein Prozess als ein »Ding«. Gott »wird« alles in allem, sein Anfang »ist« auch sein Ende. Der Gott dieses Pantheismus ist kein statisches Monument, sondern Anfang und Ende des Universums. Gottes Werden ist kein Werden in der Zeit, sondern eine Werden »von Ewigkeit zu Ewigkeit«. Auch darin liegt ein Aspekt dieses Pantheismus, dass Gott das Alpha und Omega ist. (Zwischen dem Alpha und dem Omega gibt es viele andere Buchstaben.) Der Mensch ist das »endliche Zwischen«, der Mikrokosmos zwischen dem Makrokosmos und dem unendlich Kleinen. Die Auffassung des Menschen als Mikrokosmos widerspricht nicht »dem« Pantheismus, sofern dieser nicht *a priori* (und durch begriffliche Manipulation) als Akosmismus verstanden wird, der die Realität der Individuen leugnet. Auch der Mikrokosmos verhält sich als Ganzes zu seinen Teilen wieder wie ein Unendliches, so als wäre Gott ein vielfach Unendliches, der Mensch jedoch nur ein einfach Unendliches. Als endliche Wesen sind wir zwischen der Auffassung des Ganzen als einer »Welt ohne Anfang und Ende« und dem Ganzen als »Welt mit einem Anfang und Ende« hin- und hergerissen. Wir geraten in den Strudel einer Antinomie. Wir können das Unendliche nicht »erkennen«, so wie wir empirisch erkennen. Wir können jedoch das Unendliche denken als das, was Individuen als Teile sowie die Beziehungen aller endlichen Wesen untereinander und ihrer Beziehungen zum Ganzen umfasst. Das Unendliche umfasst Gott und die Welt; für das Unendliche gibt es nur eine Welt, und Gott ist als Ursache seiner selbst und der Welt in dieser Welt.

Weil das Denken des Unendlichen und Absoluten den endlichen Menschen überfordert und zu konfusen Begriffsdichtungen hinreißt, wird das Denken in Bildern zum Zufluchtsort von Mystik und Pantheismus. Jacob Böhme erläutert in seiner *Aurora*[18] das Göttliche mit

[18] Böhme 1632, in: Böhme 1963, erster Band.

dem Bild des Weltbaums, der Himmel und Erde verbindet. Denken in Bildern heißt nicht, sich den Bildern passiv zu überlassen oder Gott auf Gottesbilder zu reduzieren, sondern es heißt – scheinbar gegen die Weisung der Bibel – ganz bewusst und kunstvoll Bilder zu machen, Bilder als Bilder gelten zu lassen. Jacob Böhme hat dies mit seinem Jahrhunderttalent, seiner gewaltigen Bildersprache, getan. Doch dies ist vielleicht der Sinn des Bilderverbotes – Bilder seien »nur« Bilder und damit nicht mit ihrem »Urbild« zu verwechseln. Gott ist wie die Sonne, wie der Ozean, wie der kosmische Baum des Lebens. Das Denken Gottes ist »nur« Poesie. Man könnte auch sagen, dass das »Urbild« nur sich selber erkennen kann; es allein kann sich als Ganzes verstehen, und zwar nicht aus seinen Teilen; vielmehr werden die Teile als Selbstbegrenzungen des Ganzen erkennbar. Der Streit um die intellektuelle Anschauung dreht sich auch darum, ob und wie der Mensch an einer solchen intellektuellen Anschauung der Teile aus dem Ganzen teilhaben kann oder ob er sich mit dem diskursiven Denken, welches ein Ganzes aus seinen Merkmalen zusammensetzt, und den problematischen, vielleicht sogar wahnhaften Interpolationen seiner Einbildungskraft begnügen muss.[19] Lassen sich nur kleine Ganzheiten wie einzelne Organismen als sinnvolle oder zweckmäßige Organisationen erkennen, während wir vor einer Erkenntnis der Weltseele kapitulieren müssen? Ist schon im einzelnen Organismus eine Unendlichkeit bis ins Kleinste begriffen? Wird die Zweckmäßigkeit des Organismus erst aus einer »höheren Zweckmäßigkeit« seiner Umwelt, in die er eingebettet ist, verständlich?

Was begrifflich ausgedrückt spröd und unfassbar bleibt, wird im »Saitenspiel der Gottheit« (Herder) vernehmbar. Das Eins und Alles schwingt in der Sphärenmusik; sie schwingt vielleicht in den Musik-Geräusch-Collagen der Gegenwart – für alle, die Ohren haben, um zu hören. Das Summen, Zirpen, Singen, Rufen, Tosen und Kreischen im Ineinander von Natur, Tieren, Mensch und Technik fügt sich zu einem Gesamtkunstwerk, zum abwechslungsreichen *sound* der Stadt in »Roaratorio. Ein lyrischer Circus über ›Finnegans Wake‹« von John Cage, oder im hallenden Echo der Vogelschreie in den Grand Canyons in »Des Canions aux étoiles« von Olivier Messiaen. Solche Musik evoziert die Beziehungen von allem mit allem und begünstigt die Wahrnehmung der Welt als Kunstwerk – ob mit oder ohne Künstler. Pan-

---

[19] Vgl. Förster 2011, 154–158, 226 f., 253 ff.

theismus hört »die Welt als ein sich selbst gebärendes Kunstwerk«[20], als ob es das Werk und der Körper des einzigen und größten Komponisten wäre. Diese Auffassung spielt mit dem Gedanken, dass Empfänglichkeit für das Göttliche und Heilige vergleichbar ist mit einer Musik, die in allen Dingen schlummert. Es gibt einen *sound* der Natur, aber auch der Zivilisation, der Geräusche und Melodien, Lärm und Stille umfasst. Das Gedichtfragment »Die Welt der menschlichen Seele« von Herder lautet:

Mich sing' ich! Welt und Gott ein All in mir!
Selbst bin ich Lied, und Welt und Phöbus mir![21]

Und im Gedicht »Gott« findet sich die Strophe, aus der bereits in der Einleitung zitiert wurde:

Versenke dich in ihm, Gedanke; steig
Hin in den Abgrund aller Seligkeit
Und Macht und Liebe: Du, der auch von ihm
Bist ein lebendiger Schatte, bist von ihm
Ein Abstrahl, ewig, wie das ewge Licht.
Genieß dich ganz in ihm, auf ihm, dem Baum,
Des Lebens, ein lebendger Zweig: im Meer
Der Allvollkommenheit ein Tropfen du:
Ein Mitklang in der Wesen Harmonie.[22]

1.4 Allgegenwart und Allmacht

Obwohl Gott kein Ding mit (empirischen) Merkmalen ist, hat die Theologie von Eigenschaften Gottes gesprochen. In der Sprache der Theologie hebt »der« Pantheismus vor allem die »Eigenschaften« der Einheit und Allgegenwart Gottes hervor. Allgegenwart kann auch räumlich verstanden werden, als Verteilung (nicht Auflösung) Gottes auf alle Orte. Es gibt keinen Ort, wo Gott nicht wäre. Es kann zusätz-

---

[20] Nietzsche: Nachgelassene Fragmente Herbst 1885–Herbst 1886 2 [114], in: *Sämtliche Werke. Kritische Studienausgabe*, München: dtv 1980, Band 12, 119.

[21] Herder 1953, Band 1, 14.

[22] Herder, a. a. O., 53. Vgl. dagegen Brunner 1928, 5 (ironisch): »Was ist Wort, wenn man Musik hat.« Brunners Ironie lässt eine starke Abwertung von Musik gegenüber der angeblichen Klarheit des Wortes durchschimmern. Brunner verwirft (affektive) Mystik und Pantheismus als Ausdruck einer »musikalischen Weltanschauung«.

lich auch zeitlich verstanden werden: Es gibt keinen Zeitpunkt, keine Zeitphase, keine Epoche ohne Gott.[23] Gott ist immer und überall anwesend. Es gibt keine Abwesenheit Gottes. Theismus und Pantheismus (wenn wir diese Unterscheidung überhaupt machen wollen) sind sich darüber einig: Menschen können und wollen sich von Gott abwenden; Gott kann oder will sich nicht von den Menschen abwenden. Insofern ist auch unsere Situation »der Stand der vollendeten Sündhaftigkeit«[24], was besagt, dass sich Menschen von Gott abwenden, obwohl Gott »alles in allem« ist. Seit dem Sündenfall und der Paradiesvertreibung sind die Menschen »gottflüchtig«.

Pantheismus versucht nicht nur diese Eigenschaft der Allgegenwart oder Omnipräsenz Gottes ernst zu nehmen, sondern auch die schwierige Unterscheidung, dass ich zwar Teil von Gott, aber nicht Gott selber bin. (Ich bin nur ein »kleiner Gott«.) Die Unterscheidung zwischen Gott als unendlichem Wesen und den Menschen (oder anderen Teilen des Universums) als endlichen Wesen bleibt gewahrt. In der Sprache der Metaphysik sind Gott und Mensch in ihrem Wesen identisch[25]; als Erscheinungen in Raum und Zeit bleiben die Menschen jedoch endlich und von Gott verschieden.[26]

Was ist unter Allmacht zu verstehen? Muss sich diese Macht vollständig manifestieren, oder bleibt sie eine bloße Potenz? Involviert Allmacht auch die Fähigkeit, sich selber zu zerstören? Fallen Möglichkeit und Wirklichkeit in Gott nicht zusammen? Wäre Gottes Allmacht erst dann eine reale Möglichkeit, wenn er sich selber vernichtet hätte?[27]

---

[23] Vgl. Wand 2007. Dem Autor ist es ein Anliegen, sich vom Pantheismus abzugrenzen.

[24] Fichte: *Die Grundzüge des gegenwärtigen Zeitalters,* Zweite Vorlesung (1804/1805), in: Fichte 1978, 21.

[25] »Denn in ihm leben, weben und sind wir, wie auch einige von euren Dichtern gesagt haben: Seines Geschlechts sind wir ja auch.« *Apostelgeschichte* 17, 28. Das Bild der Verwandtschaft mit Gott ist anmutiger als die etwas dürre Begrifflichkeit einer Wesensidentität.

[26] Vgl. Eduard von Hartmann 1909. Hartmann vertritt eine schroffe Gegenüberstellung von persönlicher Gottesauffassung und Pantheismus. Aus diesem und anderen Gründen scheint sein Pantheismus religiös steril zu sein. Er lädt nicht ein zum bewussten »Bilden« von Gottesbildern. Konziliant ist dagegen Schleiermachers Parallelisierung von Theismus und Pantheismus als religiös gestimmter Einstellungen zum Universum, was auch vereinbar ist damit, dass Schleiermacher den Theismus vorzieht. Zu Schleiermachers Reden vgl. die Neuauflage der drei Fassungen von 2012 sowie die Einbettung der ersten Fassung in den Kontext der Frühromantik in Timm 1978.

[27] Dies ist eine der unbeantworteten Fragen, die nahelegen könnten, dass subtile Spekulationen über Gott müßig sind, dass sie keinen »praktischen Unterschied« machen oder

Was für eine paradoxe (oder aufschneiderische) Vorstellung von Allmacht liegt in der Vorstellung, dass Gott einen Stein erschaffen könnte, der so schwer wäre, dass er ihn nicht mehr aufheben könnte! Ist Gott allmächtig, warum verhindert er dann nicht wenigstens die schlimmsten Übel und Leiden?[28] Warum sollte er nur diese verhindern? Warum nicht auch die Eurokrise? Meine depressiven Verstimmungen? Wäre ein allmächtiger Gott ein *busybody* und *diabolus*, der alle Gesetze und Abläufe kontrolliert und permanent verändert? Sollten wir den Begriff der Allmacht als konfus oder in sich widersprüchlich ganz aufgeben? Oder sollten wir ihn darauf beschränken, dass Gott alle Wesen erlösen kann? Sollte diese Allmacht auch darin bestehen, die Menschen gegen ihren Willen und ihre Überzeugung zu erlösen? Und warum ist Erlösung nur auf dem scheinbar endlosen Weg der Leidensgeschichte von Tieren und Menschen zu haben?

Eine Möglichkeit, das Theodizeeproblem zu »lösen«, besteht in der Option eines pessimistischen Pantheismus, der besagt, dass sich Gott nur erlösen kann, indem er sich selber »opfert«. Ein unseliger, mit seiner Schöpfung mitleidender Gott findet seine definitive Erlösung im Suizid, der zugleich Euthanasie ist. Dieser Gott kann sich nicht einmal selber erhalten, und er bietet den Menschen keine Rückkehr und Versöhnung an. Indem sich Gott zerstört, gibt er die radikale Vielfalt der Individuen frei. Anstelle einer metaphysischen Einheit und Identität des Wesens tritt eine Vielfalt von individuellen Willenszentren, die um Vorherrschaft konkurrieren. Der pessimistische Pantheismus »erklärt« die Unseligkeit, die Unerlöstheit und die Zersplitterung der Individuen, das Leben als Kampf und Konflikt.

»Aber diese einfache Einheit ist gewesen; sie ist nicht mehr. Sie hat sich, ihr Wesen verändernd, voll und ganz zu einer Welt der Vielheit zersplittert. Gott ist gestorben und sein Tod war das Leben der Welt.«[29]

---

lediglich zu Schwärmerei verführen (wie Kant oder Mendelssohn glauben), oder dass das Denken über Gott andere Mittel und Wege finden muss, sei es eine Abkehr von der Philosophie (im Sinne von Jacobis »Unphilosophie«) oder eine spekulative Metamorphose des Verstandesdenkens durch ein Denken, das sich wie Hegel die Kraft der bestimmten Negation aneignet – und damit die Verständigung ganz erheblich erschwert!

[28] Gemeint sind die sog. exzessiven Übel, die sich nicht als unvermeidliche Kehrseite der Gewährung der Freiheit plausibel machen lassen. Pantheismus gibt keine überzeugende Antwort auf die Frage, warum Gott nicht wenigstens die exzessiven Übel verhindert.

[29] Mainländer 1876, 108.

Von Pantheismus kann hier nur noch im Sinne eines symbolischen Kunstmärchens die Rede sein, das zur Illustration der Erkenntnis dient,

> »[…] dass Nichtsein besser ist als Sein […] dass das Leben die Hölle, und die süße stille Nacht des absoluten Todes die Vernichtung der Hölle ist.«[30]

Ein extrem pessimistisches Kunstmärchen ist kaum gemeinschaftsverträglich oder gemeinschaftsstiftend und führt vermutlich in eine mikrominoritäre oder privatistische Sackgasse mit dem Charakter eines Selbstmordclubs. Eine mögliche Abgrenzung vom Charakter bloßer Fiktion ist eine Bezugnahme auf textkanonische und kirchliche Traditionen, welche diese als »Offenbarungen« oder als spezifisch religiöse Inspirationsquellen mit einbezieht. Damit soll eine oft lange und anspruchsvolle Lern- und Lebensgeschichte von Religionen in all ihren kognitiven, affektiven und sozialen Dimensionen gewürdigt werden. (Sie ist auch eine Geschichte von Lastern und Irrtümern.) So wie es unterschiedliche Grade der Nähe und Distanz zu Offenbarungen und Kirchen gibt, so ist auch die Alternative zwischen Annahme und Ablehnung, Mitgliedschaft und Austritt falsch gestellt. Ist Gott allgegenwärtig und allmächtig, dann ist er nicht der Gott einer partikulären Kirche bzw. Gemeinschaft. Die Allgegenwart und die Allmacht stehen auch für ein Maximum an Unparteilichkeit, das endliche Menschen letztlich nie für sich in Anspruch nehmen können. Gott ist so gesehen vielleicht der eine und selbe Gott aller Menschen guten Willens, aber wohl kaum römisch-katholischer, sunnitischer oder pantheistischer Parteigänger.

---

[30] Mainländer 1876, 216. Mainländers Konsequenz ist erstaunlich. Es ist fraglich, ob man zur Vermeidung des angeblich »ruchlosen Optimismus« des Pantheismus *à la* Pope und Shaftesbury zu den symbolischen Kunstmärchen eines pessimistischen Pantheismus greifen muss. Mainländer wird von Winfried H. Müller durch Nachdrucke, Forschungsbeiträge und die Aktivitäten einer Mainländer-Gesellschaft erschlossen. Er gehört mit Julius Bahnsen in den Kontext einer »Schopenhauer-Schule«, welche pessimistische und nihilistische Gegenakzente gegen den optimistischen Mainstream setzt.

1.5 Pantheismus als Vision und praktische Orientierung

Im »Sinn und Geschmack für das Unendliche«[31], im Erlebnis des Umfassenden und Größten im Kleinsten, liegt nicht nur ein Konvergenzpunkt von Theismus, Pantheismus und religiösem Agnostizismus; sofern sie alle sich für die Tiefe und den Reichtum des Universums öffnen, ist ihnen auch ein gemeinsames Dispositiv zur Abwehr des Nihilismus eigen, d. h. der Auffassung, alles sei vergeblich, Wert und Sinn seien nur Fiktion.

Ich verzichte auf den umständlichen Ausdruck ›Panentheismus‹ und spreche nur von ›Pantheismus‹, den ich aber im Sinne einer geläuterten Lehre oder Vision verstehe, welche die Anliegen des Panentheismus, insbesondere die Unterscheidbarkeit von Gott und Mensch, aufnimmt. Ob es sich beim Pantheismus um eine Doktrin oder eher um eine Art des Sehens und Fühlens handelt, ist für meine Überlegungen sekundär. Ich will Pantheismus nicht gegen andere, konkurrierende Auffassungen von Gott und der Welt verteidigen. Nur wenn ich eine »Theorie« gegen andere verteidigen will, brauche ich eine eindeutig ausformulierte Doktrin oder Dogmen. Dogmen dienen der Apologie. Sie setzen jedoch Visionen, Offenbarungen oder Ähnliches voraus, auf die sie sich dann explizierend und präzisierend beziehen. Mit Dogmen sind zumeist auch apodiktische Wissens- und Machtansprüche verbunden – sei es auch »nur« der Machtanspruch eines verbindlichen Lehramtes.

Pantheismus lässt sich auch als Vision oder Sichtweise darstellen, die sich mehr oder weniger plausibel formulieren lässt, ohne sie zu verteidigen, zu begründen oder als »Wahrheit« gegen »Irrtümer« oder »Irrlehren« auszuspielen.[32] Wer die Vision hat, wird von ihr überwältigt und verspürt Erfüllung oder Energie. Der Verweis auf eine Vision

---

[31] Schleiermacher 2003/1799, 36. Die *Reden* sind Inspirationsquellen für die Charakterisierung von Religion als Sehnsucht, Ahnung, Einsfühlung, Überwindung von kontroverstheologischer »Systemsucht« und »Buchstabentheologie«, Erziehung zu Ehrfurcht und Bewunderung (»Das Universum bildet sich selbst seine Betrachter und Bewunderer […]« S. 95) und für die Parallelisierung von persönlicher und pantheistischer Auffassung Gottes sowie die Empfehlung zur Gelassenheit gegenüber dem Atheismus.

[32] Es ist bereits eine schwierige Aufgabe zu zeigen, dass Pantheismus wahr sein könnte, weil er nicht in sich absurd ist. Vgl. Levine 1994, 12. Levine hat eine der wenigen neueren Monographien zu diesem Thema verfasst; er führt diesen bescheidenen Nachweis auf 365 Seiten. In meiner knappen Erörterung kann ich nicht einmal den Nachweis der internen Konsistenz führen.

oder spezifische Sichtweise soll vor den Erstarrungen einer verbalen oder institutionellen Fixierung bewahren. Sie soll nicht als privilegierte »Einweihung«[33] »religiöser Virtuosen« bzw. »spiritueller Alphatiere« verstanden oder deklariert werden. Sie gleicht vielmehr dem Windhauch, der weht, wo er will. (Vgl. *Joh.* 3, 8)

Ein Beispiel für die Auffassung von Pantheismus als Vision findet sich in den Gedichten und Schriften von Rabindranath Tagore. 1863 gründete er das Meditationszentrum und Gästehaus Shantiniketan in der Nähe Kalkuttas und wurde dadurch zum Vorläufer der heute in ganz Indien vertretenen neuvedantischen Ashrams. Er formuliert seine Visionen vor dem Hintergrund eines von den Upanischaden inspirierten Monotheismus, doch er betont, dass er seine Religion nicht durch Nachahmung oder gar unter dem Druck einer dominanten Religionsgemeinschaft gefunden habe, sondern durch persönliche Erfahrung und Meditation. Tagore geht noch weiter und deklariert seine Religion als Religion eines Poeten.[34] So weit muss niemand gehen, der eine Religion lebt und vertritt. Er kann sie seiner Innenansicht gemäß als »die« Wahrheit vertreten. Tagore selber schildert seine Vision als unmittelbare Berührung mit einer ultimativen Einheit und Realität, als Freude, die mehr ist als nur Information, nämlich seliges Einsgefühl der kreativen Fähigkeiten mit dem göttlichen Schöpfer. Die Innenansicht und Innenerfahrung transzendieren ein bloß punktuelles und subjektives Erlebnis zur größtmöglichen Offenheit für das Universum bzw. das göttliche Prinzip. Tagore drückt sich gelegentlich defensiver, vorsichtiger aus, als möchte er eine kritische Außenansicht in seine Innenansicht integrieren. So beschreibt er seine ersten religiösen Erfahrungen als Kind während einer langweiligen Schulstunde, als sich ihm automatisch rhythmische Verse bildeten, folgendermaßen:

»I felt sure that some Being who comprehended me and my world was seeking his best expression in all my experiences, uniting them into an everwidening individuality which is a spiritual work of art. To this Being I was

---

[33] Der phantastische und anmassende Charakter religiöser »Visionen« kommt in der esoterischen Konstruktion der Religionsgeschichte als einer geheimen Überlieferung »großer Eingeweihter« zum Ausdruck. Vgl. Schuré 2010. Die französische Originalausgabe erschien 1889. Die Attraktion des Buches liegt in seinen poetischen Qualitäten. Getrübt wird die Lust an der Lektüre jedoch durch den Anspruch des Autors auf höchste Wissenschaftlichkeit und unfehlbare Gewissheit. Es wird hoffentlich deutlich, dass ich mit dem Ausdruck ›Vision‹ keine derartigen Ansprüche erhebe.

[34] Tagore 2004/1931, 72 und 85.

responsible; for the creation in me is his as well as mine. It may be that it was the same creative Mind that is shaping the universe to its eternal idea […].«[35]

Tagore ist sich bewusst, dass ein rigoroser Wissenschaftler seine Auffassung als Unsinn und ein streitbarer Theologe sie als »Pantheismus« etikettieren werden, doch er wehrt sich dagegen, lebendige Wahrheit aufgrund von diffamierender Etikettierungen aufzugeben.

Martha Nussbaum, die sich in einer neueren Publikation auf Tagore bezieht, glaubt, bei Tagore eine enge Verbindung von sokratischer Mäeutik und imaginativer Empathie zu finden, die es ihm erlaube, Außen- und Fremdbetrachtungen wahrzunehmen, ohne dabei die Innenansicht preiszugeben.[36] Das Projekt eines um Imagination und Empathie erweiterten Sokratismus ist interessant und entspricht einer Überwindung des einseitigen Intellektualismus, der Sokrates insbesondere von Nietzsche unterstellt wurde. Das »Heil« des Menschen beruht auf einem »examined life«, aber diese Untersuchung muss neben der Evaluation von guten und schlechten Argumenten auch eine angemessene Rücksicht auf das affektive Leben einbeziehen. Tagore hat seine Erfahrungen von Pantheismus und Pluralismus auch praktisch umgesetzt, etwa durch ein Schulprogramm mit integrierter Teilnahme an interreligiösen Festivals, an denen sich Hindus, Christen und Muslime beteiligen.[37] Er hat eine Tradition begründet, in der Tanz und Musik für Selbstwertgefühl und Selbstbewusstsein von Knaben und Mädchen mindestens ebenso wichtig sind wie lesen, schreiben und rechnen. Es ist möglich, dass Tagore die Philosophie der demokratischen Erziehung von John Dewey beeinflusst hat.

Die Personalunion von Pantheismus und liberaler Toleranz ist vielleicht eher ein Glücksfall als eine logische Notwendigkeit. Spinoza ist das zugleich historische und zeitlose Vorbild. Es mag eine gewisse Häufung solcher Glücksfälle gegeben haben, etwa bei der Entstehung pantheistischer und freimaurerischer Gesellschaften in der Aufklärung. Doch der Zusammenhang zwischen Pantheismus und republikanischer und später demokratischer Orientierung bleibt historisch kontingent. Es gibt Gegenbeispiele von Anhängern einer autokratischen oder kulturkonservativen Politik, die sich ebenfalls mit einer Variante

[35] Tagore 2004/1931, 74.

[36] Vgl. Nussbaum 2010, 72. Vgl. Maurina 1963, 113–121; Yogananda 2012/1946, 317–322.

[37] Vgl. Nussbaum 2010, 84. Vgl. auch Nussbaum 2012.

des Pantheismus identifizierten. Ich nenne hier nur Eduard von Hartmann, der völlig frei von linksliberalen Sympathien war. Er war deshalb kein »unechter« Pantheist; überdies war er ein kompromissloser Verteidiger der Religionsfreiheit.

Der Verzicht, die Vision systematisch zu fixieren und sie allenfalls in Tanz, Gesang und Gebärde auszudrücken, sollte nach Tagore und anderen liberalen Pantheisten mit der Weigerung einhergehen, im pantheistischen Dunstkreis Hierarchien oder Führungsansprüche zu etablieren. Die Anerkennung der Unaussprechlichkeit Gottes in einem Namen oder der Unfassbarkeit Gottes in einem System von Aussagen kann schlimmstenfalls als Geheimniskrämerei einer vermeintlich erleuchteten Elite, bestenfalls als Verzicht auf religiöse Schlag- und Machtworte interpretiert werden. Ähnlich kann auch die Beschränkung eines Pantheismus auf eine »Stimmung« oder »Gefühlshaltung« vieldeutig verstanden werden, nämlich als Diskursverweigerung oder als Verweigerung religionspolitischer Vorherrschaft bzw. vorschneller Assimilation des »ganz Anderen« an unsere beschränkten Bilder und Konzepte.

Solange Pantheismus Vision oder *Aperçu*[38] bleibt und nicht zur Dogmatik erstarrt, kann der (weibliche oder männliche) Pantheist an fast allen wichtigen religiösen oder kirchlichen Gemeinschaften teilnehmen, sofern sie die Freiheit des Gewissens achten, d. h. die Freiheit, beim Singen von Liedern, Sprechen von Gebeten und bei anderen rituellen Handlungen zu denken, was ich will. Ich muss zwar mit dem Herzen dabei sein, aber ich muss nicht fixierte Formeln oder angeblich »beste Formulierungen« annehmen. Deshalb braucht es ein denkendes Herz. Ich kann einen Pantheismus für »wahr« halten, aber ich muss »meine Wahrheit« nicht dazu benutzen, andere damit einzuschüchtern und zu bevormunden. Pantheismus distanziert sich vom Verbal- und Buchstabenfetischismus. Es geht ihm nicht um Gesetze, Dekrete oder um »juristische Spitzenformulierungen«. Er begibt sich damit »hors du combat«, er tritt nicht in ein Konkurrenzverhältnis zur Schrift und zur Tradition. Das gilt nicht nur für sog. kanonische Texte, sondern auch für Kirchenrecht oder Mitgliederformulare. Ein liberaler Pantheist tendiert zur »Mehrfachmitgliedschaft« in diversen religiösen Gemein-

---

[38] Dem *Aperçu* hat Goethe das Wort geredet. Goethe praktiziere das »elementare Denken« (Albert Schweitzer), das im Erleben und analogischen Anschauen geerdet ist. Vgl. Hofmann 2001, 284–306 [Das *Aperçu* als Gewahrwerden des Objekts im Subjekt].

schaften. Was den einen als »Opportunismus« oder »Synkretismus« erscheinen mag, zeugt von der größtmöglichen Weite eines Geistes, der »in der Wahrheit« steht. Pantheismus ist in einem freundlichen Sinne »parasitär«: Er kann seine Zweige an jedem Religionsstamm wachsen lassen.

Pantheismus steht nicht nur in enger Beziehung zur Religion, sondern auch zur Kunst. Der schöpferische Gott, der bei seiner Schöpfung bleibt, gleicht dem Künstler oder der Künstlerin, die in ihren Kunstwerken mit gegenwärtig sind. Sie zeigen und offenbaren sich in der Schönheit und Schrecklichkeit ihrer Schöpfung. Pantheismus gleicht auch der empfänglichen Seite für Kunstwerke und bedeutet Blickwechsel und Horizonterweiterung, Multiperspektivität und jenen Geist, der die Vielfalt der Perspektiven einheitlich oder verbindend durchwaltet.[39] Das Schöne und Erhabene der Natur gehören zum Bilder- und Begriffsrepertoire pantheistischer Visionen. Die ästhetische Dimension dieses Pantheismus bildet eine Korrektur am strikt religiösen Ethizismus (bzw. der Reduktion von Religion auf Moral) und entspricht damit den Versuchen Rousseaus, Emersons, Herders, Novalis und Schleiermachers (um nur einige prominente Namen zu nennen), der Religion reichere und neue Funktionen und Gehalte zu verleihen, jenseits von Religion als bloßer Stütze einer konventionellen Moral und einer ständischen Ordnung.

Die Pantheismen seit dem 18. Jahrhundert gehören zu Bestrebungen, Religion ihren aufgeklärten Gegnern neu schmackhaft zu machen.

---

[39] Vgl. Welsch 2012. Es ist faszinierend zu beobachten, wie oft religiöse Elemente in der zeitgenössischen Kunst aufscheinen, etwa in der Musik von Arnold Schönberg, Olivier Messiaen oder Alfred Schnittke (vgl. *Zwölf Bußverse für gemischten* Chor, 1988 und *Stimmen der Natur*, 1972). Künstlerinnen und Künstler sind oft »unverkrampfter« in der Anspielung auf religiöse Dimensionen als »academics«. Pantheismus mag einigen zeitgenössischen Künstlern als »altmodisch« erscheinen, weil ihre Darstellung des Religiösen eher die Erfahrungen der Abwesenheit Gottes ins Blick- oder Hörfeld rückt. Ich denke an den Schweizer Künstler Martin Schwarz, der in einer Bilderserie die Schriftzüge ›Nichts‹ in verschiedenen Abschattungen bis zum visuellen Verschwinden der Schriftzüge darstellt und damit eher die nihilistische Vision ausdrückt, die als Opposition zur pantheistischen Vision verstanden wird. Das Verschwinden der Schriftzüge könnte allerdings auch als »Aufhebung« des Nichts gedeutet werden. Jedenfalls scheinen auch diese Bildserien einen religiösen Klang zu haben, der an Heideggers Besinnung auf den abwesenden Gott und Hölderlins »Dichter in dürftiger Zeit« erinnert. Für den (nicht-pessimistischen) Pantheismus kann es keine Abwesenheit Gottes geben, sondern nur Abwendung und Entfremdung des Menschen von Gott.

»Spinozismus« bzw. »Pantheismus« wurde von Lessing[40] und Lichtenberg explizit als Ausdruck des Ungenügens an den Begrifflichkeiten der (katholischen und lutherischen) Orthodoxie verstanden – eine Kritik, die sich im kollektiven Gedächtnis der theologischen Zunft so traumatisch eingeprägt hat, dass »der« Pantheismus als Häresie oder (Vorstufe zum) Atheismus bekämpft wird. Mit Goethe wird das Bekenntnis zum Pantheismus auch zum Anspruch, Nähe und Distanz zum Christentum frei und flexibel zu bestimmen.[41] Man kann sich grundsätzlich fragen, ob »der« Pantheismus Probleme »des« Theismus besser löst oder ob seine Verteidiger nicht vielmehr teilweise von einem dürftigen Paritätsargument profitieren, das besagt: »Ich habe einige unlösbare Probleme, die der Theismus auch nicht lösen kann.«

Das (verdrängte) Leiden an den eigenen unlösbaren Problemen könnte ein Anlass sein, weshalb ›Pantheismus‹ in theologischen Milieus fast ausschließlich eine Begriffskarriere als Schimpfwort gemacht hat. Einerseits war »der« Pantheismus ein theologisches Vexierbild der eigenen ungelösten Probleme. Andererseits wurde er in marxistischen Arbeiten und von prominenten Historiographen des Atheismus wie Fritz Mauthner[42] ähnlich wie der Deismus als getarnter Materialismus und halbherziger Atheismus betrachtet – und begrüßt.[43] Diese Betrachtungsweise fand im Blick auf die intellektuellen Biographien von David Friedrich Strauß, Ludwig Feuerbach[44] und Bruno Bauer ihre zumindest anekdotische Bestätigung. Sie haben sich von Pantheisten zu Atheisten bzw. bekennenden Nicht-Christen gemausert. Das Beispiel von Bruno Bauer wird im zweiten Teil (vgl. 2.5) erörtert.

Ein Nachweis, dass Pantheismus logisch oder psychologisch notwendig zum Atheismus führe, lässt sich jedoch nicht führen. Es scheint eher so zu sein, dass Pantheismus zuweilen so offen und vorläufig for-

---

[40] »Die orthodoxen Begriffe von der Gottheit sind nicht mehr für mich; ich kann sie nicht mehr genießen.« Lessing nach dem Bericht von Jacobi, in: Scholz 1916, 77. Nur Gott ist im Besitz der absoluten Wahrheit. Vgl. Yasukata 2002, 24, 115 f. 143, 168 n. 24.

[41] Vgl. Bollacher 1969; Niggl 2010; Bollacher 1998; Hofmann 2001.

[42] Vgl. Mauthner 1920–1923, Neuauflage 2011.

[43] »Die Umstülpung des feudaltheologischen Weltbildes erfolgt in hohem Masse durch die Erhöhung der Natur […]. Unter Pantheismus verstehen wir aber in dieser Periode, in der sich das Bürgertum in seiner Entwicklung befindet, nichts anderes als den geheimen Einzug des Materialismus.« Lindner 1960, 58.

[44] Vgl. Jeske 2012, 66. Der Pantheismus ist aus marxistischer Sicht ein zentrales dialektisches Lehrstück, weil er nach idealistischen und materialistischen Strömungen polarisiert ist.

muliert wird, dass er von Theismus und Atheismus nicht (oder nicht deutlich genug) unterschieden werden kann. Kommt hinzu, dass eine liberale Religionsphilosophie im Ausgang von Schleiermacher und/ oder Schopenhauer vielleicht sogar ein Interesse daran hat, Atheismus, Theismus und Pantheismus als religiöse Optionen gelten zu lassen. Nach Schleiermacher kann auch der Atheist »Sinn und Geschmack fürs Unendliche« haben – kruzialer Bezugspunkt religiöser Einstellungen ist in den *Reden über Religion* nicht Gott, sondern das Universum. Nach Schopenhauer kann auch ein Atheist soteriologisch orientiert sein – eine Grundhaltung, die ihre Ausprägung auch in außereuropäischen Religionen findet, nämlich als asketische Praxis der Verneinung des Willens zum Leben.

Pantheismus wurde nicht nur als eine theoretische und distanzierte Betrachtungsweise, als eine »wissenschaftliche Hypothese« (obwohl er das vielleicht sein oder werden kann[45]), sondern auch als eine praktische Orientierung verstanden. Er gehört in den Bereich symbolischer Ordnungsvorstellungen, wie z. B. die bildhaften oder narrativen Vorstellungen von Himmel und Hölle, Paradies, Sündenfall und Apokalypse. Pantheismus (sofern er nicht zur pessimistischen Variante gehört) weist den Menschen einen Ort zu, an dem sie aufgehoben, geborgen und gehalten sind: in der Gottnatur. Pantheismus bezeichnet eine besonders intensive Nähe jedes Menschen zum Ganzen oder zum Zentrum, zur »Quelle« allen Seins und Lebens. Gottes »Transzendenz« besteht nicht unabhängig oder losgelöst von seiner »Immanenz«; Gott, Himmel und Hölle sind nicht in einem Jenseits, sondern im Menschen und in seinen Verhältnissen zu Menschen, Tieren und zur ganzen Schöpfung. Eine Hölle auf Erden sind z. B. Konzentrationslager und Tierfabriken.

1.6 Alter Christus

Wie die Trinitätslehre (Eins ist Drei) den Anschein eines fehlerhaften Zählens erweckt, so muss es auch Pantheismus (Eins ist Viele) (scheinbar) tun. Gott ist keine »natürliche Eins«, er ist nicht numerisch eins, keine Quantität des Zählens. Er ist nicht »weniger als zwei« oder »we-

[45] Vgl. Clayton/ Peacocke 2004.

niger alles viele«. Er ist keine Eins, welche die Vielheit ausschließt, sondern er ist eine Einheit, welche die Vielheit einschließt, die Vielen »zusammenhält« oder »vereinigt«. Gottes Einheit ist einmalig. Sie ist »vollkommene Einheit«, nicht die unvollkommene Eins, der es an vielem mangelt.

Wird in der Christologie Jesus als der einzige und auserwählte Sohn Gottes, selber als Gott und Freund aller Menschen und der einzige Mittler bezeichnet, so ist in der Mystik und im Pantheismus jeder gottergebene Mensch ein »alter Christus«. Wir sind alle gleichermaßen oder jedenfalls potentiell gleich »Sohn/Tochter Gottes«, sofern wir »wesentlich« werden können.

»Konstatiert ist es, dass der Lebenswandel des Spinoza frei von allem Tadel war, und rein und makellos wie das Leben seines göttlichen Vetters, Jesu Christi. Auch wie dieser litt er für seine Lehre, wie dieser trug er die Dornenkrone. Überall, wo ein großer Geist seine Gedanken ausspricht, ist Golgatha.«[46]

Wir sind alle gleichermaßen Mittler, auch wenn es immer noch unterschiedliche Grade der Realisierung der Nähe zur »Wahrheit« gibt. Dies ist eine Häresie, d. h. eine bewusste und entschiedene Abweichung vom Christus-Dogma, auf das sie sich bezieht und von dem sie sich abgrenzt. Die Christologie bezeichnet Christus als Gott und Mensch – in einem. Pantheismus versucht zu formulieren, dass jeder Mensch die Chance hat, Gott und Mensch zu sein. Es herrscht »soteriologische Chancengleichheit«, welche in einer Wesensidentität von Gott und Mensch begründet liegt. Wir sind alle bereits erlöst – wir haben es nur nicht alle vollständig realisiert. Eine Illustration dazu ist Hegels Porträt des unglücklichen Bewusstseins, das im zweiten Teil behandelt wird.

Bedarf es angesichts dieser Aussage, welche eine Selbsterlösung durch Einsicht nahegelegt, überhaupt noch der göttlichen Gnade? Eine mögliche Deutung der Notwendigkeit der Gnade ergibt sich aus einer »vitalistischen« Variante des Pantheismus, der gemäß alles Leben auf der Stufe der Individuation in Kampf und Konflikt verstrickt ist. Gnade braucht es, weil in einer pantheistischen Welt erlebbar wird, dass ich

---

[46] Heine 1996, 562. Der Spinoza-Christus-Vergleich verfolgt auch die Absicht, den religiösen »Philister« zu schockieren. Wer daran Anstoß nimmt und Heines Augenzwinkern ignoriert, ist in die hermeneutische Falle geraten, die ihm Heine gestellt hat.

Leben bin, das leben will, inmitten von Leben, das leben will.[47] Ein Leben ohne Sünde[48] ist nicht möglich. Auch der Mensch lebt und vermehrt sich auf Kosten anderer Lebensformen und verstrickt sich durch seine Macht und sein Bewusstsein in unvermeidbare Schuld. Weil Pantheismus holistisch denkt, bringt er die Rolle des Menschen als Zerstörer und »Schandfleck der Natur«[49] ins Bewusstsein.

Diese Überzeugungen von Mitwirkung und Gnade schaffen Platz für die Freiheit und das Bemühen des Menschen und für den göttlichen Beistand, der ihm dabei widerfährt. Gnade als Ausdruck für alles, was für das Heil vorgegeben, nicht vom Menschen hergestellt, verdient oder erzwungen werden kann, ist entscheidend wichtig; nur weil der Mensch in seinem Wesen mit Gott identisch ist, kann er »wesentlich werden«. Er wird gut und besser nicht durch sich selber, sondern als »alter Christus«. Deshalb gibt es im Rahmen eines Pantheismus vielleicht gar keine »guten Verdienste«. Was ich Gutes will und tue, geschieht kraft des Lichtstrahls der Ewigkeit. Was ich Böses tue, geschieht dagegen aus selbstverschuldeter Unwissenheit, Trägheit oder Bosheit. Es ist strafwürdig. (Vgl. 3.7)

Dies wird vielleicht bestätigt durch die Auffassung einer radikalen Mystik, welche die »Erlebnismystik«[50] übersteigt, indem sie in Christus nicht mehr mein Glück sucht, sondern Gott um seiner selbst willen. Diese Liebe geht durch die Verzweiflung und die Entsagung. Sie wurde

---

[47] So lautet die berühmte Formulierung aus Albert Schweitzers *Kulturphilosophie* (1923), Neuauflage München: Beck 1960, 229. In einem Brief vom 30. Januar 1927 an Oskar Kraus schreibt Schweitzer: »Für mich ist die Gewissheit eines ethischen Weltwillens absolut und sicher darin gegeben, dass er sich in mir gestaltet und erlebt. Ich sehe meine Philosophie als ethisch gewordenen Pantheismus, als die notwendige Synthese von Theismus und Pantheismus.« Zitiert nach Lind 1964, 193.

[48] ›Sünde‹ ist ein vieldeutiger, belasteter und umstrittener Begriff; er verweist hier auf die Erfahrung der unvermeidbaren Verstrickung in moralisches Fehlverhalten und eine Abwendung von der geschuldeten Rücksicht auf andere und das Ganze – Verfehlungen, von denen wir glauben, dass wir sie uns nicht selber vergeben oder »entschuldigen« können. Gnade steht für die Großzügigkeit Gottes, der den Lebenskampf der Menschen und aller Lebewesen überblickt und anders beurteilen kann als jene, die in diesen Lebens- und Konkurrenzkampf verwickelt sind. Tendenzen zur Auflösung des Sündenbegriffs in der Aufklärung und der sog. Neologie sollen hier nicht bewertet werden.

[49] Arthur Schopenhauer: *Parerga und Paralipomena II*, Zweiter Teilband § 305 = 1977, Band X, 633.

[50] Gegen »Erlebnismystik«, in der sich alles um den Menschen und seine Befindlichkeit dreht und die sich eine Nähe zu Gott im Gefühl erschleicht, richtet sich die Kampfschrift von Brunner 1928.

von Fénelon als »reine Liebe« charakterisiert. (Vgl. 1.8; 3.4) Der »Trick« in der Charakterisierung der reinen Liebe besteht darin, dass sie die Liebe Gottes im doppelten Sinne ist, nämlich als die Liebe (Gnade), die von Gott selber ausgeht, und die desinteressierte Hingabe des Menschen an die Werke der Liebe. Im Verständnis der radikalen Mystik geht es nicht mehr um den Genuss und die Freude des Menschen, sondern um die Liebe, die auch Gefühle der Verlassenheit und »Trockenheit« übersteht.

›Mystik‹ bleibt wie ›Pantheismus‹ ein vieldeutiger Begriff, und einige der heftigsten Kritiker der Mystik haben einen innermystischen Streit geführt: Sie haben die radikale Mystik gegen eine »Wohlfühlmystik« verteidigt. Karl Barth war einer der heftigsten Kritiker der affektiven Mystik, und dazu gehört die Abwehr der pantheistischen Mystik eines Schleiermachers[51]; er wurde aber mit guten Argumenten als Vertreter einer verchristlichten, radikalen Mystik gedeutet.[52]

1.7 Konkreter Monismus

Pantheismus vertritt eine qualitative Auffassung des Ganzen – das Ganze ist mehr als nur eine Summe seiner Teile, es ist auch mehr als nur eine höhere oder abstrakte Einheit. Der abstrakte Monismus lässt Vielheit in der Einheit verschwinden. Er hat diese absorbierende Eigenschaft der »Gottesvergiftung« oder des Akosmismus.[53] Der konkrete Monismus dagegen versteht das Ganze als das Umfassende, das alle Individuen und ihre Beziehungen untereinander und zum Ganzen enthält.

Einfacher gesagt: Gott als Eins und Alles setzt die Welt der endlichen Wesen nicht zur Illusion herab. Eine solche Tendenz zum Illusionismus eignet einem übertriebenen Idealismus. Im allzu eifrigen

---

[51] Vgl. Brunner 1924. Eine positive Würdigung der Mystik für die deutsche klassische Philosophie findet man in Benz 1987.

[52] Vgl. Oepke 1928.

[53] Vom »Akosmismus im Brahmanismus« spricht Eduard von Hartmann 1882, 271–318 und behandelt ihn als Vorstufe zum »absoluten Illusionismus im Buddhismus«, 318–365. Es handelt sich dabei um den Verlust des Glaubens an die Welt und ihres Prozesses. Im konkreten Monismus wird die Welt als Vorstellung Gottes nicht zur Illusion herabgesetzt, sondern zur Realität erhoben.

Idealismus liegt etwas Undankbares, eine Art von Verachtung und Verneinung der Schöpfung.[54] Gott als das Absolute und Unendliche schließt das Relative (und Relationale) und das Endliche nicht aus, sondern ein. Die Vielfalt ist in Gott nicht verloren (wie die Abfälle in einer Verbrennungsanlage), sondern bewahrt und aufbewahrt (wie in einer himmlischen Wohnung). Insofern sind z. B. konkreter Monismus und Trinitätsdenken vereinbar – eine Synthese zu einer Art von trinitarischem Pantheismus liegt bei Hegel vor. Gott »enthält« aber auch die Vielfalt der Schöpfung, er wird gedacht als Einheit in der Trinität seines eigenen Wesens und in der Mannigfaltigkeit seiner Schöpfung. Alles, was in Gott ist, wird bewahrt und erneuert. Gott verhält sich zur Schöpfung wie eine *natura naturans* zur *natura naturata* bzw. im Sinne einer *creatio continua*. Der konkrete Monismus besagt, dass alles vereinigt, d. h. im Einen enthalten und »erhöht« ist.

Lessing und Lichtenberg haben einen »geläuterten Spinozismus« gesucht. Lichtenbergs Notiz sagt geläuterten Spinozismus als Universalreligion der Zukunft voraus.[55] Der Traum von einer Universalreligion ist jedoch nach der Aufklärung und im Blick auf das Faktum des religiösen Pluralismus ausgeträumt. Spinoza ist vielleicht gar nicht die geeignete Referenz für die Ankündigung einer künftigen Universalreligion. Seine politische Philosophie ist weit entfernt von weltanschaulicher Harmoniesucht; sie behandelt nicht den Konsens oder eine Konvergenz der Meinungen und Interessen, sondern den Konflikt als essentiell.

»Spinoza's picture is of unavoidable conflicts of interest in the pursuit of survival.«[56]

In seinem Hauptwerk hat Spinoza die psychologischen Mechanismen, welche die Menschen zu Konformismus und Harmoniesucht treiben, als Ursachen von Unterdrückung und Fanatismus einer kritischen Diagnose unterzogen. Die Tendenzen, Hass mit Hass und nur Zustimmung und Zuneigung mit Liebe zu vergelten, sind im affektiven Leben des unfreien Menschen verwurzelt. Die Befreiung von der Versklavung durch die Leidenschaften mittels adäquater Erkenntnis und Desillusionierung führt auch zu einer Befreiung von Revanchismus, Groll und

---

[54] Vgl. Emerson 1982, 75, 80.
[55] Vgl. Lichtenberg 1983, 1. Band, 342 = I/783.
[56] Hampshire 2000, 39.

Ressentiment.[57] Ähnliche Überlegungen werden wir in Schopenhauers monistischer Deutung der Ethik antreffen, auch wenn seine Mitleidsethik von Spinozas Vernunftorientierung abweicht. (Vgl. 3.4)

Entschlackt man den konkreten Monismus vom (Alb-)Traum einer künftigen Einheitsreligion, so bleibt doch sein Verdienst bestehen, Einheit in der Mannigfaltigkeit zu formulieren, und nicht Einheit auf Kosten der Realität und Vielfalt von Individuen. Im konkreten Monismus wird alles als »vereinigt und zusammengewachsen«, verbunden und reich gegliedert betrachtet. In diesem »geläuterten Spinozismus« sind nicht alle »Kühe schwarz«[58], es herrscht keine »Indifferenz«, sondern eine Verbindung und spannungsreiche Harmonie aller Differenzen, die »Identität von Identität und Nichtidentität«.[59] Alle Konflikte werden in letzter Instanz zu Konflikten in Gott und mit Gott. Sie sind Ausdruck der »negativen Einheit«. Ein von Hegel umformulierter (aber nicht als solcher benannter) Pantheismus verweist auf das umfassende Beziehungssystem, in dem Verschiedenheit und Konflikte stattfinden. Der konkrete Monismus vereinigt die Überwindung des Cartesianischen Dualismus und die »Rettung« der »Duplizität«, ja der unendlichen Vielfalt der Attribute in Gott. Diese Linie führt von Spinoza zum Schelling der Identitätsphilosophie.[60]

Pantheismus nach der Aufklärung geht allerdings über die Systemgedanken der deutschen klassischen Philosophie und ihrer Epigonen hinaus; er ist zwar Monismus, aber er anerkennt das Faktum des weltanschaulichen Pluralismus. Er hetzt nicht zur politischen Reduktion von Vielfalt und Herstellung von homogener Einheit auf. Er ist frei von weltanschaulicher Xenophobie. Er muss sich selber auch »von außen« sehen lernen, nämlich als eine Stimme in der Vielstimmigkeit von Weltanschauungen. Dem toleranten Pantheisten gilt seine Auffassung zwar als »wahr« oder »gültig«, aber er ist sich im Klaren darüber,

---

57 Vgl. Wolf 2011, 193–209.

58 Hegel 1970/1807, 22. Es handelt sich um die bekannte Polemik gegen Schellings Identitätsphilosophie, die Hegel noch kurz zuvor verteidigt hat.

59 »Das Absolute selbst aber ist darum die Identität der Identität und der Nichtidentität; Entgegensetzen und Einssetzen ist zugleich in ihm.« Hegel: *Differenz des Fichteschen und Schellingschen Systems der Philosophie …*, *Werke* Band 2, Frankfurt a. M.: Suhrkamp 1970, 96. Diese Formel charakterisiert die Bewegung des Geistes: »Der Geist aber wird Gegenstand, denn er ist diese Bewegung, sich ein Anderes, d. h. Gegenstand seines Selbsts zu werden und dieses Anderssein aufzuheben.« Hegel 1970/1807, 38.

60 Vgl. Grün 1993; Nitz 2012. Zur Geschichte und Systematik der Monismen vgl. Drews 1908; Eisler 1910.

dass ihn andere nur als Vertreter seiner Meinungen und Interessen sehen. Überdies hat die Pantheistin, als »Nonkognitivistin« (die auf apodiktische Formulierungen und umfassende Wahrheitsansprüche verzichtet), sogar ein gewisses Misstrauen gegen die Berufung auf Evidenzen. Weil sie sich nicht auf reine Begriffe oder Deduktionen, sondern auf Gefühle und Erfahrungen stützt, kann sie nicht ausschließen, sich zu irren. Das beste Mittel gegen »Verführung durch Gefühle« ist ein kritisches Studium des affektiven Lebens. Ist es ein historischer Zufall, dass dieses Studium im Zentrum von Spinozas Ethik steht?

Die Evidenz der Präsenz Gottes mag überwältigend sein, der Schritt zu ihrer Versprachlichung und Mitteilung ist dagegen die Krux aller Mystik. Keine Formulierung »des« Pantheismus ist unfehlbar. Enthält der »Aufstieg« zur Vision Gottes manische Züge, so enthält der »Abstieg« zur Ausbuchstabierung depressive Züge. Manche Formulierungen sind Fallen. Die »dichterische Freiheit« von Mystik und Pantheismus setzt sich über Grenzen hinweg, die einer buchstäblich wahren (oder falschen) Rede über Gott gesetzt sind. Der poetische Pantheismus hat nicht die Fesseln, aber auch nicht einmal den Schein der Verbindlichkeit einer theologischen Dogmatik. Er ist – gemessen an einer systematischen Theologie – nicht »konkurrenzfähig«, aber es ist auch kein geeigneter Maßstab des Vergleichs und der Bewertung.

1.8 Theodizee

Wenn Gott zugleich alles in allem und ohne Einschränkungen gut ist, dann scheint es kein Böses zu geben. Woher kommt das Böse? Das Böse lässt sich vielleicht nicht genetisch beschreiben, im Sinne einer Ursprungs- oder Herkunftsgeschichte, sondern eher strukturell. Böse ist und wird alles, was mit Entfremdung von Gott zu tun hat. Spreizt sich das endliche Individuum zu Gott auf, wird das kleine Ich zu einem scheinbar großen Ich aufgebläht, so entsteht Böses aus Arroganz und Selbsttäuschung. Dieses Aufspreizen ist zugleich ein Abschotten, ein Sich-Selber-Genügen, eine bornierte Haltung von »self-protection«. Angst und Manie sind wie die beiden Seiten ein und derselben Medaille, wie Flucht und Angriff. Sie sind Quellen von Neid und Stolz, Hass und narzisstischer Verletzlichkeit. Das Böse hat auch Ursachen in der

Angst, die wir in der Welt haben, sofern wir nicht realisieren, dass wir in Christus und damit (oder auch ohne »Mittler«) in Gott sind.

»Dies habe ich zu euch geredet, damit ihr in mir Frieden habt. In der Welt habt ihr Angst; aber seid getrost, ich habe die Welt überwunden.« (*Joh.* 16, 33)

Ist ein Pantheist (mehr als der rechtgläubige Jude, Christ oder Muslim) in der Versuchung, Gott sein zu wollen, den Unterschied von Mensch und Gott zu verwässern oder zu vergessen? Assimiliert sich der Mensch Gott zum weltimmanenten »Kumpel«, oder bringt er Gott in eine unerreichbare Distanz, indem er ihm die Persönlichkeit raubt?[61] Macht »der« Pantheismus Gott zu einem unpersönlichen Grund der Welt? Oder assimiliert er – allzu »anthropomorph« – Gott dem Menschen und der Welt? Lässt »der« Pantheismus (vielleicht zu viel) Raum für die Freiheit des Menschen? Oder wird er zum Fatalismus und jenem »Spinozismus«, den man in früheren Jahrhunderten glaubte bekämpfen zu müssen? Kann man einen Gott, der alles in allem ist, verehren und lieben, oder bleibt es ein »Gott der Philosophen«, ein Luftschloss der Spekulation? Macht »der« Pantheismus die Menschen besser, toleranter, glücklicher als alternative Visionen oder Dogmen? Oder stürzt er sie ins Unglück der Gottlosigkeit? Die Widersprüchlichkeit dieser Fragen und Einwände liegt auf der Hand. »Der« Pantheismus wird je nach polemisch-apologetischem Bedarf verschieden, ja völlig gegensätzlich konstruiert.

Fragen der Theodizee werden durch die Vorstellung aufgeworfen, Gott sei die Ursache von allem (seine Rolle als Schöpfer aus dem Nichts) und Gott sei nicht nur gut und gerecht, sondern auch allmächtig. Die Ursache von allem zu sein, heißt aber nicht, die Ursache von jedem Detail zu sein oder die Rolle von Zufall und Spielraum der Freiheiten zu eliminieren. Hier muss man sich schon entscheiden: Lässt Gott Zufälle und Freiräume zu? Oder sind beide in einem von Gott erschaffenen Universum *ab ovo* eliminiert? Oder werden sie durch eine *creatio continua* fortlaufend eliminiert?

Die Fragen der Theodizee finden keine definitive Antwort; manche vermeintlich eindeutigen Antworten auf Sinnfragen im Rahmen des religiösen Denkens gehören in den Bereich der Propaganda, die Dogmen schafft, um sich in eigener Sache zu wappnen und zu vertei-

---

[61] Vgl. Meier-Hamidi/Müller 2010.

digen. Propaganda gehorcht weniger der Logik der Untersuchung als der Logik der Selbsterhaltung von Institutionen, die sich ein Dogma als Fassade ihrer *corporate identity* zulegen. Kirchen funktionieren in dieser Hinsicht ähnlich wie Unternehmen und Banken. Dazu gehören auch falsche Versprechen, etwa das Versprechen, alles Leid und Unrecht als sinnvoll verständlich zu machen. Dies ist nicht mehr als eine »Propagandalüge«; der orthodoxe Theismus kann das Theodizeeproblem ebenso wenig lösen wie »der« Pantheismus.

Die Kirchen haben sich durch die dogmatische Konstruktion einer Sündenfalltheodizee und den Glaubenszwang unter der Androhung des *Anathemas* selber zu einem Faktor des Bösen in der Welt gemacht. Dies trifft vor allem für die »Erklärung« des Bösen durch den Sündenfall zu.[62] Als Allegorien oder Mythen verstanden entsprechen diese »Erklärungen« des Bösen der ernüchternden Tatsache, dass wir das Böse oft nicht erklären können und durch »narrative Erklärungen« plausibel zu machen versuchen. Diese Erzählungen bleiben vieldeutig und deutungsoffen, konkurrierende Bilder und Erzählungen einer Symbolik des Bösen: Die Sünde kam durch den Teufel, durch Adam oder durch die Frau in die Welt … Werden diese Erzählungen einer »historia sacra« zu Bestandteilen eines Weltbildes, in dem Paradies und Sündenfall als historische Tatsachen (und ernsthafte wissenschaftliche Alternative zur Evolutionstheorie) geglaubt werden sollten, so kommt es zum antimodernistischen Glaubenszwang. Zwänge dieser Art haben die Leiden in der Welt vermehrt, Menschen ins Abseits und zum Austritt genötigt und ganze Biographien durch (anti-)klerikale Neurosen vergiftet. Die Perspektiven von Religionen nach der Aufklärung liegen in der Entflechtung von Religion und Glaubenszwang. Naturpantheisten, welche sich in der Größe und Schönheit der Natur mit Gott verbunden fühlen, haben für sich einen direkten Zugang zu Gott gefunden, ohne Umweg über Dogmen und kirchliche Institutionen.

Das Theodizeeproblem, wie es in der Aufklärungstheologie gestellt wird, ist vielleicht falsch gestellt. Die Unlösbarkeit des Theodizeeproblems führt nicht zur »Widerlegung« »des« Pantheismus, sondern zur Korrektur einer einseitig optimistischen Variante, die »Alles ist in und von Gott, deshalb ist alles gut« verkündet. Optimistische Varianten neigen zur Beschönigung der Welt, zur Verharmlosung des Bösen und zur Leugnung aller Leiden. Das Misslingen der Theodizee

[62] Vgl. Loichinger/Kreiner 2010, 28–42.

»beweist« nicht so sehr Gottes Unvollkommenheit oder Inexistenz als vielmehr das notorische Ungenügen seiner parteiischen und bornierten Anwälte vor dem Tribunal der Vernunft. Der besonnene Leibniz ließ sich vielleicht zu dieser Rolle des Anwalts Gottes durch das Vorbild Augustins und durch die Tatsache hinreißen, dass sich Pierre Bayle die Rolle des Anklägers Gottes anmaßte. (Welche Rolle anmaßender ist, bleibe dahingestellt.) Die »Tribunalisierung« der Frage nach dem Sinn des Lebens darf jedenfalls nicht eng und buchstäblich verstanden werden, weil es kaum einheitliche und glasklare Standards von Rationalität gibt, mit der Sinnfragen beantwortet werden könnten.

Der geläuterte Pantheismus setzt einen Unterschied zwischen Gott (als dem wahrhaft Unendlichen) und der Welt (als dem offenen System endlicher Dinge und Kräfte) voraus – jenen Unterschied, den Spinoza mit den Unterscheidungen von Ewigkeit und Dauer, aber auch mit der Unterscheidung von *natura naturans* und *natura naturata* festgehalten hat.[63] In einer Welt, in der Menschen und Tiere leiden, leidet auch Gott.[64] Der Sinn der »Immanenz Gottes« ergibt sich vielleicht aus diesem Mit-Leiden mit seiner Schöpfung. Empathische Begleitung ist mehr als die stolze und zornige Indifferenz eines grausamen Gottes, aber es ist auch weniger als die Bereitschaft, permanent in den Verlauf der Natur und der Geschichte einzugreifen. In gewisser Weise geht es darum, ob Gott dieser Balanceakt zwischen empathischer Begleitung und Respekt vor der Mündigkeit und Eigenverantwortung der Menschen zuzutrauen ist. Eine voreilige Apotheose des Daseins und des Lebens bleibt ähnlich problematisch wie eine – vermeintlich rationale – Anklage Gottes.

Die rudimentäre Behandlung der Frage nach dem sinnvollen bzw. lebenswerten Leben stellt sich unabhängig und vor den Fragen der Ethik und der Religion. Eine wichtige Quelle von Lebenssinn ist der positive und angemessene Umgang mit liebenswerten Personen und Projekten. Die Meinungen gehen allerdings auseinander, ob die objektiven Elemente (was objektiv liebenswert oder in sich wertvoller ist) und die subjektiven Elemente (was Freude und Erfüllung verschafft)

---

[63] Vgl. Spinoza: *Ethica* 1, 29 und *Briefwechsel*, Brief 73.

[64] Vgl. Koslowski 1993; Koslowski/ Hermanni 2001. Koslowki versucht, »Häresien« methodisch fruchtbar zu machen. Vgl. auch Nigg 1949, der Häresien unter anderem als teilweise unverdiente Verlierer der Geschichte rehabilitiert. In meiner Darstellung verzichte ich auf eine scharfe Abgrenzung von Orthodoxie und Häresie.

wichtiger sind, ob es nur auf die subjektiven Elemente ankommt, wie die Hedonisten glauben, oder nur auf die objektiven Elemente (wie Anhänger eines »Heroismus« glauben), oder ob es auf eine gute Balance zwischen beiden ankommt.

Die Argumente *pro et contra* scheinen diesbezüglich zunächst weitgehend unabhängig von der Wahl des religiösen Rahmens zu sein. Es ist jedoch kein Zufall, dass ein christlicher Religionsphilosoph wie Robert A. Adams die heroische Variante der hedonistischen vorzieht. Anhänger des »Heroismus« werden wahrscheinlich weniger als die Hedonisten dazu neigen, Gott für Misserfolge oder das Scheitern bedeutsamer Projekte anzuklagen.[65] Sie haben die höhere Frustrationstoleranz und werden wie Augustinus und Fénelon in ihrer Argumentation für den *amour pur* dem höchsten und vollkommensten Wesen die rationale Präferenz vor allen endlichen Wesen verleihen, ob sie sich dabei »gut fühlen« oder nicht.[66] Damit fällt die Problematik der physischen Übel wie Schmerzen und andere Leiden kaum mehr ins Gewicht; einen Ausweg von den Anklagen Gottes schafft die Überzeugung, dass Gott allen Menschen die Fähigkeit verliehen hat, auch unter Verzicht auf niedrigere und höhere Freuden ein sinnvolles Leben der Hingabe an wertvolle Aufgabe zu führen und von einer hedonistischen Bilanz für den Wert des eigenen Lebens ganz abzusehen. Trifft dieser »Heroismus« auf alle zu, oder eben nur auf eine Elite von »Heroen«? Ein bescheidener Hedonist wird sagen: »Ich liebe das Leben, auch wenn es mir selber nur wenige und kurze Phasen ungetrübter Freude zu bieten vermag, und ich liebe es um dieser Phasen willen.« Ist der bescheidene Hedonist ein schlechter oder unvernünftiger Hedonist? Vielleicht ist er bescheiden, um sich für die Freude und das Glück anderer zu engagieren …

Ob sich der Hedonismus so weit ausdehnen lässt, dass er auch ein sinnvolles Leben mit wenig Anteilen von Freuden und viel Entsagung zu akzeptieren vermag, ohne in Heroismus oder Stoizismus umzu-

---

[65] Vgl. die Debatten in Susan Wolf 2010. Der Beitrag von Robert A. Adams findet sich auf S. 75–84.

[66] »[…] la clarté de l'idée [de Dieu] nous force à le préférer à nous-mêmes.« »Il n'est pas question d'un amour affectueux et sensible […] le vrai et pur amour de Dieu consiste souvent dans une volonté sèche et ferme de lui sacrifier tout: alors on le sert plus purement, puisqu'on le sert sans plaisir et sans autre soutient que le renoncement à soimême.« *Fénelon ou le génie méconnu* 2012, 43, 122 f. Zum Verhältnis von Ethik und Askese vgl. auch 3.4 (Schopenhauers Ethik).

schlagen, ist bis heute umstritten. Vielleicht ist die vorherrschende Auffassung von Rationalität zu sehr vom Ideal der Maximierung geprägt: »Je mehr Lust, desto besser – unter sich sonst nicht verschlechternden Bedingungen.«

Aus der individuellen Perspektive werden Sinnfragen unterschiedlich, ja zum Teil gegensätzlich beantwortet. Eine Person sagt: »Ich habe zwar viel zu leiden; trotzdem möchte ich lange leben.« Eine andere Person sagt: »Ich habe zwar nicht besonders viel zu leiden, trotzdem wäre es mir lieber, gar nicht geboren worden zu sein.« Kann man angesichts dieser Lage erwarten, dass religiöse Entwürfe die Frage nach dem Sinn des Lebens und des (ungerechten) Leidens für alle verbindlich beantworten oder gar allen Menschen Trost spenden können?

Der Pantheismus kann ähnlich wie andere religiöse Entwürfe seine Anhänger für verborgene oder vernachlässigte Quellen von Sinn und Freude empfänglich machen. Er mag den Glanz Gottes in den Schönheiten der Natur würdigen. Er vermag mit Blick auf das Eine und Ganze manche Übel als notwendig und gut für das Ganze interpretieren, andere als Preis für die Freiheit der Menschen. Die klassische Theodizee von Leibniz bildet einen Höhepunkt der Aufklärungstheologie; sie macht geltend, dass Gott »holistisch« denkt und es damit ernst meint, dass die Menschen selber wählen können. Kein religiöser Standpunkt vermag jedoch allen alle Übel zu »rechtfertigen«, ohne letztlich auf die Kraft des Glaubens oder das Vertrauen in Gott zu verweisen. Möge die Gottesbeziehung eines Menschen stärker sein als seine Enttäuschung angesichts der Leiden in der Welt! Religionen sind – anders als stoische Rezepte – keine Empfehlungen, wie ich mir die Leiden möglichst vom Leib halten solle. Sie erziehen nicht zur Unempfindlichkeit. Wer leidet wie Hiob, braucht keine Rechtfertigung und keinen wortreichen Trost, sondern jemand, der zuhört. (Vgl. *Hiob* 21, 2, 34; 31, 35) Im Zuhören, in der Nähe und Zuwendung liegt bereits ein Trost. Wer könnte Gott näher sein als der Pantheist? (Vgl. 1.10) Dass diese Nähe auch zur Verzweiflung führen kann oder durch Verzweiflung hindurchführt, bestätigt die Vermutung, dass der Pantheismus »das« Problem der Theodizee weder verschärft noch entschärft.

1.9 Erkennbarkeit Gottes im Bild der guten Eltern

Manche Bedenken richten sich auf die Frage der Erkennbarkeit Gottes. Hat nicht Kant gelehrt, dass das Ding an sich unerkennbar sei? Wenn wir nicht einmal das Ding an sich erreichen können, wie sollten wir Gott erkennen? Und was unterscheidet Gott, wie er uns erscheint, von einer Illusion?

Häufig wird Kants Kritizismus nicht nur als Endpunkt für eine dogmatische Metaphysik betrachtet, sondern auch für den Anspruch auf Erkenntnis Gottes. Kant darf allerdings nicht einfach als Skeptiker verstanden werden, der alle Erkenntnis verwirft, weil er die Erkennbarkeit des Dinges an sich bestreitet. Kants Auffassung kulminiert nicht in skeptischer Verzweiflung bzw. im vermeintlichen Verlust aller erkennbaren Wahrheit.[67] Die Subtilität von Kant besteht gerade darin, objektive wissenschaftliche Erkenntnis als möglich und wirklich zu konzeptualisieren, die sich auf Wahrheit für den Standpunkt endlicher Erkenntnis beschränkt und nicht auf Wahrheit für den Standpunkt Gottes selber ausweitet. Einfacher gesagt: Wir können nicht wie Gott sein und deshalb auch nicht wie Gott erkennen. In Kants Terminologie heißt das, dass endlichen Menschen keine intellektuelle Anschauung, keine rein geistige Intuition zusteht. Damit ist zwar jede »Schwärmerei« abgewehrt, etwa der Anspruch darauf, die himmlischen Sphären und die Ordnungen der Engel oder anderer spirituellen »Zwischenwelten« und »Zwischenwesen« zu erkennen.[68] Kants Auffassung schließt jedoch nicht aus, dass wir uns gefühlsmäßig mit Gott und der Natur

---

[67] Diese Deutung einer Krise der Erkenntnis des Wahren findet sich möglicherweise in der bekannten »Kant-Krise« Heinrich von Kleists, vgl. Kleists Briefe vom 22. und 28. März und 21. Juli 1801 an Wilhelmine von Zenge und vom 23. März 1801 an Ulrike von Kleist, in Kleist 1995, Band 4, 200–206, 238–242; zur komplexen Forschung vgl. Fink 2012. Zur skeptischen Deutung vgl. Maimon 1790; Schulze 1792. Eine skeptische Fehldeutung Kants beruht auf folgendem Syllogismus: P_1: Echte Erkenntnis ist nur die Erkenntnis vom Ding an sich. P_2: Das Ding an sich ist unerkennbar. K: Also gibt es keine echte Erkenntnis (= keine wahre Erkenntnis bzw. keine Erkenntnis der Wahrheit). Kant bestreitet nicht nur die Konklusion, sondern auch die erste Prämisse. Die Pointe von Kants Erkenntniskritik besteht im Nachweis der Bedingung der Möglichkeit von objektiver Erkenntnis unabhängig von der Erkennbarkeit des Dinges an sich (nicht unabhängig von der Annahme der Existenz des Dinges an sich).

[68] Vgl. Swedenborg 2012/1758; Kant 1766. Kants Abgrenzung von Swedenborg ist bemerkenswert polemisch; Swedenborgs visionäre Beschreibungen werden als »Blendwerk der Imagination« abgetan. Vgl. Rauer 2007.

verbunden fühlen. Wichtiger noch: Sie schließt die Möglichkeit nicht aus, dass Gott uns erkennt und uns – durch die Hilfe des heiligen Geistes – teilweise an dieser erkennenden Beziehung teilhaben lässt. Nach Kant ist »die Stimme der Vernunft in Beziehung auf den Willen«, d. h. die Mitteilung des moralischen Sollens, eine »himmlische Stimme«.[69] Selbst Kants religiöser Agnostizismus ist mit der Denkfigur eines Pantheismus vereinbar, sofern wir es bei einer praktisch regulativen Idee Gottes bewenden lassen.[70]

Eine interessante Alternative zu Kants strikter Auffassung der theoretischen Unerkennbarkeit Gottes ist Arthur Schopenhauers Doktrin von der teilweisen Erkennbarkeit des Dinges an sich, nämlich in der Form einer an die Leiberfahrung anknüpfenden Erlebbarkeit eines Willens, der als Wille in der Natur gedeutet werden kann.[71] Die unmittelbare, aber nur teilweise Erfahrung des Willens als Dinges an sich erfolgt zunächst als Leiberfahrung; sie wird danach durch analogische Ausdeutung auf den Willen in der Natur übertragen. Schopenhauer nimmt dafür keine intellektuelle Anschauung in Anspruch und gelangt in die Nähe eines nicht-optimistischen Pantheismus des Weltwillens.

Pantheismus kann als Vision auf der Grundlage der intellektuellen Anschauung eingeführt und dann auch wegen der Inanspruchnahme einer intellektuellen Anschauung verworfen werden, wie das z. B. Gottlob Benjamin Jäsche tat.[72] Damit wird jedoch unterstellt, dass es einen gemeinsamen Nenner aller Varianten des historischen Pantheismus gibt – eine gewagte These, die wohl nicht einmal auf die in den letzten beiden Jahrhunderten diskutierten Formen von Pantheismus bzw. Panentheismus zutrifft. Die Vielfalt pantheistischer und theistischer Gottesbilder kann sogar gegen die Annahme einer zuverlässigen intellektuellen Anschauung geltend gemacht werden. Indem Jäsche

---

[69] Kant: *Kritik der praktischen Vernunft* A 62 = Kant 1990, 41.

[70] Vgl. Toll 1910. Wie sehr Kants erste Antinomie zum Stachel einer neuen Metaphysik wurde, dokumentieren Schellings und Hegels Schriften auf je eigene Weise.

[71] Vgl. Schopenhauer: *Die Welt als Wille und Vorstellung*, Zweiter Band, Kapitel 18, in: Schopenhauer 1972, Band 3, 213–224. Die Alternative zur wissenschaftlichen Erkenntnis ist eine analogische »Dechiffrierung« der Natur, die Züge eines Pantheismus hat. Vgl. Frauenstädt 1876, 95 (Brief 19). Die Charakterisierung von Schopenhauers Willenslehre als »Pantheismus« ist im Dialog Frauenstädts mit Eduard von Hartmann entstanden. Erwähnenswert ist die Variante eines pessimistischen Pantheismus, der im Kontrast steht zu Shaftesburys und Popes pantheistischer Apotheose des Daseins. Einen pessimistischen Pantheismus wird Philipp Mailänder vertreten.

[72] Vgl. Jäsche 1832.

»den« Pantheismus mit dem Anspruch auf intellektuelle Anschauung verbindet, kann er ihn mit der Vielfalt von Meinungen und Bildern von Gott konfrontieren.

Ähnlich lässt sich auch Hegels Tendenz kritisieren, nur eine Form des Pantheismus, den unpersönlichen, mit einem Anspruch auf absolutes Wissen zu verknüpfen. Hegel geht über Kant hinaus, indem er die Kompetenz des Verstandes und die Rolle des Satzes vom ausgeschlossenen Widerspruch einschränkt und zugibt, dass sich Gott zwar nicht mit dem Verstand und als frei von jedem inneren Widerspruch erkennen lässt, aber dialektisch, d. h. als trinitarisches Wahrheitsgeschehen. Hegel kommt –trotz seiner Vorbehalte gegen das Etikett »Pantheismus« – einem Pantheismus sehr nahe. (Vgl. zweiter Teil).

Zweifel regen sich auch gegen die Annahme einer unfehlbaren Erkenntnis Gottes. Geht es um Erkenntnis, die sich korrigieren, revidieren oder gar falsifizieren lässt, dann steht der Anspruch auf Erkenntnis Gottes auf den ersten Blick nicht gut da. Es stellt sich nämlich das Problem des Fallibilismus, das besagt, dass nur fehlbare Erkenntnis einen Erkenntnisgehalt haben kann, während vermeintlich unfehlbare Erkenntnis bloß »begriffliche« Erkenntnis ist, die vielleicht gar nichts über die Welt aussagt, sondern nur etwas über den Sprachgebrauch. Wir können den Begriff Gottes als das Wesen definieren, das sich selber verursacht und notwendigerweise existiert. Doch ist damit die Existenz Gottes bereits bewiesen? Oder haben wir damit nicht lediglich Begriffe eingeführt und damit angekündigt, wie wir Worte gebrauchen werden?

Der Fallibilismus ist eine erweiterte Anwendung der sog. Falsifikationstheorie der Bedeutung und wird als Test für objektive Aussagekraft verstanden. Der Test lautet dann: Unter welchen denkbaren Bedingungen wäre Pantheismus falsch? Dann, wenn die Welt nachweisbar mehr Unsinn als Sinn, mehr Falschheit als Wahrheit, mehr Leiden als Lust, mehr Unordnung als Ordnung, mehr Ungerechtigkeit als Gerechtigkeit enthielte? (Dies würde allenfalls für die pessimistische Variante des Pantheismus sprechen.) Diese und ähnliche Fragen lassen sich kaum beantworten. Wie Sinn und Unsinn in der Welt (im Universum, zu allen Zeiten) konstatieren, quantifizieren, gegeneinander abwägen? Wie Sinn und Unsinn mit Lust und Unlust vergleichen?[73] Was ist Gerechtigkeit für Löwen und Gerechtigkeit für Läm-

[73] Zu den Aporien eines »wissenschaftlichen« Pessimismus vgl. Wolf 2006, Kapitel 1.

mer? Wer würde sich nicht in diesem Labyrinth von Fragen verlieren? Muss vielleicht der Fallibilismus bzw. die Auffassung der grundsätzlichen Falsifizierbarkeit aller echten Wissensansprüche selber zurückgewiesen oder neu verstanden werden? Bildet die Annahme einer eschatologischen Verifikation (oder Falsifikation) einen plausiblen Ausweg?[74] Wären Aussagen über Gott auch dann noch kognitiv gehaltvoll (mehr als sprachliche Explikationen), wenn wir die Bedingungen der Möglichkeit ihrer Falschheit nicht angeben könnten? Diese Fragen können hier nicht weiter untersucht werden; sie verweisen auf die Komplexität der involvierten Probleme.

Vielleicht hat Erkenntnis Gottes eher den Charakter eines inspirierten Zitates als den Charakter eines primären und direkten Zugangs zu Gott. Der Pantheismus wäre dann nicht so sehr das Resultat von Erkenntnis als eher eine Voraussetzung dieser Art von Erkenntnis, sozusagen »Offenbarkeit von Wahrheiten«. Dem geöffneten und geübten »Geistauge« erscheint das Göttliche als Fluidum von »Erzählungen auf der Straße«, die sich einer analogischen und emblematischen Dekodierung anbieten.

»Truth is always present: it only needs to lift the iron lids of the mind's eye to read its oracles.«[75]

Erkennbarkeit Gottes darf nicht streng gefasst werden, nicht im Sinne einer besonders gut bestätigten, logisch abgeleiteten und strikt kontrollierbaren Erkenntnis, sondern eher im Sinne der Fruchtbarkeit einer Sichtweise oder Interpretation der Welt, d.h. eines »Augenöffners« für Sinn und Verbindendes (»Sympathien« und »Korrespondenzen«) unter den Menschen, für Wertverhältnisse im Universum. Anders gesagt: Gott hat eher eine heuristische, die Erkenntnis der Welt und der Werte anregende, als eine erklärende Bedeutung. So gesehen wäre die Annahme Gottes keine wissenschaftliche Hypothese, sondern eher so etwas wie ein Konstrukt oder Modell, nicht zur Erklärung, aber zur orientierenden und »heilsamen« Verarbeitung und approximativen Sinndeutung der Welt.

Der pantheistische Verehrer des Universums wird sich die Frage stellen müssen: Woher weiß ich, dass das Ganze oder Umfassende Gott ist? Lassen sich die Auffassung von Gott als immanenter Ursache der

[74] Vgl. Hick 1990/1960, ch. 5: Theology and Verification.
[75] Emerson: *Quotation and Originality*, in: Emerson 2010, 101.

Welt und die Annahme eines sich selber organisierenden Universums unterscheiden? Geht es um einen Gott, der sich um mich kümmert, der sich für mich interessiert? Oder ist das eine unstatthafte Regression des Wunschdenkens, ein Zugeständnis an narzisstische Allmachtphantasien, nach dem Motto: Wenn ich schon nicht selber Gott sein kann, so will ich einen Gott »haben«, der sich für mich interessiert. Ich möchte einen Gott, der stets für mich sorgt, mich umgibt und begleitet, einen vollkommenen Ersatzvater oder eine vollkommene Ersatzmutter. Und ich will »im Besitz dieser Wahrheit« sein. Doch – so meldet sich der kritische Verstand zurück – ist diese Metapher für Erkenntnis nicht irreführend?

Die zuletzt geäußerten Bedenken lassen sich teilweise zerstreuen; Gott in Begriffen eines Pantheismus ist nicht ein Gott für mich allein, sondern ein Gott für alle. Gott ist kein knappes Gut, sondern der Inbegriff von Fülle und Überfluss.[76] Erlösung und Anteil am Heil kann entsprechend nicht als individuelles Ausscheren oder Privateigentum verstanden werden, sondern nur als gemeinsamer und vereinigender Prozess. Daher das Gebet Jesu, »dass alle eins seien, wie du, Vater, in mir bist und ich in dir […]«. (*Joh.*17, 21) Einem Pantheismus geht es um das Eine und Ganze, nicht so sehr um die Einheit einer einzigen und allein seligmachenden Institution, die andere ausschließt. Der (weibliche und männliche) nonkonformistische Pantheist wäre am liebsten Mehrfachmitglied; er würde seine Kirchensteuer am liebsten aufteilen und allen Kirchen und Religionsgemeinschaften einen Anteil stiften. Er (oder sie) gehört überall dazu, wo Menschen das Eine und Ganze feiern.

Erkenntnis Gottes ist keine Aufgabe für Hochgebildete und Hochbegabte. Erkennbar ist oder wird Gott nicht für den individuellen und sezierenden Verstand, sondern für den Menschen, der sich im Erleben und Denken für die Nähe zum Ganzen, die Verbundenheit mit dem Ganzen öffnet. Erkennen ist so betrachtet nicht selektiv, sondern inklusiv – es geht nicht darum, sich immer schärfer auf einen Teilaspekt zu konzentrieren, nicht um Fortschritt im Sach- und Fachwissen, sondern um existenzielle Orientierung, um ein Wissen oder Ahnen meines

[76] Weil Gott kein knappes Gut ist, macht es auch keinen Sinn, um einen besseren Platz im Himmel zu konkurrieren, in religiösen Rangstreit oder »Frömmigkeitskonkurrenz« einzutreten. »Religiöser Ehrgeiz« ist, wie »religiöse Konkurrenz« ein Paradox, in dem sich das Verhältnis der »Ersten« und der »Letzten« umkehrt. Vgl. *Mk.* 9. 35; 10, 44; *Lk.* 13, 30.

»kosmischen Stellenwertes«. Ich kann mich mehr oder weniger intensiv damit befassen, dass ich sowohl »klein« als auch nicht unwichtig bin. Die Erkenntnis des Verhältnisses von Gott und Mensch läuft primär von Gott zu den Menschen. Gott sucht den Menschen; der Mensch sucht Sinn und kann dabei Gott finden oder verfehlen. Es gibt also keine absolute Gewissheit, keinen »Besitz der Wahrheit«, der die Suche nach Sinn beendet oder überflüssig macht.[77]

Gott lässt sich am besten in Analogie zu guten Eltern verstehen. Diese Auffassung sucht eine Balance zwischen einer allzu anthropomorphen und einer allzu sterilen Auffassung von Gott. Gott ist nach dieser analogischen Erkenntnis der sich Mitteilende, der sich Ergießende, der Urquell aller Dinge, und seine Botschaft an alle könnte ungefähr lauten: »Ihr seid klein und fühlt euch klein; Kleinsein bedeutet jedoch nicht unbedeutend, ungeliebt, nicht liebenswert zu sein.« Es ist die Botschaft guter Eltern an ihre Kinder, mit dem Unterschied, dass Eltern unvollkommen, beschränkt, sterblich sind. Gottes Botschaft richtet sich an alle Menschen, die zwar klein, aber nicht unwichtig oder nichtig sind. Dies ist die mit der »Erkenntnis« Gottes verbundene zentrale Einsicht: Ich und die andern sind klein, aber nicht nichtig. Es ist die Erkenntnis und die Liebe Gottes *(genetivus subjectivus)*, die ein »Wertauge« öffnet. Eine solche werterschließende Einsicht transportiert keine rein intellektuelle Botschaft, sondern vermittelt und stärkt Gefühle und Wertungen. Ein heftiges Gewitter kann das Gefühl vermitteln, klein, ohnmächtig und schutzlos zu sein. Ein Gewitter gut zu überstehen kann die Überzeugung verstärken, begleitet, beschützt und gerettet zu sein. Gott ist in einem solchen Gewitter vernehmbar, aber er ist – als liebendes und erkennendes Urwesen – mehr als dieses Gewitter und alle Gewitter der Welt. Gott ist in der Geschichte, im Gewissen – aber er strahlt über die psychologischen und historischen Phänomene hinaus. Es gibt ein reiches Gefühls- und Einstellungsrepertoire, das gleichsam den Resonanzboden für diese Erfahrung von »klein, aber bedeutsam« bildet und das Individuum mitten in der Natur und in der Geschichte aufwertet und stabilisiert. Pantheismus ist

[77] Nach Hegel ist das Christentum im Besitz der Wahrheit, aber es ist ein prekärer Besitz, weil er der Religion in Form der Vorstellung gegeben ist und nur mithilfe der spekulativen Philosophie angemessen durchleuchtet werden kann. Vgl. Brunner 1928, 395: »Das Grosse und Wahre an der Mystik ist die Leidenschaft ihrer Gottessehnsucht […]. Aber das Gefährliche und Verderbliche der Mystik ist die Behauptung ihres Gottbesitzes.« Der Verzicht auf Gottesbesitz wurde von Lessing und Kierkegaard betont.

ein Versuch, dieses Repertoire zu aktivieren und diese Resonanzen zu erzeugen.

Die lebendigen Optionen eines religiösen Atheismus bzw. eines religiösen Agnostizismus dürfen nicht darüber hinwegtäuschen, dass (nicht-pessimistischer) Pantheismus in einem Spannungsverhältnis zum Atheismus steht. »Zelebriert« der religiöse Atheismus die Leere oder Abwesenheit Gottes, so »zelebriert« Pantheismus die Anwesenheit und Fülle Gottes. Allerdings wird Pantheismus in seiner inklusiven Art auch den Atheismus respektieren, nämlich als Grenzerfahrung des Verkennens und Verpassens der Fülle Gottes. Es lässt sich nicht bestreiten, dass sich Individuen oder sogar ganze Epochen Gottes Anwesenheit und Fülle verschließen. Die intensive und lebendige Erfahrung dieser vermeintlichen Abwesenheit Gottes könnte sogar – wie das asketische »Leermachen« – eine Vorbereitung für die »Ankunft Gottes« werden.

Das »Erkennen« Gottes ist kein strikt wissenschaftliches oder distanziertes Erkennen, sondern eher ein leidenschaftliches Erkennen der übenden Hingabe. Solche Elemente finden sich in der jüdischen, christlichen und islamischen Mystik, im religiösen Mesmerismus und in der Rezeption fernöstlicher Meditationsformen.[78] ›Erkennen‹ hat neben diesen Konnotationen von Übung und Meditation auch die Konnotation von ›Andenken‹ und ›Danken‹.[79] Was gemessen am Modell des distanzierten, »objektiven« Erkennens als non-kognitiv oder rein emotiv erscheinen mag, wird durch seine Verbindung mit religiöser Übung und Haltung der dankbaren Verbundenheit mit dem Ganzen eine ganz besonders innige Form der »Erkenntnis«. Keine religiöse Vision fasst diese Aspekte der »Innigkeit« besser zusammen als ein mystisch inspirierter Pantheismus.

1.10 Toleranz und Trost

Es besteht ein gewisser Zusammenhang zwischen pantheistischer Vision und liberaler Toleranz. Pantheismus als Praxis tendiert zur Verbundenheit, nicht zur Trennung, zur Zugehörigkeit, nicht zur Ent-

---

[78] Vgl. Baier 2009.

[79] Vgl. Heidegger 1954, 91 ff.

fremdung. Religionsgemeinschaften, die versuchen, Gedankenkontrolle, Beicht- und Bekenntniszwang auszuüben, die Herzen der Menschen zu manipulieren, werden keinen Pantheismus dulden. Historisch betrachtet hat Pantheismus die Rolle einer »radikalen« und verfolgten Bewegung gespielt.[80] Dieser Zusammenhang zwischen Pantheismus und Toleranz ist historisch kontingent. Es gibt nach meiner Auffassung aber auch unabhängig von der historischen Faktenlage eine sachliche Affinität zur Toleranz.

Beginnen wir zuerst mit dem historischen Aspekt. Spinoza ist und bleibt die zentrale Figur eines Pantheismus nach der Aufklärung, nicht so sehr wegen der Details seiner Substanzmetaphysik, sondern wegen seiner tiefgründigen Moralpsychologie und der Kritik der blinden Leidenschaften. Die unfreien Mechanismen der Leidenschaften, insbesondere die starken Abneigungen gegen Widerspruch und Uneinigkeit, sind das Grundübel religiöser Prozesssucht und von Kriegen. Es kann nur durch eine vertiefte Einsicht in das komplexe Spektrum der Affekte überwunden werden. Insbesondere sollte es Auswege aus dem Mimetismus der Affekte geben, der z. B. Hass mit Hass erwidert und Uneinigkeit als Ablehnung fürchtet und »straft«. Mit seiner kritischen Diagnose der affektiven Differenzunverträglichkeit und seinen Anleitungen zur Überwindung dieser fatalen Mechanismen eignet sich Spinoza bis heute für (mehr oder weniger intelligente) Ratgeber zur Besänftigung der inneren Streitsucht und der eigenen Anlagen zum Fanatismus in weltanschaulichen Fragen.[81] Spinoza bietet Ansätze zur Selbsttherapie. Vor Streitsucht und Fanatismus anderer dagegen können wir uns zwar nicht hinreichend durch Psychologie und Erziehung schützen; zusätzlich braucht es rechtsstaatliche Institutionen. Angesichts solcher Einsichten in die Affektlagen politischer und religiöser Konflikte und dem Plädoyer für die Freiheit des Philosophierens bleibt Spinoza eine Identifikationsfigur ersten Ranges; die Argumente für

---

[80] Vgl. Cohen de Herrera 2012. Der aus dem spanischen übersetzte Text wird zu den Vorläufern von Spinozas Pantheismus gezählt und führt Gedanken des Neoplatonismus mit solchen der Kabbala zusammen. Vgl. Jacob 2004; Thomson 2003. Als Pantheisten hat sich (erstmals?) John Toland bezeichnet. Aus historischen Studien ergibt sich keine Präzisierung, sondern eine verwirrende Vielfalt der Verwendung des Ausdrucks ›Pantheismus‹. Das trifft auch auf die Bedeutungen von ›Kabbala‹ bzw. auf die Überschneidungen von Chassidismus und Pantheismus zu. Vgl. Scholem 1980, 117 ff., mit Bezugnahme auf Verse des »Einheitsgesanges«.

[81] Ein Beispiel von populärer Spinozarezeption findet man bei Ansay 2011.

und gegen »den« Pantheismus bleiben im Vergleich dazu von untergeordneter Bedeutung. Es ist bezeichnend, dass Exponenten des aufgeklärten Judentums wie Moses Mendelssohn und Hermann Cohen[82] »den« Pantheismus aus ganz ähnlichen Gründen ablehnten wie christliche Theologen. Auch die Motive sind vergleichbar, geht es doch um die Zurückweisung einer »Häresie«, welche als falsch und die Quellen verfälschend empfunden wird.[83] Hinzu kommt das Problem, sich mit einem zwar aufgeklärten, aber »abtrünnigen Juden« zu identifizieren. Offensichtlich dienen Bilder eines der Welt einwohnenden, dem Menschen und seinen Geschöpfen stets nahen Gottes und Freundes der Menschen der Konkurrenz und Korrektur der ebenso einseitigen Bilder des thronenden Gottes. Mit der Abwehr einer Häresie droht auch eine Verarmung der Bildersprache, eine Erstarrung der monotheistischen zu einer monotonen Religion.

Obwohl der Pantheismus zu einer toleranten Haltung inspirieren mag und es unbestrittene Vorbilder toleranter Pantheisten gegeben hat, wäre es zu viel gesagt, wenn man zwischen Pantheismus und Toleranz einen (begrifflich) notwendigen Zusammenhang behaupten möchte. Wenn es einen sachlichen Zusammenhang gibt, dann ist er schwächer als »notwendig« oder »logisch unvermeidbar«. Zwischen ontologischen und metaphysischen Positionen auf der einen Seite und normativen Haltungen auf der anderen Seite, gibt es keinen logisch zwingenden Zusammenhang. Es wäre irreführend, aus pantheistischen Prämissen und ohne zusätzliche und unabhängige ethische Prämissen ethische Konklusionen ableiten zu wollen. Es gibt kein logisches oder rein konzeptuelles Hindernis, dass gegen eine Kombination von Pantheismus und Intoleranz sprechen würde.

Vielleicht ist eine Quelle der Toleranz im Pantheismus seine Kirchendistanz. Pantheismus, wie er hier hauptsächlich typologisch, nicht historisch dargestellt wird, braucht keine eigene Kirche. Seine »Orte« sind die bestehenden Kirchen und Religionsgemeinschaften, oder/und zusätzlich auch die »Kirchen« *extra muros* der Freigeister: Wälder und Fluren, Seen und Flüsse, stille Orte, an denen sich Gottes Flüstern in allen Dingen und Lebewesen vernehmen lässt. Extravertiertere Geister

[82] Vgl. Cohen 1919. Neuauflagen, zuletzt Wiesbaden: marixverlag 2008. Vgl. La Sala 2012.
[83] Vgl. Wulf 2012.

werden Gott im Blitz und Donner bzw. im Tosen des Wasserfalles, in einer Partyekstase oder sogar im Stahlgewitter eines Krieges vernehmen. Mit diesem Beispiel soll allerdings nicht der Vorwurf erneuert werden, Pantheismus sei schlechthin amoralisch. Pantheismus nach der Aufklärung wird sich wie jede Religion Emersons Testfrage gefallen lassen müssen, ob er sich für oder gegen die Barbarei der Kriege entscheidet. Religionen nach der Aufklärung werden nicht mehr an der Menge oder der Qualität ihrer Wunder beurteilt. »We mesure them by their civilizing power.«[84] Das gilt auch für die Beurteilung des Islams.[85]

Pantheismus ist im besten Fall inklusive Religiosität, nicht exklusive konfessionelle Religion. Er entspricht jener Injektion lebendiger religiöser Haltung, die in kein Buch und kein Gesetz verbannt werden kann. Vielleicht hätte er, wäre er völlig auf sich gestellt, keine Überlebenschancen, weil er Anlehnung an bestehende religiöse Gemeinden und Praktiken braucht.

Diese parasitäre und komplementäre Rolle eines Pantheismus wurde jedoch nicht immer akzeptiert, haben ihn doch manche Freunde und Feinde seit der Aufklärung als neue Universalreligion und künftige Weltmacht betrachtet. Mit solchen Prätentionen belastet wurde er jedoch völlig überfordert. Pantheismus ist nicht diese kommende Weltreligion, aber vielleicht ein einigendes, versöhnendes oder zumindest »übersetzendes« Moment im »Weltethos« der Religionen. Als Brückenbauer könnte er zur Verständigung beitragen und in Bezug auf rivalisierende Religionen gemeinsame mystische und pantheistische Momente hervorheben. Innerhalb partikulärer Religionen und außerhalb begrenzter Gemeinden und Praktiken kann er die Menschen inspirieren und an die lebendigen Quellen ihres Glaubens oder ihrer Verbundenheit erinnern.[86] Er sollte sich aber keine integrative Führungsrolle anmaßen.

---

[84] Emerson: Natural Religion, in: *The Later Lectures of R. W. Emerson 1843–1871*, vol. 2: 1855–1871, 2001, 183. Damit sollen historisch gewachsene Religionen nicht pauschal zu »Wohlfühlreligionen« oder »Kuschelreligionen« verfälscht werden!

[85] Vgl. Flores 2011.

[86] Religion und Religiosität müssen nicht essentiell in einem Glauben oder Glaubensbekenntnis bestehen. So wird auch Pantheismus von mir nicht als explizites »Glaubensbekenntnis« eingeführt, sondern als Haltung der Verbundenheit mit dem Einen und Allen. Eine solche Haltung kann vorsprachlich sein und vielleicht bereits bei Tieren und Kleinkindern auftreten, als eine Art »Urvertrauen« oder »Geborgenheit« in der Welt. Auch Versuche einer sprachlichen Formulierung eines Pantheismus müssen nicht notwendigerweise ein Glaubensbekenntnis herbeiführen. Ohne Dogmatik und Kate-

Nach der Aufklärung und in der Frühromantik ist Pantheismus häufig verknüpft mit einem anarchistischen und nonkonformistischen Elan. In dieser Verbindung taucht er etwa in den Schriften von Ralph Waldo Emerson auf. Das soziale und institutionelle Modell dieses poetischen Pantheismus ist eher das herrschafts- und hierarchiefreie Modell der nicht geregelten oder bewusst illegalen Vielfachmitgliedschaft. Der Geist des nonkonformistischen Pantheismus besteht auch in der Praxis des vorauseilenden Ungehorsams, der unerlaubten Teilnahme an verbotenen Abendmahlgemeinschaften und der unerlaubten Abwesenheit von obligatorischen Gottesdiensten. In gewisser Weise ist dieser Pantheismus überall und nirgends zuhause. Er erträgt keine religiösen Sanktionen und trägt bei zur Lockerung der sozialen Kontrolle durch religiöse Institutionen. Er verkörpert eine radikal mündige Religiosität, die selber wählt, *sua sponte* mitmacht und *sua sponte* fernbleibt. Sowohl die Wahl der Religionsgemeinschaft als auch die Abwesenheit von religiösen Kollektivveranstaltungen gehören zum Zweitwichtigsten; das Wichtigste ist die Einstellung, dass Gott Eins und Alles ist. Ob ich religiöser Nomade bin, der zwischen den Religionsgemeinschaften wandert oder sogar eigene Wege sucht, oder ob ich religiös sesshaft bin, ist sekundär und kann sogar völlig bedeutungslos werden. Wer das Göttliche im Universum und das über das Universum hinaus strahlende Göttliche verehrt, kann sich zwar moralisch oder politisch, aber nicht religiös verirren. Es gibt keine pantheistische Orientierungsnot! Diese Einstellung ebnet den Weg zu vielen Religionen. Der Begriff der Häresie verliert seinen polemischen Sinn; er bezeichnet neutral die freie Wahl. Sie kann sogar zwischen Christus oder Krishna hin und her pendeln, denn sie mündet in das allen gemeinsame pantheistische Gebet.

»Wohin ich mich auch wende,
Da ist kein Ort, wo du nicht bist,
Du wohnst in allen Wesen,
und strahlst doch über alle hinaus.«[87]

Gott selber (wenn es erlaubt ist, so zu reden) ist einem Pantheismus gewogen, weil er eine inklusive Auffassung von Gott und den göttlichen Dingen ist. Obwohl der Ausdruck ›Pantheismus‹ lange nur als

---

chismus besteht eine gewisse »Profillosigkeit«, aber es entfällt auch die Versuchung zu Glaubenszwang und Glaubenskontrolle.

87 Kämpchen 2011, 41.

Schimpfwort verwendet wurde, um »die Wahrheit« von der Häresie abzugrenzen, eignen sich manche Pantheismen kaum für kontroverstheologische Absichten, d.h. um andere Glaubensauffassungen anzugreifen.[88]

»Der« Pantheismus wird zur Zielscheibe von Hassprojektionen, denen gewöhnlich Angstprojektionen vorausgehen, insbesondere die Angst, durch die weltweite Etablierung eines modernistischen Pantheismus als rechtgläubiger Christ verdrängt und marginalisiert zu werden. Die Furcht vor »dem« Pantheismus als drohender Weltmacht kann ähnlich hysterische Züge annehmen wie die Panik vor einer jüdischen Weltverschwörung. (Vielleicht hat das auch die Nähe pantheistischer Gesellschaften zu Geheimbünden nahegelegt.) So betrachtet wird »der« Pantheismus zur modernistischen Häresie schlechthin.

> »Le panthéisme, une fois établi, tend nécessairement à l'explication universelle des choses. Sa grande prétention de nos jours, comme dans tous les temps, est de remplacer le christianisme, de l'absorber dans son unité. De là une lutte nouvelle, une nouvelle controverse.«[89]

Diese polemische Zuspitzung dient hauptsächlich der apologetischen Selbstklärung und Abwehr, aber nicht der Differenzierung und dem Blick auf die Vielfalt von religiösen Optionen. Pantheismus verliert die kontroverstheologischen Ecken und Kanten, wenn er einer liberalen Vision entspringt, die sich ihrerseits nicht als einzige oder beste Theologie aufplustert. Dies gilt besonders dann, wenn Pantheismus nicht als eigenständige oder gar systematische Alternative zur Theologie, sondern eher als integraler Bestandteil theologischer Rede einge-

---

[88] Zur katholischen Kontroverse gegen den Pantheismus im 19. Jahrhundert Maret 1840. Dieser attackiert auf 431 Seiten den Pantheismus aus antimodernistischer Sicht. Zur Kontroverstheologie gehört die Anmaßung einer Klassifikationsmacht, die Alternativen zum Katholizismus auf Modernismus = Pantheismus = Atheismus festnagelt. Das Buch ist gleichwohl als Quelle der Debatten von unschätzbarem Wert.

[89] Maret 1840, 303. Der Verfasser behandelt zwar den Pantheismus seit der Antike bis ins 19. Jahrhundert, unterlegt aber seiner Untersuchung eine Wesensdefinition bzw. einen gemeinsamen Nenner, nämlich die Behauptung der einen und identischen Substanz und die Leugnung der Realität von Vielheit. Alle Versuche der Moderation und Modifikation werden als inkonsequent verworfen. Kurz: Pantheismus ist abstrakter Monismus. Weiterhin wird »dem« Pantheismus Leugnung, ja Vergöttlichung des Bösen unterstellt. Der poetische Pantheismus von Goethe und Byron wird erwähnt und zur Seite geschoben (vgl. S. XI); dagegen wird die Verbindung von Pantheismus und Saint-Simonismus scharf attackiert, und zwar als Konkurrenz zur katholischen Soziallehre von de Bonald (vgl. S. 229f.).

führt wird, wie das etwa bei Herder der Fall ist. Herders Buch *Gott* hat die Gestalt von Gesprächen unter Freunden und einer Freundin; im Anhang steht der Naturhymnus von Shaftesbury. Gleichwohl enthalten diese Gespräche einen Aufbau und eine Steigerung – es sind keineswegs völlig ziellose oder gar konfuse Unterhaltungen. Herder – und damit erinnert er auch an Schleiermacher – charakterisiert die Gespräche explizit als eine offene und lebendige literarische Form, mit der nicht nur der Intellekt, sondern auch das Herz angesprochen wird, in der aber nicht geeifert und gezankt wird. Mehr noch als Schleiermacher in seinen *Reden* und *Monologen* versucht sich Herder von (verdeckten) Angriffen und Verteidigungsreden zu distanzieren.

»Gespräche sind keine Entscheidungen, noch minder wollen sie Zank erregen; denn über Gott werde ich nie streiten.«[90]

Eine Abscheu gegen »Spekulation- und Zankphilosophie« findet man auch bei Matthias Claudius.[91] Mit viel Gespür für enttäuschte Freundschaft und Kränkungen kommentiert Claudius die großen Kontroversen von Fénelon und Bossuet und – 100 Jahre später – im Pantheismusstreit, insbesondere in der Rivalität zwischen Mendelssohn und seinem »Nebenbuhler« Jacobi um die Freundschaft mit Lessing.[92] Der Rückzug des Autors des »Wandsbecker Boten« von der öffentlichen Kontroverse wird verbunden mit einer Empfehlung zur Versöhnlichkeit unter den Konfessionen, auch wenn er für sich selber nicht in Anspruch nehmen will, völlig unparteiisch zu sein.

Die Rede von ›Gott‹ als Eins und Alles lässt sich nicht so leicht verwenden, um abzugrenzen und auszugrenzen. Die Entscheidung, über Gott nie zu streiten, ist Ausdruck eines Trotzes, der sich nicht auf unnötige oder gar bösartige Kontroversen einlässt. Manchen mag dies als »Diskursverweigerung« oder als »Immunisierungsstrategie« er-

[90] Herder 1987. Der Volltext findet sich auf http://www.philos-website.de/autoren/herder_g.htm. Zu Herder vgl. Michael N. Forster: Herder and Spinoza http://philosophy.uchicago.edu/factulty/files/forster/HerSpin.doc; *Herder im geistlichen Amt. Untersuchungen, Quellen, Dokumente.* Hrsg. von Eva Schmidt, Leipzig: Köhler & Amelang 1956; Bienenstock 1996 [kommentierte französische Ausgabe]; Kumlehn 2009; Cordemann 2010. Shaftesbury galt Goethe und Herder als Inbegriff eines heiteren und toleranten Pantheisten. Vgl. Dehrmann 2008.

[91] Vgl. Claudius 1991, 527.

[92] Vgl. Claudius, a. a. O., 350–360 und 625–640. Mit seiner Fénelon-Übersetzung, die zuerst 1800 erschienen ist, bestätigt Claudius die fruchtbaren Querverbindungen mystischer Frömmigkeit zwischen den Konfessionen.

scheinen, und diese Bedenken sind nicht leicht von der Hand zu weisen. Vollends unhaltbar wäre eine solche Weigerung, wenn es um die Berufung auf einen »grausamen« Gott ginge, der von uns schreckliche Opfer oder Taten verlangt.

Herders Streitverweigerung dient weniger einer Immunisierung gegen Kritik und hat vermutlich einen anderen Sinn: Sie entspringt einem Trotz gegenüber der Zumutung, persönliche Entscheidungen und Annahmen einer öffentlichen Diskussion zur Disposition zu stellen, als ginge es dabei um politische Verhandlungen oder Zwangsberatungen. Ist nicht der moderne Antipaternalismus, d. h. die tiefe Abneigung gegen Bevormundung, in diesem »pubertären« Trotz begründet, gewisse Dinge selber (all-ein) zu entscheiden und selber (all-ein) auszuführen, auch wenn meine Entscheidung suboptimal sein sollte? Geht es um die Erzielung von Spitzenformulierungen mithilfe einer wissenschaftlichen Forschungsgemeinschaft, oder geht es um mein Verhältnis zu Gott? Man könnte auch sagen: Wenn es um mein Gottesleben geht, lasse ich mir von niemandem dreinreden – außer von Gott selber. Ich stütze mich dabei auf keine Autorität – auch nicht auf die »Autorität der Vernunft«, eher noch auf die Resonanz des kosmischen Gefühlsraums, den die Einsfühlung eröffnet. (Ob das im Sinne Herders oder Schleiermachers ist, bleibe dahingestellt.)

Der weibliche oder männliche Pantheist nach dem Porträt Herders sucht nicht das Streitgespräch (oder nur »den liebenden Streit«, Hölderlin); er nimmt sogar eine gewisse Unschärfe oder »Verblasenheit« der Begriffe und Argumente in Kauf und beschränkt sich auf *Aperçus* und Appelle, um seinem »System« Leben und Farbe zu verleihen – mehr Farbe und Leben, als in einem System *more geometrico* möglich sind. Ähnliche Abgrenzungen vom System werden auch von Moses Mendelssohn formuliert.

»Oder, wenn wir überall auf System Verzicht thäten und gestünden, die Dinge ließen sich von uns nicht in eine geometrische Schlusskette verbinden; müsste deswegen der Spinozismus, oder Pantheismus, wenn ihr wollet, gänzlich aufgegeben werden? Könnte demohngeachtet der Satz nicht wahr sein: Alles ist Eins und Eins ist Alles?«[93]

---

93 Moses Mendelssohn: *Morgenstunden*, 1785, zitiert nach Scholz 1916, 16. Mendelssohn widersetzt sich zwar der Anwendung der geometrischen Form auf die Metaphysik, aber nicht dem »geometrischen Geist« bzw. einem Anspruch auf systematisches Denken schlechthin. Wichtiger für meine Darstellung ist jedoch, dass sich auch Mendelssohn gegen unnötige (Wort-)Streitigkeiten ausspricht und nach einem »geläuterten Spino-

Herder tendiert zu einem poetischen Pantheismus, der das christliche *Kerygma* künstlerisch und liturgisch schmückt, bereichert und vertieft, und nicht etwa verdrängt oder gar ersetzt. Dieser christlich-humanistische Pantheismus versucht niemanden zu bekehren, sondern er macht jenen ein Angebot, die hören und sehen wollen oder können. »Wem das Herz voll ist, geht der Mund über.« (*Luk.* 6, 45, frei nach Luthers Übersetzung) Gott wird als Angebot und Anknüpfungspunkt für Gemeinsames und Verbindendes empfunden und als Erfahrung von Fülle und Überfluss weitergegeben. Er ist Gegenüber und Zentrum eines gemeinsamen Glaubens oder einer verbindenden Haltung. Auch der »solitäre« Pantheismus wirkt gemeinschaftsstiftend; das Individuum ist in pantheistischer Perspektive betrachtet im doppelten Sinne des Wortes all-ein. Dieses schöne deutsche Wort hat eine nicht-alltägliche Bedeutung und gehört damit zur religionsphilosophischen Bildungssprache. Mit seiner Zwischenstellung zwischen Philosophie und Theologie gehört Pantheismus zum Reservoir der sog. Kulturreligion. Mit seinem Bilderreichtum bedient er aber auch Bedürfnisse der Poesie und der einfachen Volksfrömmigkeit.

Einige der bekanntesten Dokumente der deutschsprachigen Religionsphilosophie nach der Aufklärung bestehen in offenen Debatten.[94] Wird Pantheismus dagegen nicht als offene Debatte, sondern philosophisch-metaphysisch ausformuliert oder gar zur Universalreligion der Zukunft hochstilisiert, droht er wie z. B. bei Eduard von Hartmann in ein steriles Religionsesperanto abzugleiten, das den persönlichen Gott bzw. eine persönliche Beziehung zu Gott ebenso definitiv auszumerzen scheint wie die kulturellen Differenzen der gelebten Religionen. Hartmanns kulturkämpferische Kunstreligion verhält sich spiegelbildlich verkehrt zur protestantischen Polemik gegen »den« Pantheismus. Er verteidigt »den« Pantheismus gegen »den« Theismus als Zersetzungsprodukt des radial liberalen Protestantismus und als die höher entwickelte, postchristliche Universalreligion, mit einem Gott ohne selbständiges personales Selbstbewusstsein.[95]

---

zismus« Ausschau hält, der mit der Auffassung vereinbar ist, dass es eine Vielfalt von für sich selber existierenden Individuen gibt und Gott nicht mit der extensiven Unendlichkeit der Welt identisch ist. In seiner Kritik am Spinozismus folgt er den Argumenten von Christian Wolffs »*Theologia naturalis*«. Eine deutsche Übersetzung von Spinozas *Ethik* (Sittenlehre) und Wolffs Kommentar von 1744 findet sich in Wolff 1981.

[94] Vgl. Freudiger 1993; Timm 1974; Essen/Danz 2012.

[95] Vgl. Wolf 2006, Kapitel 8 und 9. Hartmann bleibt allerdings lesenswert durch seine

Der Anspruch auf die einzige und höchste Wahrheit steht in einem krassen Missverhältnis zur modernen wissenschaftlichen Forschung, wonach es zwar manche »kleine« Wahrheiten, aber nicht »die« Wahrheit gibt. Die »große« oder groß geschriebene Wahrheit ist nicht nur unfasslich und fern, sondern sie wird oft genug als Keule zur Durchsetzung von institutionellen Machtansprüchen missbraucht. Fernab von spekulativen Höhenflügen über »die« Wahrheit bewegt sich ein poetischer Pantheismus nach der Aufklärung. Pantheistische Stimmungen werden in Gedichten[96], Gesprächen unter Freunden (etwa in Giordano Brunos Schriften[97] oder in Schellings »Bruno«[98]) und Berichten von Gesprächen (bei Jacobi) ventiliert. Herders Spinoza-Büchlein wird von Shaftesburys Naturhymnus gekrönt. (Die deutsche Versifikation stammt von Herder.) Er erhebt den versöhnlichen Ton gewissermaßen zum Programm und baut Pantheismus in die spezifischen Textsorten von Naturlyrik, lyrischen Gebeten, Gesprächen und Predigten ein. Emersons Pantheismus verschleiert sich im Essay und im Gedicht; das Reizwort »Pantheismus« kommt nicht vor. Man sollte diese literarischen Gattungsformen und ihre zum Teil indirekten Mitteilungsformen nie aus dem Blick verlieren! Der amerikanische Transzendentalist hat seinen Ton von Mäßigung und Mitte als Lyriker und nonkonformistischer Redner erkämpft und dem Pantheismus trotz schmerzlicher Lebenserfahrungen einen tröstlichen Klang verliehen.

Im Unterschied zur klassischen deutschen Philosophie wird Pantheismus im Rahmen von Emersons Transzendentalismus nicht mit einem Anspruch auf wissenschaftliche Erkenntnis formuliert, sondern eher als poetische oder mystische Vision, als Ausdruck der »Einsfühlung«, der (unzulängliche) Worte, Begriffe und Argumente hinzugefügt werden, gleichsam als nachträgliche Rationalisierung des *ineffabile* und als Zitat. Die Originalität endlicher Menschen bleibt das

---

scharfsinnige Kritik der inneren Widersprüche »des« Theismus. Sein eigener Vorschlag dagegen erscheint als »alter Hut«.

96 Das von Jacobi kolportierte Gespräch mit Lessing über Spinozismus entzündet sich an einer gemeinsamen Lektüre von Goethes Gedicht »Prometheus«. Vgl. Scholz 1916, 75 ff.

97 Vgl. Bruno 1977/1584; Jacobs 2012, 148–168.

98 »Jene heilige Einheit nun, worin Gott ungetrennt mit der Natur ist, und die im Leben zwar als Schicksal erprobt wird, in unmittelbarer, übersinnlicher Anschauung zu erkennen, ist die Weihe zur höchsten Seligkeit, die allein in der Betrachtung des Allervollkommensten gefunden wird.« Schelling 2005/1802, 101.

treffende Zitat! Nach der Auffassung von Emerson ist selbst dem Genie nur jene Originalität vorbehalten, die in der Assimilation der Erkenntnisse anderer besteht. Alle zitieren!

»The divine resides in the new. The divine never quotes, but is and creates.«[99]

Emerson hält unter Verwendung der gleichen Metapher an der Differenz von Gott und Mensch fest, denn für Menschen gilt:

»Our best thought came from others.«[100]

Das ist eine Umschreibung der Spinozistischen These, dass außer Gott niemand *causa sui* ist. Gott ist schöpferisch, der Mensch bleibt ein zitierendes Wesen, auch wenn er sich einbildet, Neues zu erschaffen. Gleichwohl gibt es einen Ausweg, der darin besteht, dass wir der Tradition dankbar sind, ohne ihr verhaftet zu bleiben.

»We cannot overstate our debt to the Past, but the moment has the supreme claim. The Past is for us, but the sole term on which it can become ours are its subordination to the Present.«[101]

Anders gesagt: Der schöpferische Mensch verhält sich dankbar zur Tradition, indem er sie der Gegenwart unterordnet und assimiliert.

Die Kunst des Zitierens ist auch eine Kunst, die Wirkung eigener Aussagen zu verstärken, ja sich selber fast übermenschlich zu erhöhen.

»It is a curious reflex effect of this enhancement of our thought by citing it from another, that many men can write better under a mask, than for themselves.«[102]

Es gibt eine Art von dramatischem Talent, das es bevorzugt, unter der Maske des pseudepigraphischen Zitats zu schreiben. Die Grenze zwischen gefundenem und erfundenem Zitat ist porös. Hier geht es um den Effekt positiver Projektionen von Vorbildern und Paradigmen des besseren Menschen beim Lesen und Schreiben. Ist nicht der andere freie Mensch (der Autor) potentiell das bessere Selbst (des Lesers oder der Leserin)? Kann Emersons Auffassung nicht als metaphorische Paraphrase von Spinozas These gelesen werden, die besagt, der Mensch sei dem Menschen ein Gott?

---

[99] Emerson: *Quotation and Originality*, in: Emerson 2010, 105.
[100] A. a. O., 103.
[101] A. a. O., 107.
[102] A. a. O., 103.

Es wäre reizvoll, den berühmten Text Emersons zur Abwechslung einmal nicht nur als Beitrag zur Kunst des kompetenten Lesens zu lesen, sondern als bildliche Umschreibung der Differenzen und Analogien von Gott und Mensch im Rahmen eines poetischen Pantheismus.

Einzelne Formulierungen können wahr oder falsch sein, doch kann eine poetische oder mystische Vision wahr oder falsch sein? Ein Verzicht auf die große »Wahrheit« beugt vor, dass sich Spekulationen über Gott und die Unendlichkeit früher oder später in Abstraktionen, Konfusionen oder Widersprüchen verlieren. So gesehen ist Gott Gegenüber des Glaubens bzw. Ingrediens einer Lebensform, nicht Gegenstand von Erkenntnis. Angesichts der Schwierigkeiten einer Gotteserkenntnis bleiben der »einfache Glaube« und das »gute Herz« der intellektuellen Virtuosität überlegen.

Pantheismus wird von Autoren wie Emerson und Tagore nicht als künftige Universalreligion angekündigt, wie das von Lessing und Lichtenberg bis Karl Christian Friedrich Krause und Eduard von Hartmann getan wurde, sondern eher als Zugang oder Brücke zu vielen Religionen. Entsprechend kennt Pantheismus keine Dogmatik und keine Kirche, sondern umrankt gleichsam als »Efeu« diverse religiöse Bekenntnisse und Praktiken. Er entspricht dem »einfachen Glauben«, dass Gott bei uns ist, und dass wir nichts Gutes tun ohne seine Unterstützung.

Pantheistische Auffassungen wurden oft in Gedichten, Aphorismen, Gesprächen, Liedern und Tänzen zum Ausdruck gebracht; das ganze Bedeutungsspektrum von Pantheismen kann sich demnach nicht in diskursiven Darstellungen erschöpfen. Trotz aller Bemühungen um eine wissenschaftliche oder philosophische Präzisierung bleibt Pantheismus Vision im Sinne einer bewusst oder unbewusst gewählten Grundoption; er enthält nicht (oder zumindest nicht notwendigerweise) »höhere Erkenntnis« oder »intellektuelle Anschauung« und lässt sich deshalb auch nicht so direkt wie diese angreifen. Pantheismus als »Herzensangelegenheit« und als poetisch-emblematische Weltauffassung scheint sich einer strengen begrifflichen und argumentativen Evaluation zu entziehen.

Im Erwartungshorizont der kirchlichen Gemeinden bestätigen und festigen pantheistische Stimmungsbilder zahlreiche Aspekte der Verarbeitung der vergangenen Wochen und der Vorbereitung auf die folgenden Werktage in der feierlichen Stimmung des Sonntags. Gott ist nicht nur während der »Werktage« bei der Schöpfung, sondern auch und ganz besonders am Ruhe- und Feiertag, der als die echte Krönung der Schöpfung verstanden werden kann. Der Sonntag ist der Tag der Segnung, der Ruhe und Erfüllung, an dem Gott zu seiner Schöpfung spricht, so wie wir im Alltag (meist gedankenlos) miteinander reden, wenn wir uns »guten Tag« oder »ein schönes Wochenende« wünschen. Ralph Waldo Emerson hat für seinen »Naturhymnus« sowohl die Form des Essays als auch jene des Gedichts gewählt. Als religiöser Nonkonformist vertritt er eine dynamische, keine statische Religion. Diese hat das Etikett »Pantheismus« nicht nötig, oder es wäre kaum mehr als ein sich selber auflösendes Etikett. Sie findet Eingang in eine Spiritualität und Liturgie des Alltags. Emersons Pantheismus macht die ganze Woche zum Sonnabend.[103]

Im pantheistischen Schöpfungssegen: »Und Gott sah an alles, was er gemacht hatte, und siehe, es war gut« (I *Mose* 1, 31) wird alles eingeschlossen – alles, was er gemacht hat, ist gut und vollendet. Rührend und berührend ist die Erzählung deshalb, weil Gott von der Qualität seiner Schöpfung überrascht zu sein scheint, obwohl es doch gar nicht anders sein kann, als dass die Schöpfung des guten Gottes eine gute Schöpfung sein wird. Die Überraschung könnte von Gott selber stammen. Dies ist die anthropomorphe Deutung. Sie scheint einen naiven Anfangsoptimismus nahezulegen, doch sie ist nicht das letzte Wort im Verlauf der biblischen Urgeschichte. Der Bewunderung für seine Schöpfung folgt die wiederholte Enttäuschung über die Menschen, die sich als des Paradieses unwürdig erweisen. Hinter dem Zorn Gottes verbirgt sich seine Enttäuschung über die Menschen, sein Leiden an und mit den Menschen. Der Mensch wird nach dem Sündenfall zum gefährlichsten Mörder und Ausbeuter des Menschen. Anthropomorph gesprochen scheint Gott die Schöpfung im Akt der Sintflut sogar zu bereuen. Danach scheint er Vernichtungstaten dieser Art zu bereuen, kommt aber immer wieder auf apokalyptische Gerichtsandrohungen zurück. Er ist ein werdender, schwankender, vielleicht auch lernender und verstummender Gott.[104] Es gibt in den Worten von Jack Miles auf der Oberfläche biblischer Erzähltexte eine Biographie Gottes. Es wäre vergeblich, aus erzählenden Texten eine eindeutige Lehre von Gottes

---

[103] »In diesem stillen Newton haben wir in der Woche sieben Sonnabende. Der Tag ist ruhig wie die Ewigkeit – eine ganze chaldäische Zeit.« Emerson 1954, 76 (Eintrag vom 1. Mai 1834).

[104] Vgl. Corti 2002.

ewigen Attributen herauslesen zu wollen. Dieser erzählte Gott ist der lebendige Gott, nicht der konstruierte Gott der Philosophen![105]

Nach Miles umstrittener, aber anregender Darstellung zeigt die Hebräische Bibel den einen Gott in der vielfachen literarischen Bearbeitung als den impulsiv-zornigen, erhaben-mächtigen, als Gott eines Fortpflanzungsbundes und als kriegerischen Baal, als eifersüchtigen väterlichen Gott und destruktiven Verfolger. Diese kreative Bearbeitung verdeutlicht die Charaktere Gottes als Antworten auf die historischen Wechselfälle des israelischen Volkes und seiner Nachbarn, mit der die ganze Bibel durchwaltenden Annahme, dass alles Geschehen aus der einen göttlichen Quelle, aus Gottes Handeln und Zögern stamme. Der eine und doch sich wandelnde und werdende Gott und dessen diverse konfliktreiche Charakterfacetten werden jeweils anders akzentuiert, damit Gottes ultimative Treue zu seinem Volk plausibel wird. Die Erzählungen entwerfen und spinnen die Bilder eines allmächtigen und doch scheiternden, allwissenden und doch bereuenden, zornigen und doch gerecht richtenden, verfolgenden und doch liebenden Gottes, der sein Volk beschützt, indem er es »stalkt«, und es prüft, indem er es der Gefangenschaft und Sklaverei überlässt. Dies ist ein Gott, der die Götter aller anderen Nationen an Macht und Dynamik, aber auch durch Phasen des erhabenen Grolls übertrifft. Eine pantheistische Deutung deckt sich mit der von Miles Deutung der Biographie Gottes u.a. in der Hinsicht, dass sich Gott aus den Nöten und Krisen seines Volkes nicht heraushalten kann, dass Gott selber in Not und Krisen gerät. Die Biographie Gottes bedient sich der kreativen Umbildung der Charaktere Gottes, um die Verflechtungen des Gottesdramas mit seinem Volk anschaulich und dramatisch zu gestalten. Dass damit die weitere Entwicklung zum leidenden Gottesknecht und zur Christologie angedeutet sein könnte, ist naheliegend.

Pantheistische Bewunderung (nicht Anbetung!) der Schöpfung durch die Menschen heisst, sie als Gottes Finger- oder Fußabdruck in der Schöpfung zu würdigen. Den Sonntag heiligen bedeutet, dass der Sinn des Lebens und der Schöpfung nicht allein in der Arbeit liegen kann und dass der Sonntag der Seele hilft, die Anwesenheit Gottes im Alltag und Werktag in Erinnerung zu rufen. Diese Bewunderung dient

---

[105] Vgl. Spinoza: *Briefwechsel*, Brief 21 = Spinoza 1977, 113f.; Miles 1995; Schöpflin 2011; Kaiser/Mathys 2010; Bultmann 1999.

der gottesdienstlichen Ehrung Gottes; sie ist jedoch keine rückhaltlose Verherrlichung oder optimistische Verklärung des Seienden, wie es ist.

Die biblischen Schöpfungsberichte und die Schöpfungspsalmen gehören zu den großartigen Werken der Weltliteratur; sie malen und besingen die Nähe Gottes zu seiner Schöpfung auf einfache und anmutige, aber auch drastische und grausame Weise. Erscheint hier Gott selber als Pantheist, der als werdender Gott an sich und seiner Schöpfung Freude hat, am Kummer seiner Geschöpfe teilnimmt und ihnen auch in Zorn und Enttäuschung die Treue hält? Alles andere als ein statischer Gott oder ein »unbewegter Beweger«! In der Auffassung einer realen und unaufkündbaren und unzerstörbaren Beziehung zu Gott, die Menschen nur vergessen und vernachlässigen, aber nicht aufkündigen oder abbrechen können, liegt die sanft vereinnahmende Kraft des urgeschichtlichen Pantheismus, seine vitale Vision der Bindung Gottes an den Menschen. Es geht um eine aufwühlende Liebesgeschichte Gottes mit den Menschen. Diese Bindung wird durch den Bund Gottes mit seinem Volk bestätigt. In den erzählenden Texten haben die Auffassungen von Gott als Person und der Unvergesslichkeit jedes Individuums Platz. Die Seele jedes Individuums (auch der Tiere, vielleicht sogar der Bäume, Flüsse und Seen) bleibt in den »Armen« und in der »Erinnerung« Gottes erhalten und geborgen. Wem das nicht genügt, wer darüber hinaus eine Garantie in der Auffassung einer unzerstörbaren Seelensubstanz sucht, der hat die maximale Verheißung und Garantie eines Pantheismus nicht hinreichend gewürdigt.

In der Bindung Gottes an sein Volk und seine Geschöpfe liegt auch die Analogie zur erhaltenden und fürsorglichen Liebe der Eltern begründet, die ihr Kind nicht verlieren wollen. Pantheistischen Visionen entsprechen Erzählungen von Gott, der den Menschen nahe sein will, und vom Hirten, der das verlorene Schaf sucht.[106] Weil die Liebe Gottes zu den Menschen größer ist als die Liebe der Menschen zu Gott, wäre auch die Trauer Gottes über den Verlust eines einzigen Kindes größer als das Elend der Sünder. Weil individuelles Bewusstsein nichts als die Begrenzung des einen göttlichen Bewusstseins (ein »Lichtstrahl der Ewigkeit«) ist, besteht das göttliche Bewusstsein aus den Freuden und Leiden seiner Geschöpfe – es ist kein abgeschiedenes seliges Bewusstsein, solange noch ein einziger Wurm sich unter Qualen krümmt und noch ein alter zahnloser Löwe an Hunger leidet. Die »Unseligkeit

---

[106] Vgl. Herschel 2000.

Gottes« – *sit venia verbo* – übersteigt die Qualen, das Heulen und Zähneklappern in der Hölle. Deshalb tut der biblische Gott alles, um seine Kinder nicht zu verlieren; er lässt sie nicht im Stich, auch nicht in Verzweiflung, Krankheit und im Sterben. Nach gewissen Vorstellungen wirft er ihnen sogar noch nach dem Tod einen Rettungsring nach und rettet sie aus dem Fegfeuer. Das Heil erwächst nicht aus der ängstlichen Liebe der Menschen, die sich an ihren himmlischen Vater klammern, sondern aus der Suche Gottes nach seinen irdischen Kindern. Während die Menschen, die nach oben streben, auseinander streben und sich wie in der Erzählung vom Turmbau zu Babel nicht mehr verstehen, sind die Menschen, die vom heiligen Geist ergriffen werden, wie durch eine *lingua franca* geeint. Was unmöglich erscheint, eine Weltkommunikation, wird an Pfingsten Ereignis. Pfingsten ist das pantheistische Fest der von Gott erfüllten und begeisterten Menschen. Die völkerverbindende Ausgießung des Heiligen Geistes überschneidet sich ebenfalls mit dem pantheistischen Bildervorrat.

Die Gnade geht dem Glauben voran; er ist ein Werk der Gnade. Pantheismus braucht von dieser Auffassung der göttlichen Gnade nicht abzuweichen und vermag sie sogar auf seine Weise zu verdeutlichen. Gottes Immanenz in der Welt (»Gott als Geheimnis der Welt«) steht für einen Gott, der bei den Menschen wohnen will bzw. die »lieblichen Wohnungen« für alle offen hält. Der Himmel kann apokalyptisch als eine neue Schöpfung verstanden werden; er muss nicht als Jenseits oder Abseits von der Welt verstanden werden.

Pantheismus sucht nicht die Konfrontation mit dem Atheismus und Agnostizismus, sondern versteht diese als Formen der Distanzierung bzw. Annäherung an die Einsicht in die »Tiefe der Welt« und die »Ehrfurcht vor allen Lebensformen«. Auch die Haltung Sigmund Freuds, der sich sowohl vom »ozeanischen Gefühl« als auch vom falschen Trost für die tiefere Melancholie aller Kultur ausspricht, ist in diesem Zusammenhang unbedingt zu respektieren. Die religiös gestimmte Ehrfurcht ist zum Teil natürlich-kindlich, zum Teil muss sie gelernt und kultiviert werden. Es ist menschlich-allzu menschlich, sich vor einem allgegenwärtigen und übermächtigen Gott verstecken zu wollen und »das Böse im Verborgenen« zu tun. Selbst in der Flucht und Scham vor Gott und ganz besonders in der Rebellion liegt das (unfreiwillige) Eingeständnis einer Verbundenheit. Diese Auffassung, die besagt: »Gott kannst Du nicht entfliehen«, bezeichne ich als sanft vereinnahmend. Sie wird zumindest jene ärgern, die von sich glauben,

Gott längst hinter sich gelassen zu haben. Es geht jedoch nicht darum, »Religionsmuffel« und »Religionsbanausen« zu bekehren, sondern darum, sie nicht vom Heil auszuschließen oder fallen zu lassen.

Es ist denkbar, dass jemand einen Mangel an religiöser Verehrung durch ästhetische Kultur kompensiert und damit ebenfalls zur praktischen Ehrfurcht vor allem Leben gelangt. Dazu gehört die Verbannung des Vandalismus und der gedankenlosen Zerstörung von natürlichen Verhältnissen und Organismen.[107] Die Biosphäre hat eine wunderbare Komplexität und Vielfalt zu bieten – eine Vielfalt, die von Menschen gefährdet wird. Es ist nicht unwahrscheinlich, Sinn und Motivation für das Gute in der Artenvielfalt selber zu finden, z. B. in der Anknüpfung an und Erweiterung der natürlichen Sympathien, in einer Kultur und Zivilisation der Empathie und der Ehrfurcht vor allem Leben.

Das pantheistisch gedeutete Pfingstwunder verweist auf den Sachverhalt, dass trotz Vielfalt und Entfremdung, trotz der enormen Distanzen von Raum und Zeit der Transport von Information und Kommunikation möglich bleibt. Einige religiöse Symbole gehören zu einer non-verbalen und transkulturellen Zeichensprache wie das Lächeln Buddhas, Rebellion und Ergebung Hiobs, Tod und Auferstehung Christi. Die Bedingung der Möglichkeit universeller Kommunikation ist vielleicht so etwas wie eine »Informationszentrale«, ein kosmisches kollektives Gedächtnis. Gottes Allgegenwart wird in seiner Zusage als Paraklet vernommen. »An jenem Tage werdet ihr erkennen, dass ich in meinem Vater bin und ihr in mir und ich in euch.« (*Joh.* 14, 20) Umgekehrt verschärft diese Verheißung die Enttäuschungen über die Erfahrung der »Abwesenheit Gottes« und damit die unbeantworteten Fragen der Theodizee.

Pantheismus lässt sich von bloßer phantastischer Spekulation unterscheiden, wenn er mit den praktischen Anforderungen der Moral im Einklang bleibt. Dies ist eine Anforderung, die Moses Mendelssohn sehr plastisch formuliert hat.

»Der Unterschied zwischen geläutertem Spinozismus und orthodoxem (jüdisch-christlichen) Theismus liegt blos in einer Subtilität, die niemals praktisch werden kann; in einer unfruchtbaren Betrachtung: ob Gott diesen Gedanken des besten Zusammenhangs zufälliger Dinge hat ausstrahlen, ausfließen, ausströmen, oder mit welchem Bilde soll ich es vergleichen? (denn diese Subtilität lässt sich kaum anders, als durch Bilder beschreiben,)

---

[107] Vgl. Albert Schweitzer: *Kulturphilosophie*, 1923 = 1960, 101.

ob er das Licht hat von sich wegblitzen, oder nur innerlich leuchten lassen? Ob es bloß Quelle geblieben, oder ob die Quelle sich in einen Strom ergossen habe? Wenn man sich durch dergleichen bildliche Redensarten das Hervorbringen, Erschaffen, Würklichmachen u.s.w. sinnlich machen will; so ist schwer zu verhüten, dass nicht Missdeutung oder Missverständnis die Metapher über ihre Gränzen ausdehne und auf Abwege führe; auf Atheismus und Schwärmerey, je nachdem das Gemüth sonst zu Verzückungen, oder zum trocknen Nachdenken gestimmt ist. Die Systeme scheinen in ihren Folgesätzen noch so weit von einander entfernt zu seyn, und im Grunde ist es Missdeutung derselben Metapher, die bald Gott zu bildlich in die Welt, bald die Welt zu bildlich in Gott versetzt. Aufrichtige Liebe zur Wahrheit führet gar bald auf den Punkt zurück, von welchem man ausgegangen ist, und zeigt, dass man sich blos in Worten verwickelt habe. Thuet auf Worte Verzicht, und Weisheitsfreund, umarme deinen Bruder!«[108]

Zum Toleranzpotential eines Pantheismus gehört das Bild eines großzügigen Gottes, der sich nicht beleidigen lässt und der keine Rachepläne verfolgt; dazu passt die Erziehung zur Großzügigkeit und die Verbannung des (religiösen) Fanatismus. Großzügigkeit ist als »principle of charity« auch ein hermeneutisches Prinzip, das dazu anspornt, religiöse Texte und dogmatische Formulierungen nicht dem Buchstaben, sondern dem Geist nach zu verstehen und sie dort, wo sie abstruse, barbarische und grausame Elemente enthalten, gegen den Strich zu bürsten. Dieser Geist der »Nachsicht«[109] ist letztlich der Geist der Liebe. Es ist absurd, im Namen des all-einen und großzügigen Gottes Blut zu vergießen, Menschen zu verfolgen und zu unterdrücken. Durch Denunziation und Verfolgung wird der Name Gottes nicht geehrt, sondern missbraucht.

Dies ist allerdings keine privilegierte Einsicht des Pantheismus, sondern Bestandteil aller religiösen oder nichtreligiösen Denkweisen, welche die Wiedergeburt des Totalitären in der Gestalt von Weltanschauungen und Religionen zu verhindern versuchen. Wo diese *liberalitas* fehlt, braucht es eine antitotalitäre Erziehung zur Menschlichkeit, d.h. zur Überwindung von Ressentiment und Hass, und keine orthodoxe oder pantheistische Indoktrination. Auch Pantheismus regt dazu an, den Namen Gottes nicht zu verunehren, aber hof-

[108] Moses Mendelssohn: *Morgenstunden*, 1785, zitiert nach Scholz 1916, 28 f. Vgl. auch die konzilianten Schlussfolgerungen auf den S. 43 f.
[109] Vgl. Wils 2006.

fentlich nicht dazu, seine Ehre gegen »Ungläubige« gewalttätig zu verteidigen. Hassprediger und ihre Mitläufer haben sich bereits vom Weg der Erlösung entfernt. Religiöse Fanatiker maßen sich an, eine Verbindung und Gemeinschaft herstellen zu wollen, die nur Gott selber stiften und heiligen kann.

»Ich bin nackt von meiner Mutter Leibe gekommen, nackt werde ich wieder dahinfahren. Der Herr hat's gegeben, der Herr hat's genommen; der Name des Herrn sei gelobt.«[110]

So lautet Hiobs Gebet der Bewährung in schwerer Prüfung; es ist Juden, Muslimen, Christen und Pantheisten gemeinsam. Der Weg zur Erlösung besteht in der Kultur des Gefühls und der Einsicht, dass Gott allgegenwärtig ist, sogar in den Herzen der »Ungläubigen«, ja der verirrten Fanatiker. Eine Dosis Pantheismus könnte vor dem Eifer der Kontroverse, der Abgrenzung und Ausgrenzung heilen. Wer sich auf die Allgegenwart Gottes nicht entsprechend einstellen kann und niemals Ruhe und Gelassenheit in der Einsfühlung findet, für den ist diese temperierende Einsicht allerdings nicht nachvollziehbar und darum wertlos.

Skepsis in Bezug auf die Religion kann auch bei der Beobachtung einsetzen, dass manche Formen eines (vielleicht sogar wirksamen) Trostes auf frommen Lügen, Vereinfachungen und Ablenkungen beruhen. Wer sucht und findet zuverlässigen Trost in der Nüchternheit und Desillusionierung? Dies verweist auf die Problematik und Komplexität der Trostbedürfnisse und Trostquellen der Menschen von der Wiege bis zum Tode.

Als Alles und Eins bleibt Gott der Führer der Verirrten und der Beistand der Verzweifelten. Das Bedürfnis nach Trost und die Gelegenheit zu trösten sind allgegenwärtig, und die Annahme des All-Einen und Allgegenwärtigen ist ein Versuch, auf dieses immense Trostbedürfnis zu antworten. Der größte Trost ist der Beweis der unerschöpflichen Liebe Gottes, und die besten Tröster schöpfen aus ihr. Dies verdeutlichen die Konstellation und die Opposition von Gott und Nichts, Fülle und Leere.

»Pour consoler, il faut être capable de compenser un manque«.[111]

---

[110] *Hiob* 1, 21.
[111] Attali/Bonvicini 2012, 15. Vgl. Plattig/Stolina 2012.

Trost versucht die Lücke eines *horror vacui* zu füllen.[112] Als Trost für die »nihilistische« Erfahrung (»alles ist nichtig und vergeblich«) bedarf es des Gegengewichts der größten Fülle. Die Philosophie hat aus ihrer Sorge um kühle Distanz und ihrer Aversion gegen pastorale Erbaulichkeit über das Bedürfnis und die Quellen des Trostes zu wenig nachgedacht. (Ausnahmen wie z. B. Boëtius und Schopenhauer bestätigen die Regel!) Trost ist besonders wichtig in Konkurrenzkulturen, die viel mehr Verlierer als Sieger produzieren. In Konkurrenzkulturen wimmelt es von trostbedürftigen Verlierern. Verlust, Ungerechtigkeit und Marginalisierung werden nicht nur als Niederlage, sondern als Versagen, als Indikator eigener Nichtigkeit erfahren. Der allgegenwärtige Gott dagegen repräsentiert eine Fülle des Lebens, in der es keinen Mangel und keine Konkurrenz um knappe Güter geben kann.

Die antitotalitäre und antifanatische Lektion eines Pantheismus nach der Aufklärung besteht auch darin, dass sich ein reifer erwachsener Tröster nicht aufdrängt, wo Menschen Trost ablehnen, Tröster als lästig zurückweisen oder nur in der unverminderten Erfahrung ihres Kummers selber Trost zu finden glauben. Auf Sigmund Freud wurde bereits hingewiesen. Er hat seine Unterscheidung von Trauer und Melancholie so verstanden, dass es für die Melancholie, welche die Kehrseite aller Kultur und die Folgelast der Entsagung ist, keinen echten Trost geben kann, der nicht auf Illusionen aufbaut. Insofern verhält sich das Angebot eines Pantheismus nach der Aufklärung wie die Natur und die Kunst: Sie werden jenen zu Quellen des Trostes, die sich für ihre Schönheiten, ihre Vielfalt und ihre spezifischen Schrecken öffnen.

Pantheismus ist, als Vorliebe für Einheit, auch Temperamentsache, und ob sich der jeweilige Pantheist an Toleranz und Zurückhaltung hält, ist eine offene Frage. Der Buchtitel »Pantheismus nach der Aufklärung« ist demnach nicht überflüssig; gemeint ist nicht nur »aufgeklärter Pantheismus«, sondern auch Pantheismus, der auch gewisse Vorurteile der Aufklärung hinter sich hat, etwa die Erwartung einer »Euthanasie« der Religion bzw. einer besseren Zukunft ohne Religion. Toleranz predigen ist leicht, tolerant sein schwer. Das sollte man sich selber in Erinnerung rufen, wenn man versucht ist, die eigene Auffassung als besonders tolerant und offen zu beschreiben. Auch wenn

---

[112] »Wie hohl und leer ward uns in dieser tristen, atheistischen Halbnacht zumute.« Goethes Eindruck über d'Holbachs »Système de la nature«, zitiert nach Lütgert 1923, Band 1, 82.

einige Formen des Pantheismus gefühlsmäßige und sogar argumentative Ressourcen für Toleranz enthalten, so folgt daraus nicht, dass seine Anhänger diese auch nutzen. Die Kombination einer engagierten Innenansicht mit einer skeptischen oder sogar ironischen Außenansicht ist prekär. Wer möchte schon gerne mit der kognitiven (und affektiven) Dissonanz leben, die darin besteht, sich an eine »Wahrheit« ohne Gewissheit zu klammern! Wäre es nicht ehrlicher, ohne Gewissheiten und ungebrochenes »Urvertrauen« zu leben?

Toleranz in dem soeben skizzierten Sinne hat unmittelbar nichts mit Pantheismus zu tun, sondern mit der Ausübung der Fähigkeit, religiöse und politische Innenansicht und Außenansicht so zu kombinieren, dass ein Gleichgewicht zwischen Anpassung und Selbstbehauptung gefunden wird. Allerdings scheint Pantheismus durch die Erfahrungen der Verfolgung und Diffamierung gewitzigt zu sein. Verfolgte Minderheiten erlebten Toleranz in Amsterdam als Bedingung des Überlebens, und sie können, falls sie später zu Mehrheiten werden, daran erinnert werden: Auch ihr wart Fremde in Amsterdam, aber ihr wurdet nicht misshandelt. Schließlich mag Pantheismus einen bescheidenen Beitrag dazu leisten, Andersdenkende nicht als Gefahr und Konkurrenten für den eigenen Glauben wahrnehmen zu müssen. Diese Dimension einer rationalen Therapie von Neid, Rivalität, Angst, Hass und Revanchismus gegenüber Andersdenkenden ist der moralpsychologische Teil von Spinozas Affektenlehre, der auch als Beitrag zur Toleranz als fortschreitender Differenzverträglichkeit nutzbar gemacht werden kann.[113]

Literatur zur Einleitung und zum ersten Teil

Ansay, Pierre (2011): *Spinoza peut nous sauver la vie. Traité de philosophie pratique*, Bruxelles: couleurs livres.

Attali, Jacques/Bonvicini, Stéphanie (2012): *La consolation*, Paris: naïve.

Bachelard, Gaston (1960): *La poétique de rêverie*, Paris: Quadrige/PUF.

Baier, Karl (2009): *Meditation und Moderne*, 2 Bände, Würzburg: Königshausen & Neumann.

Bayertz, Kurt (2012): *Der aufrechte Gang. Eine Geschichte des anthropologischen Denkens*, München: C. H. Beck.

113 Vgl. Ansay 2011; Macherey 1992; Perler 2011, 415–442.

Benz, Ernst (1987): *Les sources mystiques de la philosophie romantique allemande*, Paris: Vrin [dtsch. OA 1968].
Bergson, Henri (1969): *Schöpferische Entwicklung*, Nobelpreis 1927 Frankreich, Zürich: Coron-Verlag.
Bergson, Henry (2008): *Les deux sources de la morale et de la religion* (1932), Paris: PUF.
Bergson, Henri (2011): *L'intuition philosophique* (1911), Paris: PUF.
Bienenstock, Myriam (1996) (Hrsg.): *Herder: Dieu,* Paris: PUF [kommentierte französische Ausgabe].
Böhme, Jacob (1963/1632): Morgen Röte im auffgang, Görlitz, in: Jacob Böhme: *Die Urschriften*, Erster Band, Stuttgart-Bad Cannstatt: Friedrich Frommann Verlag.
Bollacher, Martin (1969): *Der junge Goethe und Spinoza. Studien zur Geschichte des Spinozismus in der Epoche des Sturms und Drangs*, Tübingen: Max Niemeyer Verlag.
Bollacher, Martin (1994): »Gespräche sind keine Entscheidungen [...]«. Herders Spinoza-Aristeia in Gott. Einige Gespräche, in: *Johann Gottfried Herder: Geschichte und Kultur*, hrsg. von Martin Bollacher, Würzburg: Königshausen & Neumann, 229–238.
Bollacher, Martin (1998): Pantheismus, in: *Goethe-Handbuch.* Band 4/2, hrsg. von Bernd Witte u. a., Stuttgart, Weimar: Metzler, 828–231
Brunner, Emil (1928): *Die Mystik und das Wort*, Tübingen: Mohr [EA 1924, stark veränderte Auflage 1928].
Bruno, Giordano (1977): *Von der Ursache, dem Prinzip und dem Einen*, Hamburg: Felix Meiner [EA 1584].
Bultmann, Christoph (1999): *Die biblische Urgeschichte in der Aufklärung. Johann Gottfried Herders Interpretation der Genesis als Antwort auf die Religionskritik David Humes* (Beiträge zur historischen Theologie Band 110), Tübingen: Mohr Siebeck.
Claudius, Matthias (1991): *Sämtliche Werke*, München: Winkler.
Clayton, Ph./Peacocke, A. (2004) (eds.): *In Whom We Live and Move and Have Our Being. Panentheistic Reflections on God's Presence in a Scientific World*, Cambridge: Eerdman Publishing.
Cohen de Herrera, Abraham (2012): *Le portail des cieux* [*Puerta del Cielo*], Paris: Eclat.
Cohen, Hermann (1919): *Die Religion der Vernunft aus den Quellen des Judentums*, Leipzig: Gustav Fock, Neuausgaben, zuletzt Wiesbaden: marix verlag 2008.
Cordemann, Claas (2010): *Herders christlicher Monismus. Eine Studie zur Grundlegung von Johann Gottfried Herders Christologie und Humanitätsideal*, Tübingen: Mohr Siebeck.
Corti, Walter Robert (2002): *Der Mensch im Werden Gottes*, Bern, Stuttgart, Wien: Verlag Paul Haupt.
Dehrmann, Mark-Georg (2008): *Das Orakel der Deisten. Shaftesbury und die deutsche Aufklärung*, Göttingen: Wallstein Verlag.

Drews, Arthur (1908) (Hrsg.): *Der Monismus, dargestellt in Beiträgen seiner Vertreter,* 2 Bände, Jena: Eugen Diederichs Verlag.
du Prel, Carl (1885): *Die Philosophie der Mystik,* Leipzig: Ernst Günthers Verlag.
Eisler, Rudolf (1910): *Geschichte des Monismus,* Leipzig: Alfred Kröner Verlag.
Emerson, Ralph Waldo (1954): *Die Tagebücher,* ausgewählt von Bliss Perry, Stuttgart: Alfred Kröner.
Emerson, Ralph Waldo (1987): *Repräsentanten der Menschheit. Platon Swedenborg Montaigne Shakespeare Napoleon Goethe* (Bibliothek des positiven Denkens), Zürich: Oesch Verlag.
Emerson, Ralph Waldo (1982): *Natur,* Zürich: Diogenes Verlag.
Emerson, Ralph Waldo (1992): *The Selected Writings of R. W. E.,* ed. by Brooks Atkinson, New York: The Modern Library.
Emerson, Ralph Waldo (1996): *Emerson's Antislavery Writings,* ed. by Len Gougeon & Jeol Myerson, New Haven, London: Yale UP.
Emerson, Ralph Waldo (2001/1861): Natural Religion, in: *The Later Lectures of R. W. Emerson 1843–1871,* vol. 2: 1855–1871, ed. by Ronald A. Bosco & Joel Myerson, Athens, London: The University of Georgia Press, 177–195.
Emerson, Ralph Waldo (2010): *The Collected Works of R. W. E.: Letters and Social Aims,* Cambridge, London: The Belknap Press of Harvard UP.
Espagne, Michael (1992): *Federstriche. Die Konstruktion des Pantheismus in Heines Arbeitshandschriften* (Heine Studien), Hamburg: Hoffmann & Campe, Heinrich Heine Verlag.
Essen, Georg / Danz, Christian (2012) (Hrsg.): *Philosophisch-theologische Streitsachen. Pantheismusstreit. Atheismusstreit. Theismusstreit,* Darmstadt: Wissenschaftliche Buchgesellschaft.
Fénelon (2012): *Fénelon ou le génie meconnu.* Choix de textes présentés par Laurence Devillairs, Paris: Pocket.
Fichte, Johann Gottlieb (1978): *Die Grundzüge des gegenwärtigen Zeitalters,* Zweite Vorlesung (1804/1805), Hamburg: Meiner.
Fink, Kristina (2012): *Die sogenannte ›Kantkrise‹ Heinrich von Kleists. Ein altes Problem aus neuer Sicht,* Würzburg: Königshausen & Neumann.
Flores, Alexander (2011): *Zivilisation oder Barbarei? Der Islam im historischen Kontext,* Berlin: Verlag der Weltreligionen im Inselverlag.
Förster, Eckhart (2011): *Die 25 Jahre der Philosophie. Eine systematische Rekonstruktion,* Frankfurt a. M.: Klostermann.
Forster, Michael N. (o. J.): Herder and Spinoza, httb://philosophy.uchicago.edu/factulty/files/forster/HerSpin.doc
Frauenstädt, Julius (1876): *Neue Briefe über die Schopenhauer'sche Philosophie,* Leipzig: F. W. Brockhaus.
Freudiger, Jürg (1993): Der Pantheismusstreit – eine Bestandsaufnahme, in: *Kriterion* Nr. 5, 39–48.
Glück, Alexander (2012): *Offenheit – Empfänglichkeit. Mystik und Phänomenologie,* Würzburg: Königshausen & Neumann.
Göcke, Benedikt Paul (2012): *Alles in Gott? Zur Aktualität des Panentheismus Karl Christian Friedrich Krauses,* Regensburg: Verlag Friedrich Pustet.

Grün, Klaus-Jürgen (1993): *Das Erwachen der Materie. Studie über die spinozistischen Gehalte der Naturphilosophie Schellings*, Zürich, New York: Olms.

Hampshire, Stuart (2000): *Justice is Conflict*, Princeton: UP.

Harrison, Paul A. (2004): *Elements of Pantheism*, Tamarac: Lumina Press.

Hartmann, Eduard von (1909): *Grundriss der Religionsphilosophie*, Bad Sachsa: Herman Haacke.

Hartmann, Eduard von (1882): *Das religiöse Bewusstsein der Menschheit im Stufengang seiner Entwicklung*, Berlin: Carl Duncker's Verlag.

Hegel, G. W. F. (1970/1801): *Differenz des Fichteschen und Schellingschen Systems der Philosophie …*, in: Hegel: *Werke*, Band 2, Frankfurt a. M.: Suhrkamp.

Hegel, G. W. F. (1970/1807): *Phänomenologie des Geistes* (1807),*Werke*, Band 3, Frankfurt a. M.: Suhrkamp.

Heidegger, Martin (1954): *Was heisst denken?* Tübingen: Niemeyer.

Heine, Heinrich (1996/1834): *Religion und Philosophie in Deutschland, zweites Buch*, (1. Aufl. 1834, 2. Aufl. 1952), in: *Sämtliche Schriften*, Band 3, hrsg. von Klaus Briegleb, München: dtv.

Hellenbach, L. B.(1887): *Der Individualismus im Lichte der Biologie und Philosophie der Gegenwart*, 2. Auflage, Leipzig: Verlag von Oswald Mutze.

Herder, Johann Gottfried von (1787): *Gott – einige Gespräche über Spinoza's System nebst Shaftesbury's Naturhymnus*, Gotha bei Karl Wilhelm Ettinger 1787, Vorrede. Volltext auf httb://www.philos-website.de/autoren/herder_g.htm.

Herder, Johann Gottfried von (1953): *Werke in zwei Bänden*, Band I, hrsg. von Karl-Gustav Gerold, München, Wien: Carl Hanser Verlag.

Herder, Johann Gottfried von (1987): *Werke*, Band II: *Herder und die Anthropologie der Aufklärung*, hrsg. von Wolfgang Pross.

Herschel, Abraham (2000): *Gott sucht den Menschen. Eine Philosophie des Judentums*, Berlin: Jüdische Verlagsanstalt.

Hick, John (1990): *A John Hick Reader*, ed by Paul Badham, Houndmills, Basingstoke, Hampshire, London: Macmillan.

Hofmann, Peter (2001): *Goethes Theologie*, Paderborn: Ferdinand Schöningh.

Jacob, Margaret C. (2004): *La pensée radicale au siècle des lumières: panthéistes, francs-maçons et républicains*, Orléans: A l'Orient.

Jacobs, Wilhelm G. (2012): Schellings Konzeption des Absoluten in Absetzung von Fichte. Zum Dialog »Bruno«, in: *»Der Anfang und das Ende der Philosophie ist – Freiheit! Schellings Philosophie in der Sicht der neueren Forschung*, hrsg. von Friedrich Hermanni/Dietmar Koch/Julia Peterson, Tübingen: Attempto Verlag, 148–168.

Jäsche, Gottlieb Benjamin (1832): *Der Pantheismus nach seinen verschiedenen Hauptformen, seinem Ursprung und Fortgange, seinem speculativen und praktischen Werth und Gehalt*, 3 Bände, Band 3: *Allheit und Absolutheit oder die alte kosmotheistische Lehre des Henkai Pan in ihren modernen idealistischen Hauptformen und Ausbildungsweisen*, Berlin: G. Reimer.

Jeske, Michael (2012): *»Sensualistischer Pantheismus«. Seine heuristische Bedeutung im Werk Ludwig Feuerbachs*, Frankfurt a. M. usw.: Peter Lang.

Kaiser, Gerhard/Mathys, Hans-Peter (2010): *Das Buch Hiob. Dichtung als Theologie*, Berlin: Verlag der Weltreligionen im Insel Verlag.

Kämpchen, Martin (2011) (Hrsg.): *Die schönsten Gebete des Hinduismus*, Freiburg, Basel, Wien: Herder.

Kaiser, Gerhard/Mathys, Hans-Peter (2010): Das Buch Hiob. Dichtung als Theologie, Berlin: Insel Verlag.

Kant, Immanuel (1766): *Träume eines Geistersehers, erläutert durch Träume der Metaphysik*, Königsberg bei Johann Jacob Kanter.

Kleist, Heinrich von (1995): *Werke und Briefe*, Band 4: *Briefe*, 4. Auflage, Berlin: Aufbau-Verlag.

Koslowski, Peter (1993): *Gnosis und Theodizee. Eine Studie über den leidenden Gott des Gnostizismus*, Wien: Passagen Verlag.

Koslowski, Peter/Hermanni, Friedrich (2001) (Hrsg.): *Der leidende Gott. Eine philosophische und theologische Kritik*, München: Wilhelm Fink Verlag.

Kumlehn, Martin (2009): *Gott zur Sprache bringen. Studien zum Predigtverständnis Johann Gottfried Herders im Kontext seiner philosophischen Anthropologie*, Tübingen: Mohr Siebeck.

La Sala, Beate (2012): *Hermann Cohens Spinoza-Rezeption*, Freiburg, München: Alber.

Leese, Kurt (1954): *Recht und Grenzen der natürlichen Religion*, Zürich: Morgarten Verlag.

Levine, Michael P. (1994): *Pantheism. A non-theistic concept of deity*, London, New York: Routledge.

Lichtenberg, Georg Christoph (1983/1779–1788): Sudelbücher, in: *Schriften und Briefe*, Erster Band, hrsg. von Franz H. Mautner., Frankfurt a. M.: Insel Verlag.

Lind, Emil (1964): *Die Universalmenschen Goethe und Schweitzer. Parallelen zwischen Weimar und Lambarene*, Neustadt/Weinstr.: Pfälzische Verlagsanstalt.

Lindner, Herbert (1960): *Das Problem des Spinozismus im Schaffen Goethes und Herders*, Weimar: Arion Verlag.

Loichinger, Alexander/Kreiner, Armin (2010): *Theodizee in den Weltreligionen. Ein Studienbuch*, Paderborn: Schöningh UTB.

Lütgert, W. (1923): *Die Religion des deutschen Idealismus und ihr Ende*, 4 Bände, Gütersloh.

Macherey, Pierre (1992): *Avec Spinoza. Études sur la doctrine et l'histoire du spinozisme*, Paris: PUF.

MacIntyre, Alasdair (1999): *Dependent Rational Animals. Why Human Beeings Need the Virtues*, London: Duckworth [dtsch.: *Die Anerkennung der Abhängigkeit. Über menschliche Tugenden*, Hamburg: Rotbuch Verlag 2001].

Maimon, Salomon (1790): *Versuch über die Transzendentalphilosophie*, Berlin bei Christian Friedrich Voss und Sohn.

Mainländer, Philipp (1876): *Philosophie der Erlösung*, Erster Band, Berlin: Verlag von Theobald Grieben, mit einem Vorwort zur Neuausgabe von Winfried H. Müller-Seyfarth, Hildesheim, Zürich, New York: Olms Verlag 1996.

Maret, H. (1840): *Essai sur le panthéisme dans les sociétés modernes*, Paris: Debécourt.

Maurina, Zenta (1963): *Welteinheit und die Aufgabe des Einzelnen. Essays*, Memmingen: Maximilian Dietrich Verlag.

Mauthner, Fritz (2011/1920–1923): *Der Atheismus und seine Geschichte im Abendland*, vier Bände, Stuttgart: Deutsche Verlagsanstalt 1920–1923, Neuauflage Aschaffenburg: Alibri Verlag 2011.

Meier-Hamidi, Frank/Müller, Klaus (2010) (Hrsg.): *Persönlich und alles zugleich. Theorien der All-Einheit und christliche Gottesrede*, Regensburg: Verlag Friedrich Pustet.

Miles, Jack (1996): *Gott. Eine Biographie*, München: Hanser.

Nietzsche, Fr. W. (1980): *Sämtliche Werke. Kritische Studienausgabe*, München: dtv.

Nigg, Walter (1949): *Das Buch der Ketzer*, Zürich: Artemis Verlag.

Niggl, Günter (2010): *»In allen Elementen Gottes Gegenwart«. Religion in Goethes Dichtung*, Darmstadt: Wissenschaftliche Buchgesellschaft.

Nitz, Timo (2012): *Absolutes Identitätssystem. Eine Einführung in die Identitätsphilosophie Schellings*, Marburg: Tectum Verlag.

Novalis (1981): *Werke in einem Band*, München, Wien: Hanser.

Nussbaum, Martha (2010): *Not For Profit. Why Democracy Needs the Humanities*, Princeton: UP.

Nussbaum, Martha (2012): *The New Religious Intolerance. Overcoming the Politics of Fear in an Anxious Age*, Cambridge, London: The Belknap of Harvard UP.

Oepke, Albrecht (1928): *Karl Barth und die Mystik*, Leipzig: Verlag von Dörffling & Franke.

Perler, Dominik (2011): *Transformationen der Gefühle. Philosophische Emotionstheorien 1270–1670*, Frankfurt a. M.: Fischer.

Plattig, Michael/Stolina, Ralf (2012) (Hrsg.): *Trosterkundungen. Philosophische, psychologische und theologische Zugänge*, Ostfildern: Grünewald Verlag.

Rauer, Constantin (2007): *Wahn und Wahrheit. Kants Auseinandersetzung mit dem Irrationalen*, Berlin: Akademie Verlag.

Richardson, Robert D., jr. (1999): Emerson and Nature, in: *The Cambridge Companion to Ralph Waldo Emerson*, ed. by Joel Porte and Saundra Morris, Cambridge: UP, 97–105.

Rohls, Jan (2005): Herders »Gott«, in: *Johann Gottfried Herder. Aspekte seines Lebenswerkes*, hrsg. von Martin Kessler und Volker Leppin, Berlin, New York: de Gruyter, 271–291.

Romang, Johann Peter (1848): *Der neueste Pantheismus oder die junghegelsche Weltanschauung nach ihren theoretischen Grundlagen und praktischen Consequenzen*, Bern: Stämpflische Verlagsbuchhandlung, Zürich: Friedrich Schulthess.

Rowe, Nancy Mangano (2003): Listening through the body, in: *The Wisdom of Listening*, ed. by Mark Brady, Boston: Wisdom Publication.

Russell, Sharman Apt (2009): *Standing in the Light: My Life as a Pantheist*, New York: Basic Books.

Schelling, Fr. W. J. (1967): *Schriften von 1794–1798*, Stuttgart, Augsburg: Cotta 1856/7, Nachdruck Darmstadt 1967.

Schelling, Fr. W. J. (2005/1802): *Bruno oder über das göttliche und natürliche Prinzip der Dinge. Ein Gespräch*, Berlin: Unger 1802, Hamburg: Meiner 2005.

Schleiermacher, F. D. E. (2003/1799): *Über die Religion. Reden an die Gebildeten unter ihren Verächtern*, Berlin bei Johann Friedrich Unger 1799, Neuausgabe Stuttgart: Reclam 2003.

Schleiermacher, F. D. E. (2012): *Über die Religion. Reden an die Gebildeten unter ihren Verächtern* 1799, hrsg. von Niklaus Peter, Frank Bestrebreurtje und Anna Büsching, Zürich: Theologischer Verlag.

Schmidt, Eva (1956) (Hrsg.): *Herder im geistlichen Amt. Untersuchungen, Quellen, Dokumente*, Leipzig: Köhler & Amelang.

Scholem, Gershom (1980): *Die jüdische Mystik in ihren Hauptströmungen*, Frankfurt a. M.: Suhrkamp [englische EA 1941; dtsch. EA 1957].

Scholz, Heinrich (1916) (Hrsg.): *Die Hauptschriften zum Pantheismusstreit zwischen Jacobi und Mendelssohn*, Berlin: Verlag von Reuther & Reichard.

Schopenhauer, Arthur (1972/1844): *Die Welt als Wille und Vorstellung*, Zweiter Band, Kapitel 18, in: Schopenhauer: *Sämtliche Werke*, hrsg. von Arthur Hübscher, Band 3, Wiesbaden: F. W. Brockhaus.

Schopenhauer, Arthur (1977/1851): *Parerga und Paralipomena [= Zürcher Ausgabe. Werke in zehn Bänden]*, Zürich: Diogenes.

Schöpflin, Karin (2011): *Die Bibel in der Weltliteratur*, Tübingen: Mohr Siebeck UTB.

Schulze, Gottlob Ernst (1792): *Aenesidemus oder über die Fundamente der von dem Prof. Reinhold in Jena gelieferten Elementar-Philosophie. Nebst einer Vertheidigung des Skeptizismus gegen die Anmassungen der Vernunftkritik*, ohne Orts- und Verlagsangabe. Neuausgabe Hamburg: Meiner 1996.

Schuré, Eduard (2010/1889): *Die grossen Eingeweihten*, Neuübersetzung aus dem Französischen von Dr. Edith Zorn, Grafing: Aquamarin Verlag 2010 [franz. OA 1889].

Schweitzer, Albert (1960/1923): *Kulturphilosophie*, Neuauflage München: Beck 1960.

Simmel, Georg (1902): Vom Pantheismus. Aus: *Das freie Wort*, wieder abgedruckt in Simmel: *Gesamtausgabe*, hrsg. von Otthein Rammstedt, Band 7, *Aufsätze und Abhandlungen 1901–1908*, Band 1, Frankfurt a. M.: Suhrkamp 1995, 84–91.

Sparn, Walter (2012): Die Opposition gegen den Pantheismus in der protestantischen Theologie des 19. und frühen 20. Jahrhunderts, in: *Religion aus den Quellen der Vernunft*, hrsg. von Hans Martin Dober und Matthias Morgenstern (Religion in Philosophie und Theologie Band 65) Tübingen: Mohr Siebeck, 69–85.

Spinoza, Baruch de (1977): *Briefwechsel*, Hamburg: Meiner.

Spinoza, Baruch de (1999/1677): *Ethica*, Amsterdam 1677; *Ethik in geometrischer Ordnung dargestellt*, lateinisch-deutsch, Hamburg: Meiner 1999.

Steiner, Rudolf (1995/1902): *Das Christentum als mystische Tatsache*, unveränderter Nachdruck der ersten Auflage von 1902, Dornach/Schweiz: Rudolf Steiner Verlag 1995.

Steiner, Rudolf (1998/1908): *Pfingsten – das Fest der freien Individualität*, Dornach/ Schweiz: Rudolf Steiner Verlag 1998.

Swedenborg, Emanuel (2012/1758): *Himmel und Hölle*, hrsg. und umfangreich kommentiert von Hans-J. Hube, Wiesbaden: marixverlag, 2. Auflage 2012 [OA 1758].

Tagore, Rabindranath (2004): *The Religion of Man,* foreword by Philip Novak, Rinebeck, New York: Monkfish Book Publishing Company [Hibbert Lecture 1930, EA 1931].

Thomson, Ann (2003): Existe-t-il un républicanisme panthéiste au XVIIIème siècle? in: *E-rea* 1.2: La République et l'idée républicaine en Grande Bretagne (http://erera.revues.org/266).

Timm, Hermann (1974): *Gott und die Freiheit. Studien zur Religionsphilosophie der Goethezeit.* Band 1: *Die Spinozarenaissance,* Frankfurt a. M.: Klostermann.

Timm, Hermann (1978): *Die heilige Revolution. Schleiermacher – Novalis – Friedrich Schlegel,* Frankfurt a. M.: Syndikat.

Toll, Charles Hansen (1910): Die erste Antinomie Kants und der Pantheismus, in: *Kant-Studien,* Ergänzungsheft Nr. 18.

Wand, Christoph (2007): *Zeit und Alleinheit. Ein spekulativer Entwurf zur Vermittlung von Theologie und Physik im Anschluss an die Analyse von Zeit bei Carl Friedrich von Weizsäcker,* Münster: LIT-Verlag.

Waterlot, Ghislain (2012): *Les enjeux de la mystique chez Bergson: entre philosophie, politique et théologie,* Paris: Honoré Champion.

Welsch, Wolfgang (2012): *Blickwechsel. Neue Wege der Ästhetik,* Stuttgart: Reclam.

White, Morton (1972): *Science & Sentiment in America. Philosophical Thought from Jonathan Edwards to John Dewey,* New York: Oxford UP.

Wils, Jean-Pierre (2006): *Nachsicht. Studien zu einer ethisch-hermeneutischen Basiskategorie,* Paderborn, München, Wien, Zürich: Ferdinand Schöningh.

Wolf, Jean-Claude (2006): *Eduard von Hartmann. Ein Philosoph der Gründerzeit,* Würzburg: Königshausen & Neuman.

Wolf, Jean-Claude (2011): Human Non-Freedom and Disillusionment, in: *Spinoza's Ethics. A Collective Commentary,* edited by Michael Hampe, Ursula Renz & Robert Schnepf, Leiden, Boston: Brill, 193–209.

Wolf, Susan (2010): *Meaning in Life and Why It Matters,* Princeton: UP.

Wolff, Christian (1981/1744): *Baruch von Spinoza: Sittenlehre/ Christan Wolff: B. v. S. Sittenlehre widerlegt von dem berühmten Weltweisen unserer Zeit Herrn Christian Wolff,* Frankfurt und Leipzig 1744, Nachdruck Hildesheim: Olms 1981.

Wulf, Jan-Hendrik (2012): *Spinoza in der jüdischen Aufklärung,* Berlin: Akademie Verlag.

Yasukata, Toshimasa (2002): *Lessing's Philosophy of Religion and the German Enlightenment. Lessing on Christianity and Reason,* Oxford: UP.

Yogananda, Paramhansa (2012): *Autobiographie,* Emmendingen: Hans-Nietsch-Verlag [OA »Autobiography of a Yogy« 1946].

Zander, Helmut (2011): *Rudolf Steiner. Eine Biographie,* 2. Aufl., München: Piper Verlag.

Zeller, Eduard (1875): *Geschichte der deutschen Philosophie seit Leibniz,* 2. Aufl., München: Druck und Verlag von R. Oldenbourg.

Zweiter Teil
Hegels Diagnose des unglücklichen Bewusstseins als unbewusster Pantheismus

2.1 Vorbemerkungen

Hegels bekanntes Kapitel über das unglückliche Bewusstsein in der *Phänomenologie des Geistes* lässt sich als Charakterisierung eines unbewussten Pantheismus interpretieren. Das unglückliche Bewusstsein gleicht der Person, welche vor einer vermeintlich verschlossenen Türe stehen bleibt, obwohl sie wissen könnte, dass die Türe unverschlossen ist. Sie ist der Freiheit nahe und ergreift sie nicht. Sie wartet auf eine Erlösung von außen, ohne selber den entscheidenden Schritt zu tun. Zur Bestätigung dieser Interpretation frommer Passivität lassen sich die konkreten Hinweise und anschaulichen Beispiele (Andacht, Glockengeläut, musikalisches Denken, Grab, Danken, Dreifaltigkeit, Buße) im Wortlaut von Hegels Text nutzen. Pantheismus ist eine mögliche (und nicht die schlechteste) Hintergrundannahme, um Hegels Texte besser zu verstehen (oder weniger misszuverstehen). Diese Lesart wird mit weiteren Hegel-Texten und mit neueren Kommentaren sowie mit der atheistischen Deutung (oder Parodie) von Bruno Bauer verglichen. Hegel selber stand dem Pantheismus der Naturreligionen und dem Spinozismus kritisch gegenüber, doch in seinen Frühschriften ist – im Einflussbereich von Hölderlin und Schelling – eine Wendung zu pantheistischen Visionen zu verzeichnen.[1] In seinem ganzen Werk finden sich Elemente eines spekulativen Pantheismus.

Wer Berührungsängste mit der Theologie hat und wem eine theologisierende Philosophie peinlich ist, der kann versuchen, Hegel als reinen Denker zu lesen, der *Theologumena* nur als Anspielungen und Illustrationen verwendet und dem es letztlich um etwas anderes geht, was für Theologen und Nicht-Theologen gleichermaßen interessant und wichtig ist, z. B. um eine Theorie der begrifflichen Entwicklung

[1] Vgl. Dilthey 1925, 36 ff.; Franz 2012.

des Bewusstseins, eine kognitive Psychologie *avant la lettre* oder um eine Wissenssoziologie *avant la lettre*. Eine andere Möglichkeit der Enttheologisierung besteht darin, Hegels frühe Neigungen zu einem antiklerikalen Pantheismus ernst zu nehmen. Es ist nicht offensichtlich, dass Hegels Pantheismus auf eine christliche Dogmatik hinausläuft; es gibt sogar Grund zur Annahme, dass sein Denken die theologische Dogmatik eher sprengt als bestätigt. Schon in den theologischen Frühschriften macht sich eine deutliche Abgrenzung von jüdischer und christlicher Religion bemerkbar, die sich auch in seiner Bewunderung für die griechische Religion indirekt ausdrückt. Dilthey paraphrasiert die Stoßrichtung der Kritik am Judentum folgendermaßen:

> »Der durchgreifendste Unterschied aber besteht zwischen der Transzendenz des jüdischen Gottes, seiner Fremdheit von den Bezügen der Natur, und der Verwandtschaft der griechischen Götter mit dem Walten der Naturkräfte und vor allem mit den Menschen. Diese Gleichheit des menschlichen und göttlichen Lebens findet ihren tiefsten Ausdruck in den Mysterien.«[2]

Gleichwohl gibt es für Hegel kein Zurück zu den Griechen, die Setzung eines transzendenten Gottes gegenüber den Naturgottheiten ist ein relativer Fortschritt; der Gang der Geschichte ist irreversibel, und das unglückliche Bewusstsein enthält einen Fortschritt gegenüber den früheren Stadien des Stoizismus und Skeptizismus. Wie die schöne Seele ist auch das unglückliche Bewusstsein in seiner historisch späten Gestalt geprägt von den Widersprüchen der zugleich nachrevolutionären und restaurativen Epoche. Überdies wird es auch dem Mittelalter zugeordnet. Eine mögliche Entwicklung der Religionsphilosophie führt durch das Christentum und über das Christentum hinaus, nämlich zu einem postchristlichen Pantheismus, wie er im letzten Drittel des 19. Jahrhunderts von Eduard von Hartmann und seinem Schüler Arthur Drews ausgearbeitet wurde. Hartmann ist einer der konsequentesten epigonalen Systematiker von Hegels Religion des Geistes.

In ihrer strikten Weigerung, erbaulich oder apologetisch zu sein, gleicht Hegels Theologie eher einem Laboratorium für philosophische Denkmodelle als einer kirchlichen Dogmatik. Hegels Panlogismus lässt sich nicht ohne Gewalt für eine christliche Dogmatik instrumentalisieren, enthält sie doch eine permanente Negation von Denkformen der

[2] Dilthey 1925, 67.

Jenseitigkeit oder Transzendenz und eine stetige Rückkehr zu einer rein immanenten Deutung des absoluten Wissens und des Weltgeistes. Wilhelm Dilthey und sein Schüler Hermann Nohl, der 1907 die theologischen Frühschriften Hegels erstmals editierte, haben die Herkunft Hegels aus dem schwäbischen Pietismus belegt und betont, doch wird die pietistische Frömmigkeit von Hegel distanziert und sarkastisch geschildert; man findet im Abschnitt über das unglückliche Bewusstsein Elemente von Parodie und Blasphemie, welche insbesondere die christlich-pietistische Frömmigkeitskultur hinter sich lassen und *de facto* Impulse für die antichristliche Polemik aus dem Dunstkreis der sog. Junghegelianer oder Linkshegelianer gaben, also bei Autoren wie Ludwig Feuerbach, Arnold Ruge, Bruno Bauer, Max Stirner, Michael Bakunin, Friedrich Engels und Karl Marx. Obwohl Hegel als Denker der großen Institutionen Staat und Kirche über die individuelle und familiäre Frömmigkeit stellt, führt seine philosophische Theologie in die Richtung eines Pantheismus, welcher die Grundbegriffe und Grunddichotomien der christlichen Dogmatik und die von Schleiermacher, Jacobi u. a. gepriesenen religiösen Gefühle distanziert betrachtet. Der spekulative Pantheismus Hegels ist die Antwort der Versöhnung und Vermittlung der Spannungen des unglücklichen Bewusstseins; er ist die Auflösung im spekulativen Denken, die Søren Kierkegaard in der *Abschliessenden unwissenschaftlichen Nachschrift zu den Philosophischen Brocken* so heftig attackiert. Kierkegaards Option ist ein Rückzug auf die Verzweiflung der Subjektivität, die sich – in der Hoffnung auf eine ewige Seligkeit – des Humors als Inkognito bedient.

Wenn wir heute Hegel im Lichte eines Pantheismus lesen, hat das eine völlig andere Bedeutung als zu Hegels Lebzeiten. Er wurde bereits 1823 von Friedrich August Gottreu Tholuck (1799–1877)[3] anonym des Pantheismus bezichtigt; er hat dazu in der Vorrede zur zweiten Auflage der *Enzyklopädie der philosophischen Wissenschaften*[4] Stellung genommen. Der gleiche Vorwurf wurde 1829 in einem anonymen Pam-

[3] Zu Tholuck vgl. Hegel, *Werke* 8, 19; 10, 388. Vgl. Busch 2001. Tholuck war ein neupietistisch Erweckter und Gelehrter. Zum Ärger Hegels lehnte er die Trinität als scholastische Erfindung ab. (Vgl. Brief von Hegel an Tholuck vom 3. Juli 1826, in: *Briefe* IV 28 f.) Hegels Christologie und Trinitätsspekulation ist jedoch nicht theologische Christologie oder Messianologie. Hegel geht es um eine Darlegung dessen, was er bei Jesus Christus philosophisch begriffen hat. Das schließt nicht aus, dass Hegel die spätere theologische Christologie inspiriert hat. Vgl. Küng 1989/1970.

[4] Vgl. Hegel, § 573 = *Werke* 10, 381–393.

phlet *Über die Hegelsche Lehre, oder: absolutes Wissen und moderner Pantheismus* erhoben; Hegel hat in den *Jahrbüchern für wissenschaftliche Kritik*[5] darauf geantwortet. Die Charakterisierung findet sich auch in Schellings boshafter, aber hellsichtigen Hegel-Kritik[6].

Hegel lässt sich nicht in den optimistischen Grundstrom einer Naturfrömmigkeit einordnen, wie sie über den Einfluss von Shaftesbury bei Herder und Goethe vertreten wird. Die Anlehnung an die Maxime »Deus sive natura« oder gar an eine gefühlsselige Naturschwärmerei liegt Hegel fern. Sein »Pantheismus« gehört in die Geistphilosophie; er knüpft an platonische, neuplatonische, christliche und stoische Auffassungen vom »Nous Spermatikos« bzw. vom »Logos« als Anfang und Ende an. Der schöpferische Weltgeist verhält sich zur Natur als zum »Anderen der Vernunft«; es gibt keinen kontinuierlichen oder evolutionären »Aufstieg« von der Natur zum Geist. Natur ist nur teilweise erkennbar, als Entfernung und Entfremdung vom Geist.

Es gibt zwei Gründe, warum sich Hegel gegen das Etikett ›Pantheismus‹ wehrt. Einerseits war die Bezeichnung meist *odium, pudendum,* pejorative Fremdbezeichnung – es hat kaum jemand Wert darauf gelegt, sich selber als Pantheisten zu bezeichnen und zum Pantheismus zu bekennen. Sich selber so zu bezeichnen hieß, den sozialen Tod zu wählen. Pantheismus war kein neutrales Etikett, sondern eine Beschimpfung, die meist mit der Beschimpfung des Atheismus kombiniert war. Friedrich der Große mochte sich als Freigeist und Atheist bezeichnen; selbst er hat es nicht konsequent getan, und wenn er es tat, so hat er damit ein Privileg des aufgeklärten Despoten ausgespielt. *Quod licet Jovis non licet bovis.* Wer sich als Atheist bezeichnete, machte sich – in der Rolle eines Universitäts- und Kirchenlehrers – öffentlich unmöglich. Wie die Dokumentationen der Brüder Bruno und Edgar Bauer aus der Periode des Vormärz belegen, war ein öffentliches Bekenntnis zum Pantheismus oder Atheismus auch nach Hegels Tod mit dem Entzug der *venia legendi* und mit dem »bürgerlichen Tod« verbunden. So wie sich heute kaum ein Professor öffentlich zur Pädophilie oder zum Terrorismus bekennen wird, mochte sich Hegel damals nicht zum Pantheismus bekennen, obwohl er bereits in seinen theologischen Frühschriften wenn auch nicht dem Namen, so doch der Sache nach einen Pantheismus vertrat. Die scheinbar frivolen Verglei-

---

[5] Hegel, *Werke* 11, 390–466.

[6] Vgl. Schelling 1833/1834, in: Schelling 1985, Band 4, 575 ff.

che hinken nicht, werden doch auch heute Bekenntnisse zur Pädophilie oder zum Terrorismus als ordnungspolitische Attacken wahrgenommen. Der Ausdruck ›Pantheismus‹ oder ›Spinozismus‹ war bereits vor und während der Periode des Pantheismusstreites so stigmatisierend, dass Lichtenberg nur in seinen unveröffentlichten Notizen und unzensierten Gedanken schrieb:

»Wenn die Welt noch eine unzählbare Zahl von Jahren steht, so wird die Universalreligion geläuterter Spinozismus sein. Sich selbst überlassene Vernunft führt auf nichts andres hinaus, und es ist unmöglich, dass sie auf etwas andres hinausführt.«[7]

Er fand es also selbst im Kontext einer privaten Notiz notwendig, in Anspielung auf Moses Mendelssohn den Zusatz »geläutert« hinzuzufügen, um dem Wort ›Spinozismus‹ *qua* ›Pantheismus‹ sein Odium zu nehmen. (Der Ausdruck ›geläuterter Spinozismus‹ hat einen ähnlichen beschwichtigenden Effekt wie der Topos des tugendhaften Spinoza.)

Andererseits wurde Pantheismus oft als Gleichsetzung von Gott und Mensch verstanden bzw. missverstanden; die Identität von Gott und Mensch wurde

»[…] zur abstrakten geistlosen Identität […], in welcher hiermit der Unterschied nicht vorhanden, sondern *alles eins*, unter anderem auch das Gute und Böse einerley sei.«[8]

Das ist der zweite Grund, weshalb Hegel dem Etikett ›Pantheismus‹ nichts abgewinnen kann. Er wehrt sich gegen die Unterstellung eines Pantheismus, der Identität als Einerleiheit oder unstrukturierte Einheit versteht, als Nacht, in der alle Kühe schwarz sind.[9] Die Gefahren eines missverstandenen Pantheismus sieht Hegel 1.) in der Annahme von Gott als Eines (statt Einer), d. h. in einer Substanz ohne Subjektivität bzw. ohne Bewusstsein[10], 2.) im sog. Akosmismus[11], im Verschwinden aller Einzelheiten der Welt in Gott, und 3.) im Atheismus als Folge der Verendlichung, Verzeitlichung und Verkleinerung Gottes.

---

7 Lichtenberg 1779–1788/1983, 342 = I/783.
8 Hegel, *Werke* 8, 18 = Vorrede zur zweiten Auflage der *Enzyklopädie der Wissenschaften.*
9 Vgl. Hegel, *Werke* 3, 22.
10 Vgl. Hegel, *Werke* 17, 51 und 498.
11 Vgl. Hegel, *Werke* 8, 134 = *Enzyklopädie der Wissenschaften,* § 50.

Die Gefahr des Akosmismus entsteht daraus, dass die Identität von Gott und Welt als abstrakte, unstrukturierte, konfliktfreie Identität verstanden wird. Das Problem liegt nicht so sehr in der angenommenen Identität von Gott und Universum, sondern vielmehr in der Auffassung von ›identisch‹ als ›einerlei‹ und ›statisch‹. Die dem Akosmismus entgegengesetzte Gefahr »des« Pantheismus ist der Atheismus, das Verschwinden bzw. die Zersplitterung Gottes in der Welt, in jeder Einzelheit seiend als Gott.[12] Die Pointe eines Hegelschen Pantheismus liegt darin, dass die Identität von Gott und Mensch als eine Einheit verstanden wird, welche, wie sich Hegel im Systemfragment von 1800 ausdrückte, »die Verbindung der Verbindung und der Nichtverbindung [sei]«[13] Es ist eine in sich strukturierte und bewegte Identität, welche sowohl die Einheit als auch die Differenz von Gott und Mensch umgreift.[14] Sie bezeichnet eher die Konstanz einer Relation als die Konstanz der Relate. Wenn Dilthey und Nohl von Hegels Pantheismus sprechen, haben sie diesen entwicklungsgeschichtlichen Pantheismus vor Augen, welcher die Identität der Identität und Differenz von Gott und Mensch dynamisch begreift. Konkrete Identität bezeichnet einen Prozess der Versöhnung von Endlichem und Unendlichem, die als bloße Momente eines Umfassenden degradiert und zugleich erinnert und aufbewahrt werden.

Auch wenn Hegel den Ausdruck ›Pantheismus‹ verschmäht[15], so ist er *de facto* Pantheist. Dieser Pantheismus wird von Kritikern und Anhängern Hegels auch als Vorstufe zum Atheismus betrachtet, doch so weit muss man nicht gehen. Aus Pantheismus folgt nicht notwendigerweise Atheismus, wie das Friedrich Heinrich Jacobi und die bereits genannten Autoren von Feuerbach bis Marx fälschlich suggerieren, nach dem Denkschema *tertium non datur*. Pantheismus kann sich als »dritte Option« behaupten, sei es auch nur als *Aperçu* und vage Vision,

---

[12] Vgl. Hegel, *Werke* 17, 494.

[13] Hegel in Nohl 1991/1907, 348.

[14] Vgl. Jonkers 2006, 345.

[15] Hegel zum Pantheismus: die Religion der geistigen Wahrnehmung *Werke* 3, 507; 510; der spinozistische Pantheismus *Werke* 5, 85; der abstrakte Pantheismus der Eleaten a.a.O., 85; Identitätssystem, diese abstrakte Identität ist das Wesen des Pantheismus a.a.O., 85; Vorwurf des Atheismus und Pantheismus an die Philosophie *Werke* 10, 380f. – Über die Hegelsche Lehre oder absolutes Wissen und moderner Pantheismus *Werke* 11 390–366. Weiter Stellen (u.a. über den Pantheismus der Inder, den Pantheismus in der Kunst) in *Werke* 20 = Register von Helmut Reinicke.

als Flucht in die Anti-Philosophie (wie bei Goethe) oder als »dialektischer Höhenflug«.

Hegels Pantheismus – ich nenne ihn Pantheismus* – ist schwer zu definieren. Er unterscheidet sich vom Pantheismus, der Gott als Summe aller Dinge betrachtet und damit nicht über den schlechten Begriff des Endlosen hinauskommt. Man könnte auch sagen, dass Pantheismus* den wahrhaften Begriff des Unendlichen bezeichne.[16] Gottes Allgegenwart wird dadurch verdeutlicht, dass er sich wesentlich auf seine Schöpfung und auf das Endliche bezieht. Die Schöpfung und die Menschwerdung Christi sind keine »Zufälle« und keine Willkürakte Gottes. Besonders deutlich wird das durch Hegels Bezugnahme auf die Trinität und die Christologie. Gott muss seinem Wesen nach einen Sohn zeugen und eine Welt erschaffen, und im Endlichen ist auch das Unendliche als die Negation des Negativen angelegt, und zwar als Rückkehr zu Gott.

Dieser dynamische (auf das schöpferische und trinitarische Geschehen ausgeweitete) und konkrete (die Einfachheit der Substanz und die Vielfalt des Selbstbewusstseins vereinigende) Pantheismus* unterscheidet sich vom Klischee des Spinozismus, gegen das sich die Polemik von Jacobi und die Abgrenzung von Hegel richtet.[17]

R. K. Williamson charakterisiert Hegels Variante des Pantheismus als »Panentheismus« (Karl Christian Friedrich Krause), der besagt, dass alles in Gott existiert, Gott selber aber mehr ist als das Universum, nämlich dessen Grund. Diese Definition mag zwar gegen den Vorwurf des Atheismus immun sein, aber nicht gegen den Vorwurf des Akosmismus, der Parallelen hat zu Hegels Polemik gegen Schellings Identitätssystem, welches (aus Hegels Sicht) Einheit und Identität abstrakt, nämlich als Indifferenz verstehe. Diese Kritik an Schelling wird dessen Identitätskonzeption kaum gerecht.[18] Es scheint vielmehr so zu sein, dass er Gedanken, die er in der Jenaer Zeit gemeinsam mit Schelling erarbeitet und vertreten hat, weiter entwickelt und verfeinert. Wenn Gott »Eins und Alles« ist, dann gibt es nicht nur keinen extramunda-

---

[16] Vgl. Hegel, *Werke* 8, 198–203 = *Enzyklopädie der philosophischen Wissenschaften*, §§93 ff.

[17] Zur Diskussion vgl. Hegel 1966/1930, 129–135 = *Werke* 17, 487–501; Jaeschke 2000, 472–478; Lauer 1982, 243–282; Williamson 1984, Part III: Ambiguity of Hegels God: Systematic Investigation.

[18] Vgl. Brachtendorf 2012.

nen Gott, es gibt vor allem keine Welt »außer« Gott. Doch diese Formulierungen mit den Begriffspaaren »innen« und »außen«, »Diesseits« und »Jenseits«, »Immanenz« und »Transzendenz« (mit ihren unausrottbaren räumlichen Konnotationen) stiften Verwirrung und sind kein Ersatz für einen spekulativen Begriff von Identität. Wäre Gott »außerhalb« der Welt, so wäre die Vorstellung eines »Raumes außerhalb des Raumes«, eines vom physikalischen Raum abgeschiedenen *chorismos* unvermeidbar. Gottes Nähe ist die von Gott gewollte Nähe der Beziehung zu seiner Schöpfung, keine Nähe der messbaren Distanz. »Nah ist, aber schwer zu fassen der Gott.« (Hölderlin)

2.2 Das unglückliche Bewusstsein als unbewusster Pantheismus

Hegels Kapitel enthält eine versteckte Theologie, und es wird etwas verständlicher, wenn man es als Skizze einer pantheistischen Theologie liest. Versteckt ist diese Theologie insofern, als der Text eher den Eindruck erweckt, eine Etappe der Entwicklungsgeschichte des menschlichen Bewusstseins zu beschreiben, sozusagen eine Endstufe vor dem Übergang vom Selbstbewusstsein zur Vernunft und zum absoluten Wissen. Doch Hegels Anspielungen und Beispiele sind bei genauerem Hinsehen mehr als nur beliebige, willkürliche oder austauschbare Illustrationen. Es sind vielmehr Signale, welche den Charakter von Hegels gesamter Philosophie als einer spekulativen Theologie durchscheinen lassen. Es sind verräterische Beispiele, die Hegel als philosophierenden Kryptotheologen entlarven. ›Gott‹ steht für den Weltgrund, für das Ganze und für das System, das ein absolutes Wissen garantiert. Weil dieser Gott ein (zeitlos) werdender Gott ist, braucht das absolute Wissen den langen Umweg der Geschichte der Philosophie und der philosophischen Ausdeutung der Vernunft in der Geschichte.

Das unglückliche Bewusstsein täuscht sich über sich selber; es ist teilweise unbewusst. Es vermag die Einheit mit Gott (oder das eigene Gott-Sein) nicht zu begreifen. Es ist eine erste Berührung, kein vollständiges Erfassen. Kurz: Das unglückliche Bewusstsein ist unbewusster Pantheismus. Folgende Stelle belegt diese Auffassung eines Seins des Menschen in Gott: Das Bewusstsein findet

»[...] sich selbst als dieses Einzelne im Unwandelbaren [... es wird] zum Geiste, hat sich selbst darin zu finden die Freude und wird sich, seine Einzelheit mit dem Allgemeinen versöhnt zu sein, bewusst.«[19]

Pantheismus weicht die Dichotomien von Gott und Mensch, wandelbar und unwandelbar, immanent und transzendent auf. Die starren Begriffe des erhabenen jüdischen Theismus (wie sie Hegel konstruiert!) werden durch die Christologie verflüssigt. Damit kommt die oft vernachlässigte Unterscheidung zwischen Differenz und Dichotomie ins Spiel. Die Differenz von Gott und Mensch wird nicht angetastet, aber sie wird auch nicht zur Dichotomie der absoluten Distanz und Berührungslosigkeit übersteigert, nach dem Bild eines übergroßen Vaters, der keine zärtliche Berührung durch seine Kinder zulässt. Differenz heißt auch nicht, dass eine unbewegliche Grenzlinie feststeht. Die scheinbar unverrückbaren Grenzen zwischen Mensch und Gott etc. werden in der Häresie »des« Pantheismus[20] vollends fließend, weil die Grenze nach Hegel nicht nur das ist, was trennt, sondern auch der Berührungspunkt, wo ein echtes Ergreifen oder Begreifen des Begriffs als wünschenswert erscheint, aber noch nicht vollzogen ist. Das unglückliche Bewusstsein

»[...] bringt und hält das reine Denken und die Einzelheit zusammen, ist aber noch nicht zu demjenigen Denken erhoben, *für welches* die Einzelheit des Bewusstseins mit dem reinen Denken selbst ausgesöhnt ist. Es steht vielmehr in dieser Mitte, worin das abstrakte Denken die Einzelheit des Bewusstseins als Einzelheit berührt. Es selbst ist diese Berührung [...]«[21]

Das unglückliche Bewusstsein bleibt unerfüllter Pantheismus.

»[...] die Hoffnung, mit ihm eins zu werden, muss Hoffnung, d.h. ohne Erfüllung und Gegenwart bleiben [...]«[22]

Es sucht Trost in der Andacht, in den frommen Gefühlen, welche durch das Glockengeläut und die Kirchenmusik geweckt werden.

---

[19] Hegel, *Werke* 3, 165.

[20] Die Häresie des Pantheismus kann, ähnlich wie jene der Gnosis, als apologetische Konstruktion instrumentalisiert werden: die Häresie wird durch die Reflexe von Abwehr, Denunziation und Verfolgung wahrgenommen. Sie kann aber auch als Bedingung der Falsifikation religionsphilosophisch fruchtbar gemacht werden. Vgl. Koslowski 1993. Dies begünstigt einen diskursiven Umgang mit Häresien, welcher der Problemanalyse und der Klärung des Selbstverständnisses dient.

[21] Hegel, *Werke* 3, 168.

[22] Hegel, *Werke* 3, 166f.

»Es verhält sich [...] zu seinem Gegenstande nicht denkend, [...] sondern [es] geht sozusagen nur an das Denken hin und ist Andacht. Sein Denken als solches bleibt das gestaltlose Sausen des Glockengeläutes oder eine warme Nebelerfüllung, ein musikalisches Denken, das nicht zum Begriffe, der die einzige immanente gegenständliche Weise wäre, kommt. Es wird diesem unendlichen reinen inneren Fühlen wohl sein Gegenstand, aber so eintretend, dass er nicht als begriffener und darum als ein Fremdes eintritt. Es ist hierdurch die innerliche Bewegung des reinen Gemüts vorhanden, welches sich selbst, aber als die Entzweiung schmerzhaft fühlt; die Bewegung einer unendlichen Sehnsucht [...]«[23]

›Andacht‹ wird von Hegel wortgenau als ein Kratzen an der Oberfläche oder ein Ausweichen von einem tieferen Denken verstanden – ein bloßes Andenken statt ein Durchdenken. Es gibt eine Flucht in den Kultus und den Ritus, in das, was Kant unzimperlich »Afterreligion« genannt hat. Die Polemik richtet sich gegen die Erneuerung pietistischer Erweckungsbewegungen, die selbst Gelehrte wie August Tholuck ergriffen und dazu verleitet hat, Studierende mit der Frage zu belästigen: »Wie steht es mit Deinem Herzen?« Es geht Hegel nicht um erlebende und bekennende Einsfühlung mit Gott, sondern um das Weiterdenken der Identität von Identität und Differenz in Gott selber, man könnte sagen eine neue Qualität der Frömmigkeit im Denken. Der Verstand hindert uns daran, diesen schwierigen Gedanken zu denken, deshalb braucht es einen Übergang vom Verstand zur Vernunft.

Die versteckte Theologie Hegels skizziert den schmerzhaften Prozess von der christlichen Frömmigkeit zu einem (postchristlichen, nicht antichristlichen) pantheistischen Denken. Schmerzhaft ist dieser Prozess in mancher Hinsicht. War Religion Opium, so kann Religionsverlust Entzugssymptome verursachen. Ein weiterer Aspekt dieser Leidensgeschichte beruht in der Erfahrung, dass die Annäherung zwischen Gott und Mensch vom Menschen ein größeres Opfer verlangt als von Gott. Scheinbar gibt sich Gott auf (indem er Mensch wird, Menschwerdung Gottes), aber er bleibt dabei Gott; scheinbar gibt sich der Mensch auf (in dem er sich Gott hingibt), ja er gibt im Grunde genommen alles auf, außer einer unerfüllten und unerfüllbaren Hoffnung auf den Genuss in der Vereinigung mit Gott nach dem Tode. Besitze ich die Wahrheit, das Leben im lebendigen Gott nicht hier und jetzt, so werde ich sie nie besitzen.[24]

---

[23] Hegel, *Werke* 3, 168.
[24] Vgl. Wolf 2011.

Das unglückliche Bewusstsein verstrickt sich im folgenden Widerspruch: Es will entsagen (dem Genuss als Selbstgenuss eines von Gott getrennten Wesens, dem irdischen Genuss des Sünders), doch es möchte nicht entsagen (dem höchsten himmlischen Genuss, mit Gott vereinigt zu sein). Während Gott nur eine Oberfläche von sich abstößt, d. h. zum Menschen wird, dabei aber nur seine Gestalt preisgibt[25], ohne seine Göttlichkeit zu verlieren, muss der Mensch, ob er will oder nicht, letztlich alles aufgeben, und nicht nur seine Oberfläche – es genügt dem Menschen nicht, nur eine Oberfläche von sich abzustoßen und dabei – bewusst fühlendes Individuum zu bleiben. Niemand überlebt den Tod als »das Einzelnste«[26].

»Dass das unwandelbare Bewusstsein auf seine Gestalt Verzicht tut und sie preisgibt, dagegen das einzelne Bewusstsein dankt, d. h. die Befriedigung des Bewusstseins seiner Selbständigkeit sich versagt und das Wesen des Tuns von sich ab dem Jenseits zuweist, durch diese beiden Momente des gegenseitigen Sich-Aufgebens beider Teile entsteht hiermit allerdings dem Bewusstsein seine Einheit mit dem Unwandelbaren. Allein zugleich ist diese Einheit mit der Trennung affiziert, in sich wieder gebrochen, und es tritt aus ihr der Gegensatz des Allgemeinen und Einzelnen wieder hervor. Denn das Bewusstsein entsagt zwar zum Scheine der Befriedigung seines Selbstgefühls, erlangt aber die wirkliche Befriedigung desselben; denn es ist Begierde, Arbeit und Genuss gewesen; es hat als Bewusstsein gewollt, getan und genossen. Sein Danken ebenso, worin es das andere Extrem als das Wesen anerkennt und sich aufhebt, ist selbst sein eigenes Tun, welches das Tun des andern Extrems aufwiegt und der sich preisgebenden Wohltat ein gleiches Tun entgegenstellt; wenn jenes ihm seine Oberfläche überlässt, so dankt es aber auch und tut darin, indem es sein Tun, d. h. sein Wesen selbst aufgibt, eigentlich mehr als das andere, das nur eine Oberfläche von sich abstößt.«[27]

Was heißt hier »entsagt zum Scheine«? Hegel scheint sich auf eine Pseudoentsagung zu beziehen. Der Schein oder die Täuschung liegt hier weniger in einer Täuschung oder Tarnung vor anderen (in pretence and for the sake of appearances); Hegel moniert hier weniger eine Form von Heuchelei als eine Form der Selbsttäuschung in den Riten und Gebeten des Dankes. Vielleicht klingt hier etwas von der Dialektik des Knechtes nach, der sich gleichzeitig unterwirft und aufplustert als Diener des allerhöchsten Herrn. Dies ließe sich mit der seltsamen Mi-

[25] Vgl. Hegel, *Werke* 3, 171.
[26] Hegel, *Werke* 3, 174.
[27] Hegel, *Werke* 3, 172.

schung von Servilität und Arroganz im Verhalten der uniformierten Portiers und Kellner eines Luxushotels vergleichen.

Das unglückliche Bewusstsein bleibt unerfüllte Begierde, hoffnungslose Hoffnung, endlose Sisyphusarbeit; es ist wie die schlechte Unendlichkeit, das zeitlich endlos dauernde Ausbleiben der Erfüllung im ungetrübten Selbstgenuss.

»Das unglückliche Bewusstsein aber findet sich nur als begehrend und arbeitend; es ist für es nicht vorhanden, dass, sich so zu finden, die innere Gewissheit seiner selbst zum Grunde liegt und sein Gefühl des Wesens dies Selbstgefühl ist. Indem es sie für sich selbst nicht hat, bleibt sein Inneres vielmehr noch die gebrochene Gewissheit seiner selbst; die Bewährung, welche es durch Arbeit und Genuss erhalten würde, ist darum eine ebensolche gebrochene; oder es muss sich vielmehr selbst diese Bewährung vernichten, so dass es in ihr wohl die Bewährung, aber nur die Bewährung desjenigen, was es für sich ist, nämlich sein Entzweiung findet.«[28]

Das unglückliche Bewusstsein oszilliert zwischen zwei Extremen, dem manischen Gefühl, selber Gott zu sein und damit alles verändern zu können, und dem depressiven Gefühl, von Gott getrennt (selbständig, für sich) und damit bloß passiver Spielball des Universums zu sein. Dieses Oszillieren zwischen Allmacht und Ohnmacht schränkt auch die Gewissheit ein, die mit diesen polaren Gefühlen verbunden ist. Es verhält sich zu seinen eigenen Werken wie zu den Werken anonymer und absoluter Mächte, wie sich der Einzelne zu einem System verhält, in dem er handelt und das er gleichzeitig als äußere, übermenschliche und außermenschliche Gewalt erlebt. Das unglückliche Bewusstsein ist auch deshalb unglücklich, weil es nicht eigentlich der Faktor der Veränderung ist, für den es sich als Einzelnes hält.

»Jenes Verhältnis zur Wirklichkeit ist das Verändern oder das Tun, das Fürsichsein, das dem einzelnen Bewusstsein als solchem angehört. Aber es ist darin auch an sich: diese Seite gehört dem unwandelbaren Jenseits an; sie sind die Fähigkeiten und Kräfte, eine fremde Gabe, welche das Unwandelbare ebenso dem Bewusstsein überlässt, um sie zu gebrauchen.«[29]

Das unglückliche Bewusstsein schwelgt in Todessehnsucht und hofft, seine Unwandelbarkeit im Grab zu erhalten. Doch selbst das Grab erweist sich als wandelbar und wird früher oder später verschwinden. Die

---

28 Hegel, *Werke* 3, 170.
29 Hegel, *Werke* 3, 171.

Fixierung auf das Grab kann auf das leere Grab Christi bezogen werden, doch es ist meines Erachtens auch eine Metapher für den Glauben an eine individuelle Unsterblichkeit oder einen unwandelbaren Personenkern, wie sie dem christlichen Theismus eigen ist und von einigen Varianten des Pantheismus aufgegeben wird. Man sucht etwas, was man nicht finden kann, nämlich eine Fortsetzung des Individuums *post mortem*. Erst das Loslassen vom Glauben an eine individuelle Unsterblichkeit oder Unwandelbarkeit würde das unglückliche Bewusstsein befreien.

»Dem Bewusstsein kann daher nur das Grab seines Lebens zur Gegenwart kommen. Aber weil dieses selbst eine Wirklichkeit und es gegen die Natur dieser ist, einen dauernden Besitz zu gewähren, so ist auch diese Gegenwart des Grabes nur der Kampf eines Bemühens, der verloren werden muss. Allein indem es diese Erfahrung gemacht, dass das Grab seines wirklichen unwandelbaren Wesens keine Wirklichkeit hat, dass die verschwundene Einzelheit als verschwundene nicht die wahre Einzelheit ist, wird es die unwandelbare Einzelheit als wirkliche aufzusuchen oder als verschwundene festzuhalten aufgeben, und erst hierdurch ist es fähig, die Einzelheit als wahrhafte oder als allgemeine zu finden.«[30]

Wer den Glauben an Unwandelbarkeit oder Unsterblichkeit der individuellen Seele aufgibt und den Tod als das anerkennt, was er ist – nämlich als ein definitives Auslöschen einer vom Allgemeinen getrennten Individualität (was auch als eine Form von Aufhebung oder Konservierung in der Verschmelzung mit Gott oder der *restitutio ad integrum* verstanden werden kann) – wird den Gedanke an den Tod zum Seelenführer des Menschen machen können. Er wird befreit vom Wunsch nach einer dem Individuum erfahrbaren Erlösung und damit von jedem Heilsegoismus, dem Wunsch nämlich, irgendwelche Vorteile in einem anderen Leben zu ergattern. Ob das Individuum radikal verwandelt oder schlicht ausgelöscht wird, ist angesichts der Unmöglichkeit von Wahrnehmung oder subjektiven Erlebnissen *post mortem* egal. Die von Heilsegoismus erlösende Wirkung der Ablehnung eines Glaubens an Unsterblichkeit der jemeinigen Seele wird von Ludwig Feuerbach und Arthur Schopenhauer unter atheistischen Vorzeichen vertreten und von Nietzsche als »Selbsterlösung« bzw. Abgewöhnung des metaphysischen Bedürfnisses gegen Richard Wagners »Erlösung dem

[30] Hegel, *Werke* 3, 169f.

Erlöser« geltend gemacht. Wer auf die Hoffnung auf Trost und »wellness« für die eigene Person im Jenseits verzichtet, hat eine notwendige Voraussetzung zum echten Altruismus erfüllt. Dies ist Bestandteil jener radikalen »mystique de l'amour pur, de la nostalgie désespérée de l'unité« im Sinne des Quietismus von François Fénelon und Jeanne-Marie Guyon, die sich selber zu nichts macht, damit Gott alles werde. Nicht in meinem Glück oder meiner Erlösung, sondern in der interesselosen Zuwendung zum Ruhm und Glanz Gottes (»la gloire de Dieu«) besteht die höchste Stufe des religiösen Bewusstseins, wie die Schlüsseltexte der Verteidigung der »reinen« Liebe vom Ende des 17. Jahrhunderts bezeugen.[31] Schopenhauer hat diese Impulse aufgegriffen und zum Idealtypus einer atheistischen Erlösungsreligion durch Entsagung transformiert. (Vgl. 3.4)

Wer darüber hinaus die Illusion aufgibt, als Einzelner die Welt verändern zu können und das menschliche Wesen nicht mehr nur als partikuläres sinnliches Wesen, sondern auch als »Ensemble der gesellschaftlichen Verhältnisse«[32] versteht, kann dem unglücklichen Bewusstsein durch die gemeinsame Tat entkommen. Anstelle des Oszillierens zwischen Gefühlen der Allmacht und der Ohnmacht tritt die Erfahrung der relativen Macht durch Solidarität, der Teilerfolg durch (revolutionäre) Kooperation. Das ist die junghegelianische Deutung, welche von Hegel zur »Philosophie der Tat« (Michael Bakunin, Moses Hess, August Cieszkowski) führt. Sie findet sich *mutatis mutandis* auch in der Religion der Humanität von Saint-Simon und Auguste Comte. Es ist aber nicht Hegels Gedankengang; dieser führt über das unglückliche Bewusstsein hinaus zu einer philosophischen Aneignung jener Wahrheit, in deren Besitz das Christentum ist. Diese Wahrheit ist die Totalität des Geistes in der Natur und in der Kultur, und nicht nur die Anthropologie, wie Feuerbach meint.[33]

Hegels scharfe Ablehnung von »Erlebnisreligion« zugunsten eines spekulativen Begreifens schließt zwar die affektiven Varianten von Mystik und Pantheismus aus, aber nicht eine hohe Wertschätzung jener Mystik »alten Stils« (Emil Brunner), die Hegel relativ spät in Meister Eckhart fand und von der er dann explizit sagt, sie lasse sich nicht nach dem Vorgehen orthodoxer Theologen leichtfertig als »Pan-

---

[31] Vgl. Guyon 2009; Fénelon 2012.
[32] Marx: *Ad Feuerbach* Nr. 6, in: *MEW* 3, 534.
[33] Vgl. Feuerbach 1843.

theismus« abtun.[34] Er erwähnt den Ausdruck ›Pantheismus‹ in der Einleitung seiner Vorlesungen über die Philosophie der Religion nur ein einziges Mal, und zwar als ungenügenden orthodoxen Kampfbegriff. Dies erklärt noch einmal, warum sich Hegel das Etikett des Pantheismus nicht gefallen lässt, obwohl er der Sache nach einen nicht-affektiven, nicht-ästhetischen, nicht-naturreligiösen und nicht-romantischen, nämlich spekulativen Pantheismus vertritt.

2.3 Weitere Stellen bei Hegel und neuere Kommentare

Das unglückliche Bewusstsein, so lautet die hier vertretene Arbeitshypothese, ist unbewusster Pantheismus. Daraus folgt, dass ein bewusster und durchdachter Pantheismus die Lösung und »Erlösung« des unglücklichen Bewusstseins bedeutet. Gibt es Anhaltspunkte für diese Deutung bei Hegel selber? Gibt es dazu Bestätigung oder Widerspruch in neueren Kommentaren?

Es kann hier nicht darum gehen, diese Frage durch eine umfassende Dokumentation zu beantworten. Vielmehr müssen einige Verweise und Zitate genügen. Hinweise bei Hegel finden sich seit seinen philosophischen Anfängen im Bund mit Hölderlin und Schelling. Das Schibboleth der Tübinger Stiftler Hölderlin, Schelling und Hegel war *hen kai pan*, d. i. ein Bekenntnis zum verpönten Pantheismus. Hegels Interesse an Jacobis Spinoza-Buch und dem sog. »Pantheismustreit« ist notorisch. Im Denken Hölderlins, Schellings, Herders und Hegels zeichnet sich eine Bemühung ab, Spinozas Pantheismus, der von Jacobis Polemik her als statische und geistlose Substanzphilosophie verstanden wurde (was sie *de facto* nicht ist!) zu dynamisieren und mit Gedanken von Jacob Böhme[35], Giordano Bruno sowie Kants und Fich-

[34] Vgl. Hegel 1993, 248.

[35] »Seine [Spinozas] Philosophie ist nur starre Substanz, noch nicht Geist; man ist nicht bei sich. Gott ist hier nicht Geist, weil er nicht der dreieinige ist. Die Substanz bleibt in der Starrheit, Versteinerung, ohne Böhmesches Quellen. Die einzelnen Bestimmungen in Form von Verstandesbestimmungen sind keine Böhmeschen Quellgeister, die ineinander arbeiten und aufgehen [...] In die *eine* Substanz gehen alle Unterschiede und Bestimmungen der Dinge und des Bewusstseins zurück; so, kann man sagen, wird im Spinozistischen System alles nur in diesen Abgrund der Vernichtung hineingeworfen.«

tes Philosophie des Subjekts zu vermitteln. Fichte und Schelling haben ihre frühen Ansätze als Vermittlung zwischen Dogmatismus (im Sinne von Spinoza und Leibniz) und Subjektivismus (im Sinne von Descartes und Kant) verstanden. Hegel wird das Wahre mit dem Ganzen in Verbindung bringen, das allerdings nicht unmittelbar und direkt erkannt werden kann, sondern nur in der begrifflichen Durcharbeitung seiner Geschichte. So heißt es in einer Vorlesungsnachschrift zu Hegels Rechtsphilosophie.

»Was vernünftig ist, wird wirklich, und das Wirkliche wird vernünftig.«[36]

Das Vernünftige wird das Wirkliche, erst das Ganze ist das Wahre, das Wahre erweist sich als das Ganze und erschließt sich der Arbeit des Begriffs, dem systematischen Denken, der geduldigen Versenkung ins Detail – das sind goldene Formeln für Hegels Vorgehen. Philosophie ist kein Schnellschuss, keine »one-shot-affair«. Das Wahre ist ein Geschehen, keine statische Relation. Übertragen auf den Gott des Pantheismus* müsste das heißen: Hegels Gott ist ein werdender und erwachender Gott, der im Selbstbewusstsein der Menschen zu sich selber kommt. Wilhelm Dilthey hat dafür plädiert, Hegel als Krönung und Ausläufer eines sog. entwicklungsgeschichtlichen Pantheismus zu interpretieren.

Es geht in diesem Pantheismus* um eine Verflüssigung des Unwandelbaren (wie sie sich in der häretischen Mythopoese eines zeitlich werdenden und den Menschen suchenden Gottes auskristallisiert hat), während das wandelbare Individuum seiner Teilhabe am Unwandelbaren gewahr wird. Dies passt zur Rede vom Unwandelbaren im Kapitel zum unglücklichen Bewusstsein und zur hier vorgeschlagenen Deutung dieses Kapitels in der Perspektive eines unerfüllten oder antizipierten dynamischen Pantheismus*. Hier ist diese seltsame Parallelaktion zu beobachten: Während Gott plastisch und beweglich wird (im Sinne der Selbstbewegung des Begriffs), wird die endliche Seele unwandelbar und entindividualisiert. Hegel geht es bei seiner Deutung der Unsterblichkeit der Seele nicht um eine zeitliche, in die Zukunft verlegte Fortdauer des Individuums nach dem Tode.

Vorlesungen über die Geschichte der Philosophie, Werke 20, 166. Zu Böhmes Qualität vgl. a. a. O., 103 ff.

[36] Hegel 1983, 51.

»Der Gedanke der Unsterblichkeit liegt darin, dass der Mensch denkend ist, in seiner Freiheit bei sich selbst; so ist er schlechthin unabhängig, ein Anderes kann nicht in seine Freiheit einbrechen; er bezieht sich nur auf sich selbst, ein Anderes kann sich nicht in ihm geltend machen. [Diese Bedeutung wird umschrieben: Unsterblich ist das, was in einen Zustand kommen kann, in dem das Sterben nicht eintritt.]«[37]

So ist die Unsterblichkeit kein *eschaton*, kein künftiger Zustand, sondern sie ist gegenwärtige Qualität, das Wissen dessen, was göttlich, geistig und deshalb ewig ist: »Das Subjekt der Gemeinde weiß sich seines Inhalts wegen unsterblich.«[38]

Robert Stern geht in seinem Kommentar zur *Phänomenologie des Geistes* (Routledge PhilosophyGuideBooks 2002) von einem anderen Standpunkt aus. Er deutet alle Bezugnahmen auf geschichtliche Positionen (wie Stoizismus, Skeptizismus und Christentum) als bloße Illustrationen, jedenfalls nicht als Bestandteile einer spekulativen Geschichte. Sie beziehen sich auf die Entwicklung der Stufenfolge der begrifflichen Entwicklung des Bewusstseins. Stern betont den Zusammenhang des unglücklichen Bewusstseins mit seinen begrifflichen Vorstufen und der nächsthöheren begrifflichen Stufe. Vereinfachend gesagt ist der Stoizismus eine Flucht in eine innere Zitadelle, eine Freiheit, die auch in Ketten und im Gefängnis besteht, weil der Stoizismus davon ausgeht, dass der *Logos* die Welt regiere. Hegel hat sich diese Auffassung explizit zu eigen gemacht. Er wirft dem Stoizismus aber auch vor, dass er diese Weltherrschaft der Vernunft lediglich deklariert oder verkündet und fordert über diese abstrakte Form des Rationalismus hinaus eine besser begründete oder konkretisierte Variante des Rationalismus. Weitere Etappen der Vernunftherrschaft verkörpern Aufklärung und Französische Revolution im Geistkapitel.

Der naive und abstrakte Rationalismus der Stoa muss durch die Krise des Skeptizismus hindurch, der unter anderem an der Macht der Vernunft zweifelt. Der Skeptizismus hinterlässt ein für das unglückliche Bewusstsein charakteristisches Oszillieren zwischen dem Gefühl der Ohnmacht des Individuums und der Allmacht desselben durch seine Einheit mit Gott. Dieses Oszillieren wird nun im christlichen Mittelalter durchlitten; in den drei Formen des Gebets, der Arbeit und der asketischen Buße wird ein Ideal der Versöhnung von Individuum und

---

[37] Hegel, *Werke* 16 = *Vorlesungen zur Philosophie der Religion*, 387 f.
[38] Lu de Vos, Artikel *Unsterblichkeit*, in: Cobben 2006, 453; vgl. Wolf 2011.

Gott antizipiert, aber nicht realisiert. Die Versöhnung findet also im unglücklichen Bewusstsein noch nicht statt, sondern erst in der bereicherten Rückkehr zur Vernunft und zu dem für die Vernunft charakteristischen Optimismus.

Sterns Kommentar ist hilfreich, sofern er den Gedankengang des Kapitels genau darstellt und in den größeren Zusammenhang einordnet. Obwohl er das Kapitel nur als Zwischenstufe auf dem langen Weg einer begrifflichen Entwicklung betrachtet, kommt er zu den gleichen Resultaten wie die hier vorgeschlagene Lektüre, welche das Kapitel theologisch liest und das unglückliche Bewusstsein als unbewussten oder nicht bewusst vollzogenen Pantheismus interpretiert. Was ich direkt als theologischen Inhalt des Kapitels lese, wird bei Stern eher zum Nebenprodukt einer ganz anderen Absicht. Damit werden die Illustrationen zufällig, vielleicht sogar willkürlich; man könnte sie auch durch andere Beispiele ersetzen.

Ist der Inhalt – eine Auseinandersetzung mit den Konflikten und dem Potential des christlichen Theismus – nicht zentral und essentiell? Wahrscheinlich glaubt Hegel, dass sich die Entwicklung vom Selbstbewusstsein zur Vernunft nicht anders oder gar besser illustrieren ließe. Jedenfalls gilt der christliche Theismus als wesentliche Vorstufe eines spekulativen Pantheismus*, für den das Problem der Vereinigung von Gott und Mensch grundsätzlicher als in der Perspektive der unerfüllten Jenseitshoffnung des unglücklichen Bewusstseins gelöst ist. Hindernisse im Sinne der verzögerten oder gar unmöglichen Versöhnung werden im spekulativen Pantheismus getilgt.

Franco Chiereghin liefert einen neuen Kommentar zur gesamten *Phänomenologie des Geistes* und auch zum einschlägigen Kapitel.[39] Er glaubt nicht, dass das Kapitel über das unglückliche Bewusstsein überbewertet oder gar als Schlüssel zum Verständnis der ganzen *Phänomenologie des Geistes* verstanden werden darf, und grenzt sich mit dieser Auffassung vom Kommentar von Jean Wahl ab.[40] Allerdings gibt Chiereghin dafür ein schwaches Argument. So wichtig könne dieser Abschnitt nicht sein, weil er aus dem skeptischen Bewusstsein folge.

Chiererghins Abwertung lässt sich in Frage stellen, auch ohne dass man ins andere Extrem verfällt, das einschlägige Kapitel als Schlüsselkapitel zu verteidigen. Zwar trifft es zu, dass der Abschnitt

[39] Vgl. Chiereghin 2009.
[40] Vgl. Wahl 1951/1929. Vgl. Anhang.

zum Skeptizismus in der *Phänomenologie des Geistes* ungewöhnlich knapp ist und nicht die Tiefe erreicht, welche frühere und spätere Darstellungen des antiken Skeptizismus (»Verhältnis des Skeptizismus zur Philosophie«, »Wissen und Glauben« in *Werke* 2 und in den *Vorlesungen zur Geschichte der Philosophie*) erreichen. Doch für Hegel ist Skeptizismus mehr als eine zwar wiederkehrende Episode, aber doch definitiv zu verdrängende Denkfigur. Hegels gesamte Philosophie kann mit gutem Grund als eine Arbeit des Skeptizismus verstanden werden und wird in der Einleitung zur *Phänomenologie des Geistes* auch als »Weg des Zweifels«, »Weg der Verzweiflung« (des natürlichen Verstandes) und »sich vollbringender Skeptizismus«[41] programmatisch angekündigt. Die skeptische Prüfung von Voraussetzungen zieht sich wie ein roter Faden durch Hegels Denken und passt zu seiner Auszeichnung der bestimmten Negation als Methode der Dialektik.[42] Richtet sich nicht der größte Teil der Gedankenarbeit Hegels gegen Voraussetzungen, deren Unklarheiten und interne Widersprüche dargestellt werden? Ist das spezifische Verfahren der Dialektik nicht die bestimmte Negation?[43] Bildet das unglückliche Bewusstsein nicht eine besonders eindrückliche Zuspitzung des Skeptizismus als einer instabilen oder oszillierenden Geisteshaltung? Richtet sich der Skeptizismus nicht auch gegen sich selber oder gegen versteckte dogmatische Annahmen der Zweifelsmethode der Neuzeit? Wird der bloß akademische oder künstliche Zweifel im unglücklichen Bewusstsein nicht zur existenziellen Verzweiflung gesteigert?

Chiereghins Begründung, der Abschnitt über das unglückliche Bewusstsein dürfe nicht überschätzt werden, weil er dem Skeptizismus nachfolge oder aus diesem folge, ist nicht stichhaltig. Das unglückliche Bewusstsein repräsentiert zwar nicht Hegels entwickelte Religionsphilosophie, welche in die Sphäre des absoluten Wissens gehört, doch sie bildet eine wichtige Vorstufe in der polemischen Abgrenzung von Verwechslungen der Philosophie mit subjektivem Bekenntnis, dogmatischem *common sense* oder erbaulicher Apologie.

Wie Chiereghin weiter ausführt, weiß das unglückliche Bewusstsein, dass es auf keine Hilfe von außen hoffen kann und sich selber erlösen muss; aber es gelingt ihm nicht. Es bleibt ihm nur die Erkennt-

---

[41] Hegel, *Werke* 3, 72.

[42] Vgl. Forster 1989; Vieweg 1999; Hofweber 2006.

[43] Vgl. Hegel, *Werke* 3, 74.

nis, dass es sich selber an der Selbsterlösung hindert, weil es das gedoppelte Bewusstsein zwar anerkennt und in sich das Endliche und das Unendliche wiederfindet, aber das Endliche als unwichtig oder akzidentell abwertet und sich damit selber verkleinert. Duplizität des Bewusstseins sollten wir nicht nur so verstehen, dass das unglückliche Bewusstsein den Konflikt des Endlichen und Unendlichen in sich selber findet, sondern dass es auch den Konflikt in beiden selber findet, d. h. in der Sprache Hegels den Widerspruch im Endlichen und den Widerspruch im Unendlichen. Nach Chiereghin lässt sich das am besten durch Hegels Überlegungen zur Grenze erläutern. Grenze ist nämlich das, was sowohl trennt als auch verbindet oder zumindest einen Berührungspunkt herstellt. Im Übrigen betont auch Chiereghin, dass Hegel im unglücklichen Bewusstsein ganz zweifellos den religiösen Glauben darstelle, aber Hegel unterscheide zwischen einem unechten Glauben – eben dem unglücklichen Bewusstsein – und einem echten Glauben, der aus der Isolation heraus zur Religion als einer Form der Gemeinschaft und des objektiven Geistes führt.

2.4 Pantheismus und Selbsterlösung

Die These vom unglücklichen Bewusstsein als unbewusstem Pantheismus findet sich bei Chiereghin nicht, obwohl seine Hinweise auf die fast mögliche und dann doch selber verhinderte Selbsterlösung in diese Richtung weisen. Psychologisch gesprochen ist das unglückliche Bewusstsein in einer ähnlichen Situation wie ein Patient, der von seinem Therapeuten die Diagnose »schwaches Selbstwertbewusstsein« erhält. Gewöhnlich weiß der Patient das bereits vor der Therapie, aber die Therapie bestätigt ihn weiter darin, dass er mit seiner Selbstdiagnose recht hatte. Die Bestätigung und Vertiefung der Diagnose ist aber nur ein erster Schritt der Therapie. Je mehr sich der Patient in seine Diagnose vertieft, umso schwerer mag es ihm fallen, aus seiner »Krankheit« herauszukommen. Er sieht sich nicht nur als Ursache seiner »Krankheit«, sondern auch als störender Faktor der Genesung. Die Diagnose wird zum Bestandteil der Pathologie, zum Stachel der Entmutigung. Denn jeder neue Anlauf wird vom Zweifel unterlaufen, ob er es denn wohl schaffe und ob es nicht besser wäre, sich einem Helfer oder »Mittler« anzuvertrauen, der ihn aus seiner Krankheit herausführt. Auch das unglückliche Bewusstsein wird sich an die Kirche oder einen Guru wenden; nach Hegel können diese Instanzen auch nicht herbeizaubern, was nur die Einwohnung Gottes in seiner Schöpfung und die Parusie des Göttlichen selber in seiner Vereinigung mit dem Endlichen garantieren kann. Die Duplizität des Bewusstseins im unglücklichen Bewusstsein könnte auch jene häretische Umkehrung antizipieren, die besagt, dass das Endliche entdecken kann, dass und wie es bereits erlöst ist, während Gott im Werden und im Prozess seiner Erlösung steht. Die Selbsterlösung Gottes wäre so gesehen notwendig, weil Gott den Menschen sucht und unter der Abwendung der Menschen leidet. Das unglückliche Bewusstsein bleibt im obsessiven Gedanken gefangen, dass der Mensch Gott sucht und suchen soll, ohne je Gottes würdig zu sein.

Der Pantheismus* bringt eine neue und unübertreffbare Dimension der Nähe zu Gott für jeden Menschen ins Spiel, eine besondere Verbundenheit mit Gott nicht nur für den Mittler oder andere Stellvertreter so wie Instanzen von Fürbitten wie Heilige, Maria, die Engel oder die guten Geister der Verstorbenen. Liegt im Pantheismus* nicht das ganze Potential der Selbsterlösung? Macht er nicht die esoterischen Zwischenwelten, das Pandämonium von guten und bösen Kräften, überflüssig? Ist nicht in allen wunderbaren Kräften die gleiche unendlich denkende und wirkende Urkraft (Herder) am Werk? Ist der Pantheismus* »wahr«, so sind wir, wenn wir uns denkend in Gott vertiefen, bereits zu Lebzeiten von allen Sünden erlöst. (Was nicht ausschließt, dass wir als endliche Wesen fortfahren zu sündigen.) Diese Konsequenz ist wohl auch die Provokation und der Anlass für die scharfe Verfolgung »des« Pantheismus durch Kirchen und christliche Orthodoxien. Die ganze Schar der Stellvertreter Gottes im Himmel und auf Erden wird arbeitslos.

»Der« Pantheismus, wie er z. B. von Eduard von Hartmann konstruiert wird, ist jene Gestalt einer (postchristlichen) Religion, für die Selbsterlösung in greifbare Nähe rückt. In Hartmanns Sprache heißt das: Der Mensch ist als endliche Erscheinung erlösungsbedürftig, und er ist in seinem göttlichen Wesen erlösungsfähig. Sofern jeder Mensch Gott-Mensch ist und die Einheit von Gott und Mensch in seinem Grund oder Wesen lebt, ist die Erlösung bereits vollzogen. Dieses Wesen ist jedoch nicht seine Individualität, sondern eher so etwas wie das Gattungswesen. Sofern der Mensch aber auch ein endliches Wesen der Erscheinung ist, kann es – als diese Erscheinung – weder selber Gott sein noch sich selber erlösen. Weiter ist für manche Varianten des Pantheismus Gott keine Person, sondern ein unpersönlicher (oder überpersönlicher) Seinsgrund. (Dass es auch andere Varianten gibt, wurde im ersten Teil dargelegt.) Es gibt keinen Anhaltspunkt dafür, dass der Gott-Mensch oder die Verbundenheit des Menschen mit Gott in seinem Wesen Ähnlichkeiten hat mit der Beziehung zwischen zwei getrennten Personen oder gar mit einer intimen Ich-Du-Beziehung. »Kind Gottes« ist nur eine Metapher für eine untrennbare Verbundenheit. Besser wäre vielleicht die Metapher einer unzerreißbaren Nabelschnur. Die Erlösung, die der Pantheist in seinem ganzen Leben bereits realisiert hat (weil er »in der Wahrheit« oder »im *Logos*« existiert) und sich stufenweise bewusst machen kann, wird also nicht »gestört« oder »unterbrochen« durch den Tod des Individuums. Es ist eine Vereinigung und Verbundenheit, welche nicht den Kern des Individuums betrifft. Insofern kann den Pantheisten weder das Leben noch der Tod von Gott trennen. Die fortschreitende Bewusstmachung dieses Zusammenhangs ist das Bewusstwerden des Göttlichen im Menschen und damit die Bewusstwerdung seiner Erlösung. Nicht ein einziger und zufällig geborener Mensch ist stellvertretender Gott und Mensch, sondern jeder Mensch ist Gott-Mensch.

Es ging in diesem Abschnitt nicht darum, diese Variante des Pantheismus über andere, persönliche oder personalistische Gottesbilder zu stellen, sondern um die Verdeutlichung der These, dass einige interne Konflikte des christlichen Theismus im (unpersönlichen) Pantheismus eine Auflösung finden und dass das unglückliche Bewusstsein bereits auf diese Option einer Selbsterlösung im Pantheismus* (oder Panlogismus) Hegels vorausweist. Hegel gibt das Christentum nicht preis, sondern versucht insbesondere in seinen späteren religionsphilosophischen Vorlesungen den Gedanken der Trinität mit dem dynamischen Pantheismus zu einem spekulativen Trinitätsgeschehen zu verbinden. Ob es ihm dabei vor allem um die Stützung eines (staatstragenden) Christentums oder um eine Bereicherung der Philosophie durch Begriffsmittel der Theologie geht, ist nicht leicht zu entscheiden – wahrscheinlich trifft beides zu.[44]

---

[44] Vgl. Wolf 2013.

2.5 Das Umschlagen des unglücklichen Bewusstseins in Atheismus

In diesem Abschnitt wird daran erinnert, dass Hegel oder eine bestimmte Form der Auseinandersetzung mit Hegel die Religionskritik von Ludwig Feuerbach und den Junghegelianern stimulierte. Unmittelbar wirkungsvoller als Hegels Vorschlag zur Versöhnung ist der religionskritische Beitrag seiner Charakterisierung des christlichen Bewusstseins als Vorgriff auf eine Versöhnung ohne die begrifflichen Mittel zu ihrer adäquaten Darstellung oder Realisierung. Hegels Akzent bleibt zwar ein anderer als derjenige der anthropologischen und atheistischen Deutung. Hegel geht es weniger um den Anteil des Menschlichen in Gott (die sog. »Projektion« oder »Verschleuderung« menschlicher Qualitäten in ein Jenseits) als vielmehr um das göttliche Wesen im Menschen auf der Basis einer Wesensidentität von Gott und Mensch, die ihn zu einer spekulativen Religionsphilosophie und einem begreifenden Mystizismus auf den Spuren Jacob Böhmes führt.[45] Auf der Stufe des unglücklichen Bewusstseins wird jedoch folgendes verdeutlicht: Das Gebet, die unendliche Sehnsucht der Romantik, die frommen Gefühle und Rituale, das Danken, die Unterwerfung unter einen Mittler (Priester), die Konstruktion einer einzigartigen Göttlichkeit in einem zufällig hier oder dort geborenen Jesus sind keine angemessenen Mittel zur begrifflichen Darstellung und Realisierung der pantheistischen Wesensidentität.

Hegels Abschnitt zum unglücklichen Bewusstsein ist m. E. nicht bloß zufällig oder beiläufig theologisierend, sondern essentiell. Dies schließt eine direkte Konfrontation mit den Mängeln und Fehldeutungen der Gott-Mensch-Beziehung durch das Christentum nicht aus, sondern gerade ein. Man könnte auch sagen, dass Hegel etwas tut, was nach ihm im Verlaufe des 19. Jahrhunderts viele Autoren meist mit dem Verlust der Anstellung bei Kirche und Staat tun werden: Er konfrontiert das Christentum direkt und weiß, dass es nach seiner Darstellung und Kritik nicht mehr so sein wird wie früher. Es gibt kein Retour zu einem mittelalterlichen Welt- und Gottesbild. Hegel ist kein Apologet und Aushängeschild des konservativen und protestantischen Staates; er ist nicht *philosophus christianissimus* und will es auch nicht sein.

---

[45] Vgl. Hodgson 2008; Magee 2008; O'Regan 1994.

Pantheismus ist vielleicht zu allen Zeiten für einige Menschen eine lebendige Option, die Religiosität und Kirchentreue nicht gleichsetzen. Wer jedoch von der pantheistischen Hegelexegese nichts hält, wird seine scharfe Kritik der katholischen und pietistischen Frömmigkeitskultur gleichwohl würdigen können, aber nicht als Vorbereitung auf einen frommen Vernunftoptimismus, sondern als Übergang zu einer atheistischen Einstellung. Die Erlösung der seufzenden Kreatur lässt sich weder in ein unerreichbares Jenseits noch in eine Zukunft nach dem Tod des sinnlichen Individuums verlegen. Diese Versuche verlängern das Unglück des frommen christlichen Bewusstseins, der dogmatischen Theologie und der traditionellen Volksfrömmigkeit, sofern diese an der Erwartung auf eine künftige Belohnung in einem überirdischen Paradies festhalten. Sie machen Religion und Politik zu einem Geschäft des Aufschiebens in schlechter Unendlichkeit. Hegel hat seine Kritik an der Dichotomie des Endlichen und (schlechten) Un-Endlichen in seiner *Logik* parallel zur Kritik an der Dichotomie von Sein und Sollen erläutert.[46] Den Erwartungen auf Belohnung im Jenseits halten Denker wie Spinoza und Hegel trocken entgegen: Die Tugend ist ihr eigener Lohn. (Vgl. dritter Teil)

Der Abschnitt zum unglücklichen Bewusstsein kann verschieden gelesen werden; die hier zur Diskussion gestellte These, die besagt, das unglückliche Bewusstsein sei unbewusster Pantheismus, kann verschärft und eindeutig gemacht werden, im Sinne der These: Das unglückliche Bewusstsein ist unbewusster Atheismus. Dies könnte der zum Teil satirische Ton von Hegels Text nahelegen. Das Porträt des unglücklichen Bewusstseins enthält satirische Elemente. Es seziert gewisse Spannungsverhältnisse einer intensiven Frömmigkeitskultur. Eigentlich bin ich hier und jetzt Kind Gottes und sollte nichts als lachen und tanzen – aus dieser Überzeugung entsteht ein Imperativ zur zuckersüßen Heiterkeit der Kinder Gottes, die stets ihre weißen Zähne zeigen wie in einem Werbespot für Zahnpasta. Im Widerspruch dazu steht die permanente Erinnerung an Sünde und Sterblichkeit, was das Christentum an den Rand eines Totenkultes mit esoterischen Riten drängt, die sich in Katakomben und auf Friedhöfen abspielen. Dazu passen die verbreiteten Tanz-, Theater- und Romanverbote. In diesem Sinne gilt, dass es keine definitive Erlösung vor dem Tode gibt, dass Lachen, Theater und Tanzen und die heimlichen Genüsse beim Lesen

---

[46] Vgl. Hegel 2008/1832, 128–142.

erotischer Romane Sünde sind. Was soll ich *hic et nunc* tun: Im Blick auf Jesu Leiden seufzen und im Blick auf Christi Auferstehung lachen? Dies ist satirisch betrachtet das unglückliche Bewusstsein, sofern es zwischen entgegengesetzten Postulaten dieser extremen Stimmungswerte oszilliert. Das unglückliche Bewusstsein steht für eine Religion der scharfen Stimmungsschwankungen. Es gleicht dem Verhalten: »Zum Himmel hoch jauchzend/ zu Tode betrübt.« Zugleich ist es die verordnete und befohlene Stimmungsschwankung frommer Erbaulichkeit, eine Anomalie und Pathologie als Normalzustand und Lebensform.

Ein Umschlagen des unglücklichen Bewusstseins in Atheismus entspricht nicht den Intentionen und der Systematik Hegels, aber es ist das Resultat der Lektüre der Junghegelianer und Feuerbachianer im deutschen Vormärz. Bruno Bauers Beitrag[47] bezieht sich präzise auf das unglückliche Bewusstsein, ohne den Abschnitt der *Phänomenologie* explizit zu erwähnen. Bauer beginnt mit der Feststellung, dass die großen Propheten der Aufklärung, insbesondere die brillanten Religionskritiker Voltaire und Helvétius, D'Holbach und LaMettrie, in Deutschland herablassend behandelt werden.

> »Jedes Kindlein, jeder Theologe [...] glaubte sich dadurch bewähren zu müssen, dass er über Männer schimpfte, die er nicht kannte und nicht kennen durfte, wenn er bleiben wollte, was er war – beamteter oder nicht-beamteter, offizieller oder nicht-offizieller Theologe.«[48]

In Anlehnung an D'Holbach und dessen *Christianisme dévoilé* hat er eines seiner pointiertesten antichristlichen Bücher »Das entdeckte Christentum« betitelt und darin ausführlich den deutschen Aufklärer Johann Christian Edelmann zitiert.[49] ›Entdeckt‹ heißt im Titel von Bauers lange verschollenem und wiederentdecktem Buch so viel wie entlarvt, entschleiert oder demaskiert.

Im Beitrag zum theologischen Bewusstsein folgt Bauer den Spuren, die Hegel in seinem Porträt des unglücklichen Bewusstseins gelegt hat, doch die Darstellung setzt – im Zeitenabstand von 12 Jahren nach Hegels Tod – Feuerbachs Religionskritik voraus. Wichtiger noch: Bauers eigene, von Wilhelm Wrede und Albert Schweitzer viel gelobten Forschungen zum *Neuen Testament*, insbesondere seine historisch-kri-

[47] Vgl. Bauer 1843.
[48] Bauer 1843, 90.
[49] Vgl. Bauer 1843a.

tischen Forschungen zu den Evangelien entlarven das theologische Bewusstsein, das Widersprüche glätten möchte, die nicht zu glätten sind. Hegel selber hat in seiner Jugendzeit unter dem Titel »Das Leben Jesu« eine solche Evangelienharmonie verfasst. Erst der profane Historiker Samuel Reimarus, der Mythenkritiker David Friedrich Strauß und nach ihm Bruno Bauer, der ab 1841 keine systematisch-theologischen Absichten mehr verfolgt und keine Heilsgeschichte mehr konstruiert – erst diese und einige andere Autoren sind willens, die Unstimmigkeiten und Widersprüche in den Berichten zu Jesu Wirken und Leben zu konstatieren und stehen zu lassen, ohne Hoffnung auf eine jenseitige Vermittlung oder Versöhnung. Das religiöse Bewusstsein wird durch Begriffe wie ›Zwiespalt‹, ›Entfremdung‹ und ›Passivität‹ charakterisiert. Es ist vom Widerspruch gefangen genommen und vom Wunsch nach Harmonie getrieben. Der Widerspruch wirkt als Stachel; hat die Theologie einen Widerspruch gelöst, so erhofft sie sich einen neuen, vielleicht noch größeren. Denn der Mensch ist gar nicht fähig, alle Widersprüche aufzulösen. Nur Gott hat den Schlüssel zu den Widersprüchen, mit denen sich das theologische Bewusstsein herumplagt. Das religiöse Bewusstsein ist getrieben von Angst und Selbstbetrug. Der Selbstbetrug besteht darin, eigene Erzeugnisse, Schriften, von Menschen geschrieben, als von Gott eingegeben zu deuten.

»Die Bibel ist ihm in die Hand gegeben, die Glaubensbestimmungen sind ihm durch die Tradition zugekommen oder, wenn er es lieber hören will, aus der Schrift zugeflossen oder zugeflogen oder ausgeschwitzt.«[50]

»Das theologische Bewusstsein kann die Einsicht in die Harmonie und Einheit nur hoffen und nur als eine jenseitige hoffen. Es weiß nicht, dass es als Selbstbewusstsein alle diese Dinge selbst ist, dass es als Bewusstsein alle diese Dinge selbst gemacht, geschrieben, gebildet und ausgearbeitet hat, dass es selbst die Einheit der Harmonie und des Widerspruchs, d. h. die existierende Einheit ist, die nur in sich zu gehen braucht, um sich zur selbstbewussten Einheit zu machen. Es hofft nur auf die Einheit, es glaubt, im Jenseits in die mysteriöse Tiefe derselben zu schauen, aber darf nicht ganz darauf Verzicht leisten, die Einheit auch jetzt, wenn auch nur wie in einem Spiegel zu schauen. Jenes Jenseits ist an sich nur das selbstgemachte Jenseits der Vorstellung und muss als solches, da es nur eine subjektive Bestimmtheit und Form des theologischen Bewusstseins ist, auch jetzt schon auf dieser Erde und in diesem Jammerthal den Theologen trösten, erquicken und in seinen Ängsten stärken. Diese Herzensstärkung genießt der Theologe in der Sehnsucht, im

---

[50] Bauer 1843, 98.

Gefühl und in der Ahndung der Einheit der ärgerlichen Widersprüche. Er hat in dieser Ahndung, in diesem Gefühl also auch nothwendig ein Gefühl davon, dass sein Bewusstsein selbst die Einheit sei, denn es ist ja an sich diese Einheit in der That. Da ihn aber sein theologisches Bewusstsein immer, auch in dieser Erhebung und Vertiefung zur Einheit beherrscht, so fühlt er dieselbe immer nur als eine jenseitige und zwar zunächst, da er sich für jetzt als Gefühlsmensch verhält, nur als eine höchst unbestimmte.«[51]

Der historisch-kritische Exeget Bruno Bauer entlarvt die Widersprüche in der Bibel als unbewusstes Produkt der Widersprüche des theologischen Selbstbewusstseins.

Weiter stellt Bauer die Elemente von Gefühl (Sehnsucht) und Arbeit dar (letztere bezieht er satirisch auf die Unmenge von theologischen Publikationen), weiter die Elemente des Dankes und des Mittlers. Es ist offensichtlich, dass er sich eng an Hegels Porträt des unglücklichen Bewusstseins anlehnt und dieses – allerdings im Sinne einer atheistischen Religionskritik – verwendet. Damit gewinnt der hegelsche Text eine Eindeutigkeit und wird zu einer Kritik der Theologie und der bestehenden Politik instrumentalisiert. Als Folge davon muss der Hegelianismus ins Visier der neuen und verschärften Zensurpolitik der deutschen Staaten geraten – eine Schlussfolgerung, die Bauer in den etwas früher erschienen satirischen Schriften »Die Posaune des Jüngsten Gerichts über Hegel« (1841) und »Hegels Lehre von der Religion und Kunst« (1842) als anonymer, angeblich streng pietistischer Autor ironisch zelebriert hat.[52] Auch Friedrich Engels Satire gegen Schelling gehört in diesen Kontext.[53] Bauers Diagnose des unglücklichen Bewusstseins erfolgt aus der Sichtweise eines enttäuschten und desillusionierten theologischen Rationalisten, als der er seine akademische Karriere als Schüler und Schützling von Philipp Konrad Marheinecke (1770–1846) begonnen hatte. Aus dem Rückblick des Glaubensverlustes und der Auffassung,

»[...] dass Religion und Philosophie nicht mehr zusammen wandeln können«, sagt Bauer, »[...] dass Hegels Lehre Pantheismus, und im Grunde, d. h. wenn seine Consequenz gezogen und sein wahrer Sinn entwickelt wird, noch etwas Anderes ist.«[54]

---

51 Bauer 1843, 99.
52 Vgl. Wolf 2010a und 2010b.
53 Vgl. Engels 1842.
54 Bauer 1843, 131.

Der Glaube an die Transzendenz sei aus dem philosophischen Wissen vertrieben. Was bei Hegel als Verflüssigung der begrifflichen Unterscheidung von Diesseits und Jenseits auftritt, wird von Bruno Bauer als Vorstufe zum Unglauben und zur Verwerfung des transzendenten Gottes interpretiert. Hegels Religionsphilosophie wird als Pantheismus und dieser als maskierter Atheismus entlarvt. Der Schluss mag ein Kurzschluss sein, doch er elektrisiert und provoziert offensichtlich bis heute kirchliche Verlautbarungen gegen »den« Pantheismus.

Atheismus bleibt wie Pantheismus eine Option für eine Stellungnahme zur Religion nach der Aufklärung. Aufklärung ist ja selber keine homogene oder gar harmonische Denkrichtung. Die Auffassung, dass Glaube und Wissen nicht zu harmonisieren seien, war in der Periode der Frühaufklärung ein zentraler Streitpunkt zwischen Leibniz und Pierre Bayle, und es ist kein Zufall, dass der Spätaufklärer Ludwig Feuerbach eine ausführliche Monographie über Pierre Bayle verfasst hat.[55] Der Atheismus ist nach Feuerbach und Bauer sogar in einem aufgeklärten Verständnis des christlichen Gottes latent enthalten, nämlich als Umschlagen eines fideistischen in einen irreligiösen Agnostizismus.

In einer erneuerten Theologie des zwanzigsten Jahrhunderts wird diese Einsicht aufgenommen, denn der Gott von Jesus hält es, wie Hans Küng schreibt, mit den Verlorenen, er ist Vater der Verlorenen, insbesondere jener, die den Glauben verloren haben. Bei Jesus ging es in den Worten von Küng »um einen neuen Gott, der sich von seinem eigenen Gesetz gelöst zu haben scheint, einen Gott nicht der Gesetzesfrommen, sondern der Gesetzesbrecher, ja – so muss man zugespitzt sagen – einen Gott nicht der Gottesfürchtigen, sondern der Gottlosen!?«[56] Anders gesagt ist der Gott Jesu nicht (nur oder primär) der Gott der Vorgesetzten und Oberhäupter von Kirche und Staat; er ist nicht (nur oder primär) der Gott der Sieger und jener, die sich für frömmer halten als andere, sondern er ist (auch und vor allem) der Vater, der seinen Sohn nicht zum Bleiben zwingt, sondern ihn ziehen lässt, wenn dieser es will, aber ihn auch wieder ohne Wenn und Aber aufnimmt, wenn er freiwillig zurückkehrt. Gott, wie ihn die Gleichnisse Jesu veranschaulichen, als Vater der Verlorenen und großzügiger Verwalter, wird nicht magisch beschwichtigt und »gekauft« durch fromme Gaben und Gebete. Mit den herkömmlichen Zaubermittelchen

---

[55] Vgl. Feuerbach 1838, ^{3}1848.
[56] Küng 2008, 739.

von Glockengeläut und Orgelspiel, Unterwerfung und Zerknirschung und anderen Formen des »frommen Tausches« haben diese Gottesbilder wenig zu tun.

Der Gott der Pantheisten ist Gott der Nonkonformisten und Dissenters, wie Ralph Waldo Emerson in seinem Tagebuch notiert.

»Ist es nicht richtig, dass die innere Versenkung unsere eigentliche Sache ist und es nur deshalb äußerlichen Gottesdienst gibt, weil eben unsere Vernunft im Zwiespalt mit unserem Verstande liegt? [...] Ist die Kirche nicht darum sonntags offen und voll besucht, weil die Gebote schon montags von den Andächtigen nicht mehr gehalten werden?«[57]

Die Befreiung Emersons von seinem unitarischen Predigeramt und seine Berufung als freier Prediger und Dichter-Philosoph sollte jedoch nicht zum kulturkämpferischen Umkehrschluss verführen, Gott sei überall anzutreffen – nur nicht in den Kirchen (anderer Konfessionen).

2.6 Der Kommentar von Jean Wahl

Der ausführliche Kommentar von Jean Wahl »Le Malheur de la conscience dans la philosophie de Hegel« (zweite Auflage 1951) weist nach, dass die Charakterisierung des unglücklichen Bewusstseins, das in sich gedoppelt und von allen anderen isoliert und entfremdet ist, bereits in den theologischen Frühschriften Hegels (publiziert 1907 vom Dilthey-Schüler Hermann Nohl) präfiguriert ist und dass Hegel bereits dort sein Unbehagen am Christentum zum Ausdruck bringt – nämlich im Vergleich mit der griechischen Religion der Schönheit und Harmonie auf der einen Seite und einer pantheistischen Vision für die Zukunft auf der anderen Seite. Wahl meint, dass das unglückliche Bewusstsein sich wie ein Leitmotiv durch alle Phasen und Werke Hegels hindurchzieht, allerdings stets nuanciert und abgewandelt. Hegels Dialektik sei keine schematische Abfolge von These, Antithese und Synthese, sondern eher ein faustischer Versuch, alle widersprüchlichen Perspektiven zu durchleben und zu einer ganzheitlichen Auffassung zu vereinigen. Widersprüchliche Auffassungen von der Welt und von uns selber müs-

[57] Emerson, 17. August 1843, also im gleichen Jahr wie Bruno Bauers Text! Zitiert nach Emerson 1954, 78.

sen möglichst vollständig erinnert und in einer höheren Ansicht vereinigt werden. Wegen dieser Notwendigkeit einer möglichst vollständigen Erinnerung und begrifflichen Verarbeitung aller Gestalten des Bewusstseins sei das hegelsche Denken ein zugleich systematisches und historisches Denken. Das unglückliche Bewusstsein lasse sich nicht auf eine einzige Epoche fixieren, sondern es enthalte Anspielungen auf den Ausgang des römischen Imperiums, auf das Christentum des Mittelalters und auf die Romantik.

Das unglückliche Bewusstsein repräsentiere das notwendige Stadium des Durchgangs und Übergangs von den Stufen des Stoizismus und Skeptizismus zur kollektiven Vernunft, und im unglücklichen Bewusstsein werde die widersprüchliche Erfahrung von Nähe und Ferne Gottes vom Zweifel bis zur schmerzlichen Erfahrung der Verzweiflung zugespitzt. Wie sein Jugendfreund und Studiengefährte Friedrich Hölderlin[58] halte Hegel an der Idee einer Katastrophe des Denkens fest – je größer die Ferne und Verzweiflung, um so größer sei die Chance auf eine Rettung. (»Wo aber Gefahr ist, wächst das Rettende auch.«) Das unglückliche Bewusstsein repräsentiert nach Wahl die noch unentwickelte Idee der Religion, die Unruhe des Herzens (Augustin) und die Sehnsucht des Verstandes (der Gott und Mensch unterscheidet, in starren Begriffen denkt und die Kälte der Entfremdung konstatiert) nach der Vernunft (welche Gott und Mensch vereinigt). Sie ist eine einseitige Vorstufe des religiösen Gefühls, verbunden mit einem dumpfen Wissen darum, dass sich die Trennung des Unendlichen und Endlichen im Bewusstsein selber abspiele, als Duplizität des Bewusstseins. Pantheismus sei eine Zwischen- und Übergangsphase in Hegels Denkentwicklung von der Kantischen Apotheose des Menschen zu Schleiermachers Theorie des Lebens.

Wahls Ausführungen lassen sich folgendermaßen ergänzen: Pantheismus kann nach dieser Auffassung auch im Sinne Hegels als Zwischenlösung für die inneren Spannungen des unglücklichen Bewusstseins gelten, weil nur im Pantheismus die Erfüllung der Sehnsucht nach dem Unendlichen hier und jetzt gegeben und garantiert ist. Markiert das unglückliche Bewusstsein die Hoffnung auf Erlösung, so markiert (nicht-pessimistischer) Pantheismus deren Erfüllung. Diese kann nicht in der Tilgung und Simplifikation aller zuvor erfahrenen und behandelten Spannungen im Verhältnis von Gott und Mensch be-

---

[58] Vgl. Mayer 1986, 338–355.

stehen, sondern nur in einer reichen, in sich strukturierten Auffassung der Identität von Gott und Mensch. Wenn sich Hegel gegen die Zuschreibung »des« Pantheismus wehrt, dann tut er dies gegen einen unausgegorenen, eleatischen oder vulgären Pantheismus, der eine abstrakte Identität behauptet und den Unterschied zwischen endlichem Individuum und Gott nivelliert oder verdunkelt.

Die Erlösung erfolgt nicht von außen, nicht von einer fremden Instanz oder Autorität, sondern vollzieht sich als denkende Selbsterlösung. Der Gang durch die Gemeinschaft und die Institutionen gehört dazu – es geht nicht um einsame Welterlösung, sozusagen um ein individuelles »Ausklinken« aus dem Reich der Finsternis. Pantheismus als Naturreligion ist lediglich eine primitive Vorstufe der Philosophie des Geistes, und Pantheismus als Spinozismus ist der Anfang aller Philosophie – aber eben nur der Anfang. Dass Hegel Pantheismus in der Gestalt des Spinozismus kritisiert, bedeutet nicht, dass er Pantheismus *tout cours* ablehnt, sondern dass er ihn – entgegen einer von Jacobi geförderten Deutung der Substanz von Spinoza als einer statischen Größe – dynamisiert und dem Postulat unterwirft, die Substanz als Subjekt zu denken. Der dynamische Pantheismus* besagt: Gottes Sein ist im Werden. Gemeint ist nicht so sehr zeitliches Werden, sondern vielmehr Werden im Sinne der Selbstbewegung des Begriffes. Gottes Bewusstsein erwacht im Selbstbewusstsein der Menschheit. Die Menschheit als Gattungswesen ist identisch mit Gottes Selbstbewusstsein; nur das Individuum als Einzelwesen bleibt seiner Erscheinung in Raum und Zeit nach ein von Gott unterschiedenes Wesen. Der Pantheismus* reißt den Unterschied zwischen Gott und Mensch nicht ein, aber er zielt auf eine Wesensidentität von Gottes Selbstbewusstsein und Menschheit im absoluten Wissen.

Ist dieser Pantheismus* maskierter Atheismus? Ja – sofern der Theismus Gott als das erhabene und jenseitige, absolut wertvolle (vollkommene) Wesen mit einem separaten Bewusstsein (mit »unerforschlichen Ratschlüssen«, das »Geheimnis des Glaubens«, der ewig thronende, herrschende, richtende König) dem endlichen und nichtigen Menschen schroff gegenüberstellt, ohne den Widerspruch in Gott ebenso zu thematisieren wie den Widerspruch im Menschen. Dieser Pantheismus* ist jedoch nicht Atheismus, sofern er den Gedanken der Nähe zu Gott, der Verwandtschaft und auch der Abhängigkeit Gottes von den Menschen radikalisiert und den Widerspruch und die Negativität in Gott als schöpferische Kraft begreift. Mit der Negativität kehren scheinbar Ambivalenz und Instabilität in Gottes Wesen zurück. Der lebendige Gott ist keine ewig ruhende geometrische Figur. Gottes Identität ist nicht die formale Identität von A = A, sondern eher eine moralische Identität in der durchgehaltenen Nähe zur Schöpfung und seiner Treue zu den Menschen.

Literatur zum zweiten Teil

Bauer, Bruno (1971/1843): Leiden und Freuden des theologischen Bewusstseins, in: *Anekdota zur neuesten deutschen Philosophie und Publizistik von Bruno Bauer, Ludwig Feuerbach, Friedrich Köppen, Karl Nauwerck, Arnold Ruge und einigen Ungenannten,* zweiter Band, hrsg. von Arnold Ruge, Zürich, Winterthur: Verlag des literarischen Comptoirs 1843, unveränderter Nachdruck Glashütten im Taunus: Verlag Detlev Auvermann KG, 89–112.

Bauer, Bruno (1843a): *Das entdeckte Christentum. Eine Erinnerung an das achtzehnte Jahrhundert und ein Beitrag zur Krisis des neunzehnten,* Zürich, Winterthur: Druck und Verlag des literarischen Comptoirs [Neudruck hrsg. von Ernst Barnikol, Jena: Eugen Diederichs 1927]

Brachtendorf, Johannes (2012): Schelling, Fichte und der Streit um Spinoza, in: *»Der Anfang und das Ende aller Philosophie ist – Freiheit!« Schellings Philosophie in der Sicht neuerer Forschung,* hrsg. von Friedrich Hermanni/Dietmar Koch/Julia Peterson, Tübingen: Attempto, 169–186.

Busch, Eberhard (2001): »Bruder, wie steht es mit deinem Herzen?« Über das Verhältnis Karl Barths zu August Tholuck, in: *Pietismus und Neuzeit* 27, 200–214.

Chiereghin, Franco (2009): Freedom and Thought: Stoicism, Skepticism, and Unhappy Consciousness, in: *The Blackwell Guide to Hegel's Phenomenology of Spirit,* ed. by Kenneth R. Westphal, Oxford: Wiley-Blackwell, 55–71.

Cobben, Paul (2006) (Hrsg.): *Hegel-Lexikon,* Darmstadt: Wissenschaftliche Buchgesellschaft.

Dilthey, Wilhelm (1925): *Die Jugendgeschichte Hegels und andere Abhandlungen zur Geschichte des deutschen Idealismus* (Wilhelm Diltheys Gesammelte Schriften Band IV), 2., unveränderte Aufl., hrsg. von Hermann Nohl, Leipzig, Berlin: Teubner.

Emerson, Ralph Waldo (1954): *Die Tagebücher,* ausgewählt von Bliss Perry, mit einem Nachwort von Eduard Baumgartner, übersetzt von Franz Riederer, Stuttgart: Kröner.

Engels, Friedrich (1982/1842): Schelling und die Offenbarung. Kritik des neuesten Reaktionsversuchs gegen die freie Philosophie, Leipzig: Robert Binder, in: Marx/Engels, *Werke,* Ergänzungsband, Zweiter Teil, Berlin: Dietz-Verlag, 171–245.

Fénelon (2012): *Fénelon ou le génie méconnu. Choix de textes,* présentés par Laurence Devillairs, Paris: pocket.

Feuerbach, Ludwig (1989/1838): *Pierre Bayle*, in: *Gesammelte Werke*, Band 4, hrsg. von Werner Schuffenhauer, Berlin: Akademie Verlag.
Feuerbach, Ludwig (1971/1843): Vorläufige Thesen zur Reformation der Philosophie, in: *Anekdota zur neuesten deutschen Philosophie und Publizistik von Bruno Bauer, Ludwig Feuerbach, Friedrich Köppen, Karl Nauwerck, Arnold Ruge und einigen Ungenannten*, zweiter Band, hrsg. von Arnold Ruge, Zürich, Winterthur: Verlag des literarischen Comptoirs 1843, unveränderter Nachdruck Glashütten im Taunus: Verlag Detlev Auvermann KG 1971, 62–86.
Forster, Michael N. (1989): *Hegel and Skepticism*, Cambridge, London: Harvard UP.
Franz, Michael (2012): *Tübinger Platonismus. Die gemeinsamen philosophischen Anfangsgründe von Hölderlin, Schelling und Hegel*, Tübingen: Narr Francke Atempto Verlag.
Guyon, Jeanne-Marie (2009): *Von der Leichtigkeit Gott zu finden. Das innere Gebet der Madame Guyon*, hrsg. von Emmanuel Jungclaussen, Schwarzenfeld: Neufeld Verlag.
Hegel, G. W. F. (1966/1930): *Vorlesungen über die Beweise vom Dasein Gottes*, hrsg. von Georg Lasson, Hamburg: Felix Meiner Verlag.
Hegel, G. W. F. (1970): *Werke* in zwanzig Bänden, hrsg. von Eva Moldenhauer und Karl Markus Michel, Frankfurt a. M.: Suhrkamp.
Hegel, G. W. F. (1983): *Philosophie des Rechts. Die Vorlesung von 1818/20 in einer Nachschrift*. Hrsg. von Dieter Henrich, Frankfurt a. M.: Suhrkamp.
Hegel, G. W. F. (1993): *Vorlesungen über die Philosophie der Religion. Einleitung. Der Begriff der Religion*, hrsg. von Walter Jaeschke, Hamburg: Meiner.
Hegel, G. W. F. (2008/1832): *Wissenschaft der Logik. Die Lehre vom Sein*, Hamburg: Meiner 2008.
Hodgson, Peter C. (2008): Hegel's Philosophy of Religion, in: *The Cambridge Companion to Hegel and Nineteenth-Century Philosophy*, ed. by Frederick C. Beiser, Cambridge: UP, 230–252.
Hofweber, Gerhard (2006): *Skeptizismus als »die erste Stuffe zur Philosophie« beim Jenaer Hegel*, Heidelberg: Universitätsverlag Winter.
Jaeschke, Walter (2000): Die geoffenbarte Religion, in: *Hegels »Enzyklopädie der philosophischen Wissenschaften« (1830). Ein Kommentar zum Systemgrundriss* von Hermann Drüe u. a., Frankfurt a. M.: Suhrkamp, 375–501.
Jeske, Michael (2012): *»Sensualistischer Pantheismus«. Seine heuristische Bedeutung im Werk Ludwig Feuerbachs*, Frankfurt a. M. usw.: Peter Lang.
Jonkers, Peter (2006): Pantheismus, in: *Hegel-Lexikon*, hrsg. von Paul Cobben, Darmstadt: Wissenschaftliche Buchgesellschaft, 345.
Koslowski, Peter (1993): *Gnosis und Theodizee. Eine Studie über den leidenden Gott des Gnostizismus*, Wien: Passagen Verlag.
Küng, Hans (1989/1970): *Menschwerdung Gottes. Eine Einführung in Hegels theologisches Denken als Prolegomena zu einer künftigen Christologie*, mit einem Vorwort zur Taschenbuchausgabe, München, Zürich: Piper 1989.
Küng, Hans (2008): *Existiert Gott? Antwort auf die Gottesfrage der Neuzeit*, 8. Aufl., München: Piper [EA 1995].

Lauer, Quentin, S.J. (1982): *Hegel's Concept of God*, Albany: State University of New York Press.

Lichtenberg, Georg Christoph (1983/1779–1788): Sudelbücher, in: *Schriften und Briefe*, Erster Band, hrsg. von Franz H. Mautner., Frankfurt a. M.: Insel Verlag.

Magee, Glenn Alexander (2008): Hegel and Mysticism, in: *The Cambridge Companion to Hegel and Nineteenth-Century Philosophy*, ed. by Frederick C. Beiser, Cambridge: UP, 253–280.

Mayer, Hans (1986): *Das unglückliche Bewusstsein. Zur deutschen Literaturgeschichte von Lessing bis Heine*, 2. Aufl., Frankfurt a. M.: Suhrkamp.

Marx, Karl/Engels, Friedrich (1990): *Marx-Engels Werke (MEW)*, Berlin: Dietz Verlag.

Nohl, Hermann (1991/1907) (Hrsg.): *Hegels theologische Jugendschriften*, Tübingen 1907, unveränderter Nachdruck Frankfurt a. M.: Minerva 1991.

O'Regan, Cyril (1994): *The Heterodox Hegel*, Albany: State University of New York.

Schelling, F. W. J. (1985): *Ausgewählte Schriften.* Band 4: Schriften 1807–1834, Frankfurt a. M.: Suhrkamp, darin: *Zur Geschichte der neueren Philosophie* (vermutlich 1833/1834).

Vieweg, Klaus (1999): *Philosophie des Remis. Der junge Hegel und das »Gespenst des Skepticismus«*, München: Wilhelm Fink Verlag.

Wahl, Jean (1951/1929): *Le Malheur de la Conscience dans la philosophie de Hegel*, 2. Aufl., Paris: PUF 1951.

Williamson, Raymond Keith (1984): *Introduction to Hegel's Philosophy of Religion*, Albany: State University of New York Press.

Wolf, Jean-Claude (2010a): Bruno Bauers Posaune des Jüngsten Gerichts, in: *Utopie und Apokalypse in der Moderne*, hrsg. von Reto Sorg und Stefan Bodo Würffel, München: Wilhelm Fink Verlag, 119–128.

Wolf, Jean-Claude (2010b): Stirner zitiert Bauer, in: *Bruno Bauer. Ein »Partisan des Weltgeistes?«*, hrsg. von Klaus-M. Kodalle und Tilman Reitz, Würzburg: Königshausen & Neumann, 211–227.

Wolf, Jean-Claude (2011): »dass der Mensch durch das Erkennen unsterblich ist« – Hegels Deutung vom Sündenfall, in: *Freiburger Zeitschrift für Philosophie und Theologie* 58, 2, 453–470.

Wolf, Jean-Claude (2013): Hegels Deutung von Gottes Trinität, in: *Gott in der Geschichte*, hrsg. von Mariano Delgado und Volker Leppin, Freiburg in der Schweiz: Academic Press, 149–173.

Dritter Teil
Ausblicke auf eine heteronome Alltagsmoral

3.1 Autonome Ethik

Gehört Pantheismus nach der Aufklärung, und das heißt nach dem Standard von Schleiermachers *Reden*, in den Bereich selbständiger, nicht auf Moral oder Ordnungspolitik reduzierbarer Konzeptionen von Religion, so kann er in seinen verschiedenen Gestalten nicht mehr als Garant einer politischen Ordnung oder als Fundament der Ethik in Anspruch genommen werden. Ist Pantheismus etwa amoralisch oder gar antimoralisch? Führen pantheistische und theistische Orientierungen nicht unausweichlich zur Heteronomie, d.h. zur Fremdbestimmung von Vernunft und Wille durch eine übermenschliche/unmenschliche Instanz?

Die letzte Frage verliert teilweise ihre Schärfe, wenn man die Konzeption einer »reinen« Ethik kritisch unter die Lupe nimmt. Dabei kommt man zu überraschenden Ergebnissen. Einerseits finden sich selbst bei den vermeintlich konsequenten Vertretern einer »reinen« Ethik wie Kant und Schopenhauer erstaunliche Zugeständnisse an heteronome Elemente innerhalb und außerhalb der Ethik, z.B. in Bezug auf ihre Aussagen in der Rechtslehre. Andererseits ist Alltagsmoral damals wie heute mit zahlreichen Kontrollen und Sanktionen verknüpft, welche den vermeintlich selbständigen, selbstbestimmten, unvermischten Charakter moralischer Gründe und Motive einschränken. Moral ist nur praktikabel, wenn sie heteronome Faktoren und gemischte Motive (wie z.B. Scham und Ehre) aufnimmt. Auch eine kritische (oder »postkonventionelle«) Moral ist mit pantheistischen Visionen kompatibel. Moral wird nicht religiös »annektiert«; Religion wird nicht moralisch funktionalisiert. So gesehen droht auch von dieser Seite keine Gefahr: Pantheismus ist kein »Moralkiller«. Weniger plakativ ausgedrückt: Pantheismus mag zwar die Ethik mit Elementen der Fremdbestimmung »verunreinigen«, doch »Verunreinigungen« finden sich ohnehin in einer Ethik für vernünftige und abhängige Lebewesen. Sie lassen sich auch dort nicht ganz vermeiden, wo Autonomie, Reinheit des Herzens, Selbstlosigkeit und Entsagung ganz besonders hoch gehalten werden. Und die Forderung, die Tugend um der Tugend willen zu befolgen, ohne Blick auf Strafe oder Belohnung, findet sich ausgerechnet bei Spinoza!

Gewöhnlich gilt autonome Ethik als die kritische und überlegene Ethik, heteronome Ethik dagegen als niedrigere, primitivere Entwicklungsstufe. Heteronome Ethik wird als »Pseudomoral« desavouiert – sie scheint es nicht einmal zu verdienen, als echte oder wahre Moral klassifiziert zu werden.[1] Dieses vorschnelle und abfällige Urteil hängt auch damit zusammen, dass Kants autonome Ethik besonders einflussreich ist.

Kant, ursprünglich Anhänger einer Gefühlsmoral, hat sich von dieser seit 1770 abgewendet; seine definitiven ethischen Auffassungen hat er am Ende des 18. Jahrhunderts veröffentlicht. Seine reife und rationalistische Ethik gipfelt in der Auffassung, dass der gute Wille die einzige Quelle der Moral und stets darauf gerichtet sei, dass die Maximen unseres Handelns universalisierbar seien. Dieser »Formalismus« bekräftigt die Stoßrichtung einer »reinen Ethik« der Autonomie.

Ein großer Zeitabstand trennt uns von Kant. Nicht alle Details seiner Ethik lassen sich aktualisieren. Vielleicht lassen sich Kants Prinzipien, aber nicht seine Kasuistik »retten«. Manche zeitgenössische Ethiker scheinen so zu denken, und sie vertreten eine **Kantische Ethik** [kantian ethics], d.h. eine Ethik, welche dem Geist Kants, aber nicht immer seinem Buchstaben folgt. Dies besagt, dass seine Prinzipien, d.h. die Begründung der Ethik ernster genommen werden als seine Kasuistik. Denn im Programm einer Begründung *a priori* scheint eine »reine« und autonome Ethik vorzuliegen. Sie ist weder von Erfahrungen noch von Neigungen abhängig und orientiert sich nur an der Form der Gesetzmäßigkeit unserer Maximen.

Selbst Ethiker, die sich nicht im Bannkreis von Kants Geist bewegen, scheinen einer autonomen Ethik den Vorzug zu geben. Man könnte zusätzlich in der kognitiven Psychologie eine Bestätigung dafür sehen, dass autonome Ethik als höchste Stufe der moralischen Entwicklung die beste und einzig vertretbare Auffassung von Ethik darstellt.

---

[1] Vgl. Hartmann 2009/1879, 76–118.

Kants Ethik weckt allerdings auch Erinnerungen an schroffe Gegenüberstellungen von Pflicht und Neigung, praktischer Vernunft und bloßer Klugheit (oder Egoismus), absoluter Freiheit und Determination, geistiger Entscheidung und sinnlicher Empfindung oder Gefühl. Diese schroffen Dichotomien vermitteln ein erhabenes Bild der Ethik, dem gegenüber die Klugheit, die Neigungen und Gefühle als Abfall, Versuchung und Ablenkung erscheinen; sie scheinen die immense Fallhöhe zwischen Moral und radikalem Bösen zu markieren. In der Tat deutet Kant das radikal Böse nicht als perverse Neigung oder als teuflische Bosheit, sondern als permanente Verführbarkeit und Korrumpierbarkeit der menschlichen Natur im Kampf zwischen Neigung und Pflicht. Damit rückt der Gedanke einer Harmonisierung von Neigung und Pflicht vorerst völlig in den Hintergrund. Noch schlimmer: Die Kantische Ethik scheint geradezu das Problem zu erzeugen, welches sie bekämpfen will, nämlich eine unüberbrückbare Kluft zwischen Urteil und Praxis. Zwar sagt mir das Gewissen, was ich tun soll, doch verspüre ich leider oft keine oder keine hinreichende Neigung, es zu tun – und ich tue es oft nicht. Kants Ansatz überbrückt diese Urteil-Handlungs-Kluft nicht, sondern er vertieft sie. Die Kenntnis der Pflicht motiviert häufig nicht, entsprechend zu handeln – obwohl sie das doch immer sollte, und zwar auch ohne Assistenz von Neigungen und Gefühlen.

Kants Dilemma zeigt sich auch darin, dass er Ethik quasi prozedural als eine »self-made morality« darstellt, innerhalb derer es jedem Einzelnen überlassen ist, den Test der Verallgemeinerbarkeit seiner Maximen durchzuführen und sich aufgrund einer solchen »hauseigenen« Prüfung auf die Moral festzulegen; andererseits bezeichnet Kant »das Bewusstsein dieses Grundgesetzes [als] ein Faktum der Vernunft«[2], was weniger auf ein subjektives Verfahren der Prüfung als vielmehr auf die Möglichkeit der Entdeckung einer objektiven Moral verweist.

Der Witz der Kantischen Ethik scheint zunächst darin zu bestehen, auf irgendwelche Krücken und Hilfsmittel zu verzichten und die Reinheit der Beweggründe aufrechtzuerhalten – entweder tue ich die Pflicht um ihrer selbst willen – oder ich tue sie überhaupt nicht. Es scheint keinen moralisch akzeptablen Mittelweg zwischen Tugend und Barbarei zu geben. Was für den moralischen Wert zählt, ist der gute

---

[2] Kant: *Kritik der praktischen Vernunft*, 1990/1788, 36.

Wille und seine Ausrichtung an der Verallgemeinerbarkeit meiner Maximen. Faktische Pflichterfüllung aus anderen, nicht im engeren Sinne moralischen Beweggründen hat nach dieser Auffassung überhaupt keinen moralischen Wert.

Kant nähert sich innerhalb der autonomen Moral scheinbar der heteronomen Moral an, und zwar mit der Hilfe zweier Metaphern, nämlich der »Autorität der Vernunft« und des »Selbstzwanges«.

»Aber alle Pflicht ist Nötigung, ein Zwang, wenn er auch ein Selbstzwang nach einem Gesetz sein sollte. Was man aber aus Zwang tut, das geschieht nicht aus Liebe.«[3]

Der Ausdruck »autorité de la raison« findet sich im *Émile*[4] und wurde neuerdings wieder von Jean Hampton im Rahmen einer kongenialen Explikation der Kantischen Ethik aufgegriffen.[5] Der Hinweis mag genügen, dass es sich dabei um Metaphern handelt und dass die »Autorität der Vernunft« keine buchstäblich zu verstehende Autorität ist, es sei denn man würde sie als eine verinnerlichte, mit undurchsichtiger Gewalt zwingende Instanz im Sinne von Freuds Über-Ich deuten. Sie würde dann nicht im Sinne von Kant als frei, sondern als determinierender Faktor verstanden bzw. missverstanden. Auf ähnliche Weise kann »Selbstzwang« nicht als kausal determinierender Zwang gedeutet werden, ohne dass man damit Kants Metaphern Gewalt antut. Kants stillschweigendes Eingeständnis der Mängel einer »self-made-morality« und einer sanktionsfreien Ethik zeigt sich in dieser »Flucht in die Metapher«.

Kantische Ethik ist zwar erhaben, doch scheint sie als Alltagsmoral nicht zu funktionieren. *It's sublime, but it doesn't work*. Die Beziehung zum Erhabenen lässt zwei gegensätzliche Deutungen zu: 1.) Ethik ist erhaben über alle Erfahrung und damit rein normativ. 2.) Ethik enthält Parallelen und Analogien zur Ästhetik, insbesondere zum Erhabenen der Kunst, vielleicht auch in der Natur. Insofern enthält Kants Ethik eine »unreine« Seite, eine Affinität zu anderen, weniger autonomen Bereichen.

Autonome Ethik allein scheint nicht zu genügen, wenn es um die Situierung der Ethik im Leben und in der Gesellschaft geht. Ein Zuge-

---

[3] Kant: *Tugendlehre*, 1990/1797, 36.
[4] Vgl. Rousseau 2010, 97.
[5] Vgl. Hampton 1998.

ständnis an diese Unwirksamkeit der reinen Moral besteht darin, dass Kant die Ethik durch eine reine Rechtslehre ergänzt, in der die Themen der Sanktionen und der heteronomen Aspekte der Moral gleichsam nachgeholt werden. Jene Sanktionen, die es in der Ethik nicht geben darf, werden als moralisch begründete Sanktionen in der Rechtslehre, insbesondere in der ethischen Begründung der Strafe nachgeliefert.

Die autonome Ethik als »reine« Ethik, aus der die Neigungen des Akteurs, ja sogar alle empirische Verankerung und alle Sanktionen zunächst verbannt bleiben, wird durch eine religionsphilosophische Rückkehr der moralischen Autorität Gottes, eine geschichtsphilosophische Rückkehr der empirischen Verankerung der Ethik in »Geschichtszeichen«[6], d. h. Indizien eines Fortschritts und einer Finalität der Geschichte, und eine pädagogische Rückkehr der Sanktionen als Vorbereitung und Initiierung der sittlichen Mündigkeit ergänzt und überlagert. Kants »unreine Ethik« verweist auf eine Vielzahl von »fields of impurity«[7], die auch ein Spiegel von Kants weitläufigen Lehrverpflichtungen in Bereichen wie natürlicher Theologie, natürlicher Geographie, Naturrecht, Anthropologie und Pädagogik sind. Hegel wird in seinem »System der Sittlichkeit« der »reinen« Ethik des Sollens und des guten Willens die »unreinen« Faktoren der Ökonomie, der Familie und der bürgerlichen Gesellschaft hinzufügen.

»Reine« Ethik ist ergänzungs- und korrekturbedürftig. Sie eröffnet zunächst die Perspektive auf eine »ethische Landschaft jenseits der Bürgerlichkeit«[8], wie sie von den Mystikern der *via moderna*, insbesondere Fénelon und Madame de Guyon angestrebt wurde. Kants und Schopenhauers Idealtyp einer »reinen« Ethik kann als Widerhall einiger Bestrebungen des sog. Quietismus gelesen und gewürdigt werden. Spuren des *amour pur* finden sich im zwanzigsten Jahrhundert bei Lévinas und Lacan. Allerdings scheint die »reine« Ethik als konsequenter »Agapismus« die Grenzlinien zwischen Ethik und Mystik permanent zu überschreiten. Sie verweist auf Gefilde, in denen ein bürgerliches Leben nicht mehr möglich ist.

---

[6] Vgl. Kittsteiner 2006, 59–102; Louden 2012, 217 ff.

[7] Louden 2000, VIII *et passim*.

[8] Strasser 1982, 12.

3.2 Heteronome Ethik

Angesichts des schwierigen Übergangs von einer »reinen« zu einer »unreinen« oder angewandten Ethik ist es empfehlenswert, die Alternative zu einer autonomen Ethik nicht von vornherein zu verabschieden. Es gibt kaum explizite und unpolemische Darstellungen einer heteronomen Ethik. Die heteronome Ethik bezieht ihre Legitimation aus einer (höchsten) moralischen Autorität. Diese heteronome Konzeption wird von Julius Hermann von Kirchmann explizit gegen Kant formuliert.

»[…] das Gesetz als solches kann dieses Soll nicht erzeugen, wie Kant meint. In seiner Allgemeinheit ist das Gesetz nur ein Wissen, was das Sollen zwar als Inhalt in sich hat, aber nur in der Form des Wissens, nicht in der Form des Seins; es ist die **Vorstellung** eines Gebotes, aber nicht das **wirkliche** Gebot selbst mit seiner Macht über den Willen. Diese Wirklichkeit kann auch hier nur durch Wahrnehmung erfasst werden; nur das **wahrgenommene** Gebot ist das wirksame. Ein solches ist aber ohne Gebieter unmöglich; es ist daher der wahrgenommene **Gebietende** der Grund der Wirksamkeit seines Gebotes; nicht das Gesetz, sondern der Gesetzgeber wirkt die Achtung, welche als Beweggrund seine Gebote befolgen macht; nicht das Allgemeine seiner Gebote, sondern die Macht und Hoheit seiner Person ist das Wirksame.«[9]

Ein Kandidat für eine heteronome Moral ist die theokratische Moral, sofern Gottes Autorität in den Bereich der Wahrnehmung fällt. Sie wird als Moral der göttlichen Befehle *(divine command theory)* diskutiert. Kirchmanns Formulierung scheint die moralische Autorität mit dem Charisma einer Person in Verbindung zu bringen. Ob es sich dabei um ein persönliches Charisma oder um das Ansehen eines Amtes oder einer Stellung handelt, ist vielleicht nicht so wichtig wie die Betonung der Wahrnehmung oder einer lebhaften Vergegenwärtigung einer vertikalen Herrschaftsbeziehung, eines »Befehls von oben«. Die moralische Autorität entsteht oder besteht in der Wahrnehmung jener, die sie akzeptieren.

Auch die Alltagsmoral nimmt Bezug auf eine moralische Autorität, die über die Autorität von Individuen oder partikulären Gruppen hinausgeht. Ob es nun Gott gibt oder nicht: Als Modell ist die theokratische Ethik insofern nützlich, als sie sich nicht auf irgendwelche Zwischeninstanzen oder endliche Grade von Autorität stützt, sondern

[9] Kirchmann 2007/1869/1973, 50. Vgl. Bast 1993.

auf eine ultimative Autorität. Ob sie existiert und wie wir sie erkennen können, sind zwar wichtige, aber angesichts der methodischen Einfachheit des Modells sekundäre Fragen. Das Modell hat einen heuristischen Wert für die hartnäckige Suche nach unparteiischen und eindeutigen Antworten auf ethische Fragen. Es gleicht der Bezugnahme auf einen *ideal observer* oder *impartial spectator* (Adam Smith). Es enthebt nicht der Anstrengung, sich selber ein moralisches Urteil zu bilden, aber es stärkt die Bemühung, ein ausgewogenes und verbindliches Urteil zu finden. Wir urteilen, *als ob* wir vorübergehend selber die höchste moralische Autorität wären. Die Heteronomie verdammt so betrachtet nicht zur Passivität oder zur Gedankenlosigkeit. Sie verlangt einen wachen und sehenden, nicht einen blinden Gehorsam.

Selten werden die Vorzüge einer heteronomen Ethik benannt. Sie wird als »Pseudomoral« abgewertet und dient hauptsächlich als Negativfolie für das strahlende Porträt einer autonomen Ethik. Die heteronome Ethik wird vielleicht eher verdrängt als widerlegt, und entsprechend gibt es eine »Rückkehr des Verdrängten«, d.h. Elemente der heteronomen Ethik finden sich in einer autonomen Ethik wieder. Das heteronome Modell stiftet und bekräftigt die Auffassung einer objektiven Moral, deren Geltung nicht einfach von Wünschen und Meinungen von Individuen oder begrenzten Instanzen und Gruppen abhängig ist. Die Geltung liegt nicht in den Sanktionen, sondern im Willen oder Dekret einer (höchsten) Autorität. Die wahrgenommene oder lebhaft vorgestellte charismatische Ausstrahlung führt zur Ausführung des moralischen Vorsatzes.[10]

Die heteronome Ethik gibt den Zusammenhang zwischen Moral und Anreizen explizit bekannt. Sie befiehlt nicht ins Leere, sondern mit Nachdruck, insbesondere mit der Androhung und wirksamen Anwendung von Sanktionen. Die Autorität der Moral kommt im Gewicht der Drohungen und in der Schwere der Strafen zum Ausdruck. Man könnte auch sagen, dass die heteronome Ethik sowohl von der objektiven Geltung als auch von den Vorteilen und Nachteilen der Pflichterfüllung Zeugnis ablegt, während autonome Ethik sich in vornehmes Schweigen hüllt und so tut, als spielten Gewinn und Verlust, Hoffnung und Furcht in einer genuin moralischen Motivation keine Rolle. Sie erhebt Moral zur Tugendreligion, zur Moral für Heilige und Helden, welche die Tugend nur um ihrer selbst willen befolgen. Diese Tugen-

---

[10] Vgl. Kirchmann 2007/1869/1873, 11–15.

dreligion wird von Spinoza[11] bis Lessing[12] als Kulminationspunkt der moralischen Reife und Endstadium der Erziehung des Menschengeschlechts bezeichnet. Sie steht im krassen Gegensatz zur Realität, in der vermutlich nur gemischte und zum Teil unbekannte (»opake«) Motive wirksam sind.

Die vorangegangene Bemerkung erlaubt es, einen Bezug zum Thema Geld und Profit als Anreiz zum Handeln herzustellen. Zunächst scheint die »unreine Ethik« eine Affinität zum Symbolismus des Geldes zu haben, der darin besteht, dass Geld »unrein«, »schmutzig« ist – auch wenn man es ihm nicht unbedingt ansieht, oder vielleicht gerade weil man es ihm nicht ansehen kann. Was als neutrales oder »unschuldiges« Zahlungsmittel erscheint, verbirgt eine schmutzige Geschichte. Geld, das sich auf undurchsichtige Weise selber vermehrt, erscheint als »obszön«. Wer sich mit Geld (zu sehr) beschäftigte, wessen Geschäfte hauptsächlich »Geldgeschäfte« waren, galt lange als »Jude«. Geld symbolisiert Schmutz, Gier und Scham. Zur Symbolik des Geldes gehört auch jene der verkehrten Welt, in der der Hässliche als schön und der Lasterhafte als gut erscheinen. Weil sich fast alles mit Geld erwerben lässt, lassen sich auch Liebe, Freundschaft und Tugend kaufen – oder jedenfalls das, was in einer verkehrten Welt der Liebe, Freundschaft und Tugend zum Verwechseln ähnlich erscheint.

Wird heteronome Ethik als »impure ethics« verstanden, so gehört das Handeln auf dem Markt zu den ethisch relevanten »fields of impurity« (Louden). Die Aussicht auf Gewinn ist wie Lob und Ehre ein wichtiger Anreiz des Handelns. Verlust und Bankrott können dagegen wie eine Kritik oder eine »Strafe« empfunden werden. Ökonomisches Handeln lässt sich in einer teilweise heteronomen oder »unreinen« Ethik nach Graden des moralisch Besseren und Schlechteren beurteilen. »Unreine Ethik« ist gradualistisch und melioristisch. Das Gute ist oft die Vermeidung des größeren Übels.

Es bleibt allerdings die Frage, ob das »Schmutzige«, »Hässliche« und »Böse« nur durch äußere Faktoren entsteht, d. h. durch Einwirkun-

---

[11] Vgl. Spinoza: *Ethica*, 1999, letzter Lehrsatz.

[12] »Denn bei dieser Eigennützigkeit des menschlichen Herzens, auch den Verstand nur allein an dem üben wollen, was unsere körperlichen Bedürfnisse betrifft, würde ihn mehr stumpfen, als wetzen heißen. Er will schlechterdings an geistigen Gegenständen geübt sein, wenn er zu seiner völligen Aufklärung gelangen, und diejenige Reinigkeit des Herzens hervorbringen soll, die uns, die Tugend um ihrer selbst willen zu lieben, fähig macht.« Lessing: *Die Erziehung des Menschengeschlechts*, §80.

gen gewisser Umstände (wie Knappheit, Verelendung, Marginalisierung, Unterdrückung, Klassengegensätzen oder positive Anreize wie Geld, Gelegenheit, verführende oder bestechende Angebote etc.). Nach dieser »externen« Theorie ist die menschliche Natur entweder gut oder zumindest moralisch neutral. Das Böse liegt nicht »in« der menschlichen Natur, sondern kommt durch äußere Faktoren in die menschliche Natur. Diese kann durch die Macht äußerer Faktoren verdorben, gebrochen oder bestochen werden.

Die externe Theorie »des« Bösen kann pluralistisch sein, indem sie eine Vielzahl voneinander irreduzibler äußerer Faktoren annimmt, oder sie kann monistisch sein, indem sie glaubt, dass die Verleitung zum Bösen nur in einem einzigen Faktor liegt – z. B. im Privateigentum oder im Geld. Diese monistische Diagnose würde nahelegen, dass mit der Abschaffung des Privateigentums und/oder der Abschaffung des Geldes »das« Böse verschwinden würde. Eine sozialistische Variante liefert die Prognose, dass mit der Abschaffung des Privateigentums und der Klassenantagonismen »das« Böse ganz oder nahezu verschwinden wird.

Die heteronome Ethik braucht sich nicht auf eine rein externe oder gar eine externe und monistische Diagnose der Ursachen des Bösen festzulegen. Eine durch äußere Autorität auferlegte Moral soll nicht nur gegen äußere, sondern auch gegen innere Faktoren des Bösen wirksam sein, auch wenn es schwieriger sein wird, Gier, Neid oder Stolz auszumerzen als äußere Faktoren. Geld zu eliminieren oder durch andere Tauschformen vollständig zu ersetzen wäre ebenso dumm und wirkungslos wie das Bemühen, private und öffentliche moderne Verkehrsmittel abzuschaffen. Moderne Verkehrsmittel sind ebenso oft Quellen und Anreize zu Vergehen, Verbrechen und Gefährdungen anderer wie Geld und Privateigentum. Geld ist wie so manches Mittel janusköpfig, d. h. es hat zwei Gesichter, wir können es zum Guten und zum Bösen verwenden. Das Geld abzuschaffen wäre ebenso unverhältnismäßig und lächerlich wie alle Messer abzuschaffen.

Äußere Faktoren des Bösen sind oft janusköpfig; sie können auch Gelegenheiten oder Anreize zum Guten oder zumindest zur aktiven Überwindung des Bösen sein. Moralisches Handeln setzt nicht nur eine Bearbeitung und Verbesserung der Welt voraus, sondern auch eine Arbeit an sich selber, eine Arbeit der Selbstüberwindung und Selbstvervollkommnung. Diese richtet sich vor allem gegen innere Faktoren des Bösen; sie gilt der Überwindung von Gier, Neid, Revanchismus usw.

»Unreine« Ethik hat aber noch eine ganz andere Pointe, wenn es um den Kampf gegen das Laster geht. Diese lässt sich wie folgt zusammenfassen: Weniger Korruption wäre besser als mehr; doch ein bisschen Korruption ist vielleicht besser als gar keine. »Unreine« Ethik ist eine »theory of partial compliance«[13] Da »unreine« Ethik mit Übertretungen und der Unvermeidbarkeit von Sanktionen rechnet, kann sie auch die Maxime vertreten, eine Welt mit weniger Sanktionen sei – unter sich nicht verschlechternden Umständen – besser als eine Welt mit mehr Sanktionen. In einem solchen Kalkül würden auch einige (oder viele) *per se* verdiente Sanktionen wegfallen, und zwar aus dem Grund, dass Sanktionen immer Leiden oder andere Nachteile verursachen und dass weder das politische noch das ökonomische, noch das private Leben ganz ohne einige (mehr oder weniger harmlose) Laster gedeihen kann. Sanktionen sind Sand im Getriebe der modernen liberalen Gesellschaft. Oder sie sind das Salz, das nur in geringen Dosen schmeckt, ohne die ganze Speise zu verderben. Mandeville hat – in welcher Absicht auch immer – den Gedanken erwogen, dass eine Welt mit einigen Lastern in manchen Hinsichten besser ist als eine Welt ohne Laster. Dies sind Gedankengänge, die in einer »reinen« Ethik keinen Platz haben, sofern diese nicht nur von der reinen Motivation, sondern auch von der Bedingung einer ausnahmslosen Befolgung der moralischen Regeln ausgeht. So besteht nach Kant das Ziel der Ethik in einem Reich der Zwecke, in dem sich alle vernünftigen Wesen gegenseitig als Zwecke respektieren. Im Reich der Zwecke sind Sanktionen überflüssig.

Aus der Sicht einer reinen oder autonomen Ethik ist ökonomisches Handeln *per se* moralisch wertlos. Reine Tugend schwächt die Konkurrenzfähigkeit und führt eventuell in den wirtschaftlichen Ruin. Am besten schneiden jene ab, die viel Geld oder Macht erwerben und sich trotzdem einen guten Ruf erhalten. Wer sich durch »selbstloses« tugendhaftes Handeln systematisch benachteiligt, schädigt oder gar ruiniert, wird sich früher oder später resigniert von »der« Moral abwenden, besonders wenn er bisher ein überzeugter Anhänger einer autonomen Ethik war. So lautet der innere Monolog eines frustrierten Anhängers der Tugendreligion:

»Warum soll ich moralisch sein, wenn ich mich damit selber systematisch ruiniere und nicht einmal das Recht habe, den Zusammenhang zwischen Ethik und Vorteil im Auge zu behalten? Auch wenn ich einsehe, dass X (z. B.

[13] Rawls 1999, 8. Vgl. auch Index unter »non-ideal theory«.

einen Vertrag einzuhalten) moralisch ist, so brauche ich auch Motive, Verträge generell und diesen Vertrag im Besonderen wirklich einzuhalten. Die Einsicht oder das Urteil, dass es moralisch richtig ist, vermag mich nicht mehr zu bewegen, da ich mich damit offensichtlich in einseitige und schmerzhafte Unkosten stürze.«

Der enttäuschte Anhänger einer »reinen« Ethik empört sich vor allem darüber, dass die Heuchler und Scheinheiligen an der Macht sind und die Redlichen und Gerechten ausgebeutet werden. Diese Empörung geht so weit, dass Sein und Schein als zwei völlig getrennte Sphären betrachtet werden. Dass es im moralischen Leben um eine geschickte Verbindung von Sein und Schein geht, dass es z. B. besser ist, öffentlich als heimlich Gutes zu tun, kann »reine« Ethik nicht zugeben – sie weist den Tugendschein in jeder Hinsicht als »unrein« zurück. Hier scheint sich ein asketischer Zug abzuzeichnen. Wäre es nicht am besten, gut zu sein und böse zu scheinen? D. h. völlig auf einen guten Ruf zu verzichten? Oder nur auf diesen Ruf zu achten, wenn er anderen als Vorbild und Anreiz dient, ohne dabei auch nur einen Augenblick an den eigenen Vorteil zu denken?

Läuft die »reine« Ethik etwa auf die Forderung hinaus: Tue deine Pflicht, auch wenn es dich das Leben kostet!? Die moralische Forderung des Lebensopfers kann zunächst mit der Zahl der zu rettenden Leben begründet werden: Wenn ich mit dem Opfer meines Lebens zwei oder viele andere Leben retten kann, dann sollte ich es tun. Das Lebensopfer kann darüber hinaus nicht nur utilitaristisch, sondern auch als Vollzug der Verneinung des Willens zum Leben asketisch begründet sein. (Vgl. 3.4) Eine Ethik, die ihre reinste Ausprägung in der asketischen Forderung des Lebensopfers findet, bleibt für die Mehrheit der Menschen eine unwirksame Ethik. Sie vermag nur noch eine Minderheit von »moralischen Idealisten« (oder »Fanatikern«) zu motivieren.

Die heteronome Ethik braucht die Geltung der Moral nicht in den Sanktionen zu begründen. Die Sanktionen unterstützen die Geltung; sie definieren eine klare Beziehung zwischen Tugend und Gewinn. Damit ist nun nicht gemeint, dass ich mit jeder tugendhaften oder pflichtgemäßen Handlung konkret Geld verdiene, sondern nur, dass es eine Garantie dafür gibt, dass sich – alles in allem betrachtet – Tugend lohnt, Laster aber nicht. Die höchste moralische Autorität begnügt sich nicht damit, moralische Vorschriften mitzuteilen und zu empfehlen, sondern sie sorgt auch dafür, dass sich Laster und Pflichtwidrigkeiten letztlich nicht lohnen.

Es geht hier nicht darum, diese Auffassung zu verteidigen oder gar eine theokratische Ethik zu propagieren. Es ist sogar wahrscheinlich, dass eine einseitig heteronome Ethik in sich problematisch ist. Entscheidend ist vielmehr die Tatsache, dass dieses Modell der Begründung mit einer dezidierten Auffassung von Sanktionen und Motiven verknüpft ist, ohne die Unterscheidung zwischen Begründung und Sanktion völlig zu vermischen. Es ist ein Modell für eine Ethik, die objektiv gültig ist und einen klaren Bezug zu wirksamen menschlichen Motiven, insbesondere zur Vermeidung von Unlust und anderen Nachteilen hat.

Eine »rein« heteronome Ethik kann sogar auf die hedonistische Komponente verzichten und die völlige Unterwerfung des menschlichen unter den »höheren« Willen fordern. Man kann sich fragen, ob die von Fénelon geforderte »reine« Liebe »reine« Heteronomie verkörpert. Oder macht die Annäherung an eine mystische Vereinigung mit Gott, die nahezu vollständige Verschmelzung meines Willens mit Gottes Willen die Unterscheidung zwischen Autonomie und Heteronomie fließend, ja letztlich hinfällig? Die Frage nach der Durchlässigkeit dieser Unterscheidung wird in den folgenden Abschnitten wiederholt gestellt. Sie stellt sich auch im Rahmen eines Pantheismus, in dem es gleichgültig ist, ob der Mensch (als bloßer Modus) völlig heteronom oder (als wesensidentisch mit Gott) völlig autonom ist. Ähnlich nichtssagend wird die Dichotomie zwischen Egoismus und Altruismus: Gott, der alles in allem und vollkommen ist, kann nur sich selber lieben und ist damit ein »Superegoist«. Doch macht die Anwendung des Ausdrucks ›Egoismus‹ auf eine grenzenlose Liebe noch irgendeinen Sinn?

3.3 Die Rechtsethik

Wie bereits gesagt wurde: Kant scheint das einseitige Bild einer autonomen Ethik ohne Sanktionen durch eine ethisch begründete, reine Rechtslehre, welche die Ethik flankiert und ergänzt, zu korrigieren. Dagegen ist nicht viel zu sagen, sieht man einmal von den Details der Kantischen Straftheorie und ihrer Begründung im Prinzip der angemessenen Vergeltung ab. Es geht hier nicht um die Beurteilung dieser Ausführung, sondern lediglich um das weise Eingeständnis Kants, dass eine rein autonome Ethik ohne ergänzende ethisch begründete Rechtslehre nicht funktioniert. Kant geht sogar so weit, eine liberale Auffassung von Staat und Verfassung zu verteidigen, die den Rechtsstaat nicht als »moralische Erziehungsanstalt« konzipiert, dem Individuum als »krummes Holz« Rechnung trägt; er entwirft einen Staat, der sogar für ein »Volk von Teufeln« wirksam wäre. Darüber hinaus scheint Kant der angeblich rein formalen und *a priori* Begründung der Ethik Einsichten der Religion und der Anthropologie als »unreine Ethik »hinzuzufügen, sei es auch nur im Rahmen der Kasuistik. Wie es möglich sein soll, Begründung und Kasuistik völlig zu separieren, ist eher schleierhaft.

Kants »unreine Ethik« verrät sich auch in seinem religiösen Ethizismus, der die Ethik mit einer Antwort auf die Frage »Was darf ich hoffen?« komplettiert. Die Hoffnung verbindet Aspekte der praktischen Vernunft (des Sollens) mit Aspekten der theoretischen Vernunft, insbesondere mit der Erkenntnis und Ausdeutung des Verlaufs der Geschichte. Die »unreine Ethik« ist eine schüchterne Wiederannäherung an Elemente der heteronomen Ethik, d. h. an die Berg-Sinai-Konzeption moralischer Gesetze. Die moralischen Pflichten werden betrachtet, als ob sie göttliche Befehle wären. Die »Autorität der Vernunft« wird von der charismatischen Wirkung einer als real wahrgenommenen und teilweise »versinnlichten« Autorität überlagert.

Die Rechtsethik als heteronome, wesentlich sanktionierte Minimalmoral scheint auf einen Kern von moralischen Regeln zu zielen, die durch den Gesichtspunkt der Sanktionen von moralischen Idealen unterschieden werden. Moralische Regeln sind sanktionierbar; sie lassen sich – auf moralisch legitime Weise – erzwingen.[14] Nach der Auffassung von Gert enthalten die moralischen Regeln sogar eine spezifische Regel, die besagt: Du sollst die Gesetze deines Landes befolgen. Damit wird etwa das Tötungsverbot doppelt gestützt: Einerseits als Gesetzesnorm, andererseits als moralische Regel, die befiehlt und nicht einfach empfiehlt und deshalb strenger ist als ein bloßes moralisches Ideal. Das unterscheidet etwa ein moralisch begründetes Tötungsverbot vom generellen Ideal, alle Menschen zu lieben und ihnen nach Kräften Gutes zu tun. Das Ideal der Wohltätigkeit ist zwar schön und gut, doch jemand, der diesem Ideal nicht entspricht oder sich wenig darum kümmert, verdient dafür keinen öffentlichen Tadel, geschweige denn heftige Vorwürfe oder Strafe. Um zur moralischen Gemeinschaft zu gehören genügt es, den harten Kern der moralische Regeln zu be-

[14] Vgl. Gert 2004, 53 ff.

folgen; es ist eine höchst willkommene und schöne Zugabe, moralische Ideale (so weit als möglich) zu erfüllen. Mit den ethischen Idealen gewinnt die Moral eine ethisch und vielleicht auch ästhetisch wertvolle Symbolik der Vervollkommnung und der Ordnung.[15] Wer mehr als seine Pflicht tut, verdient Lob und Bewunderung.

Sofern einige der moralischen Regeln auch zum Kern des Strafrechts gehören, kann man sagen, dass die Rechtsethik eine minimale Sanktionsmoral ist; in ihr spielen Sanktionen und damit heteronome Motive des Handelns eine konstitutive Rolle. Es ist kein Zufall, dass ein Plädoyer für eine heteronome Moral, wie es im 19. Jahrhundert von F. H. von Kirchmann in seiner Schrift »Die Grundbegriffe des Rechts und der Moral« (1869) formuliert wurde, eine Auffassung von Ethik betrifft, welche die enge Verbindung von Recht und Moral in Anspruch nimmt und die Ethik als Rechtsethik oder in enger Anlehnung an das Paradigma zwingender rechtlicher Normen versteht. Kirchmann vertritt in einer Polemik gegen Karl Ludwig von Haller die Auffassung, dass die moralische Autorität keine relative Autorität sein könne (wie z. B. die Familie, die Sitte eines Volkes oder die Kirche), sondern eine unermessliche oder ultimative Autorität.[16]

Man kann der Rechtsethik nicht vorwerfen, dass sie alle Moral auf Recht reduziere, lässt sie doch den moralischen Idealen genügend Spielraum. Auch für moralische Ideale gibt es ein System von Sanktionen, aber dieses ist ausschließlich ein Belohnungssystem, kein Strafsystem. Man kann sich hohes Ansehen durch gute Handlungen verschaffen, die über den Regelgehorsam hinaus in den Bereich der ungewöhnlichen Leistungen, d. h. der überdurchschnittlichen und hervorragenden moralischen Verdienste *(opera supererogatoria)* gehen.

3.4. Schopenhauers Ethik

Arthur Schopenhauer versteht seine Ethik als Kontrastprogramm zu Kants Ethik.[17] Entsprechend besteht der erste Teil seiner Schrift *Über die Grundlage der Moral* aus einer Kritik an Kants Ethik. Schopen-

---

[15] Vgl. Glassen 1958; Scruton 2012, 173–190.
[16] Zur Kritik an Kirchmann vgl. Hartmann 2009/1879, 79.
[17] Vgl. Schopenhauer 2007/1851.

hauer vertritt keine Ethik der Vernunftautonomie, sondern eine Mitleidsethik. Damit setzt er sich in bewussten Gegensatz zum Hauptstrom der rationalistischen Philosophie von Anaximander bis Hegel. Nicht der *Nous* regiert die Welt, sondern der blinde Wille. Anknüpfungspunkt der Ethik kann daher nicht eine überweltliche oder weltbeherrschende Vernunft sein.

Schopenhauer will die Engführung einer Ethik aus »reiner« Vernunft überwinden, sucht er doch nach einem anthropologischen, d.h. empirischen Fundament der Ethik. Damit ist eine Triebfeder *de facto* gefragt, welche wirkt und in ihren unmittelbaren Manifestationen und Ausdrucksformen beobachtbar und evident ist. Schopenhauer begnügt sich nicht mit Kants Erwägungen über unbeobachtbare und unsichtbare Motive aus einem *mundus intelligibilis*, derer wir bei uns und anderen nie gewiss sein können. Kant bestätigt diese Ungewissheit mit der Bemerkung, dass wir nicht wissen können, ob es jemals in Wirklichkeit einen echten Freund gegeben habe. Für Schopenhauer muss es sich beim moralisch wertvollen und wirksamen Motiv um ein spontan erlebtes Gefühl handeln, dessen Evidenz jeden Zweifel ausschließt, ob dabei Egoismus im Spiel sei. Diese Zweifelsfreiheit im Bereich der moralischen Gefühle ist für Kant nicht zu haben. Man könnte glauben, dass sich Schopenhauer von Kants Programm einer »reinen« Ethik völlig verabschiedet.

Doch der Schein trügt. Schopenhauers Mitleidsethik bleibt dem Konzept der »reinen« Ethik verpflichtet, trotz aller Abweichung von Kant, trotz der stärkeren Gewichtung von Spontaneität und Erfahrung gegenüber Reflexion und Abstraktion. Schopenhauer geht von folgenden Prämissen aus:

1. Prämisse: Es muss eine einzige »reine« moralische Triebfeder geben (Monismus der moralischen Triebfeder).
2. Prämisse: Der Wille manifestiert sich in Egoismus und Bosheit und kann deshalb nicht diese moralische Triebfeder sein.
3. Prämisse: Diese Triebfeder muss ein nicht-egoistisches Gefühl sein (Anti-Egoismus *a priori*).
4. Prämisse: Mitleid ist die gesuchte völlig »reine« (nicht mit anderen Triebfedern vermischt) und selbstlose (d.h. nicht mit Egoismus vermischt) Gefühlsregung.
5. Konklusion: Mitleid ist die einzige »reine« moralische Triebfeder (und nicht Achtung, Dankbarkeit, Pietät, Gerechtigkeitssinn).

Man könnte glauben, dass Schopenhauer eine »unreine«, weil in der empirischen Natur des Menschen, in seiner realen Psychologie begründete Ethik vertrete, aber auch dieser Eindruck täuscht. Die Forderung der »Reinheit« bezieht sich in Schopenhauers Ethik nicht auf die Unabhängigkeit von Erfahrung im Allgemeinen wie bei Kant, sondern spezifischer auf die Unabhängigkeit von Lust und egoistischen Motiven im Besonderen. Mitleid selber ist durchaus ein empirisches Phänomen; gemeint ist die natürliche Sympathie, an die Rousseau und die Vertreter der Schottischen Aufklärung appellieren. Dieses natürliche Gefühl erlaubt allerdings eine Kultur und Steigerung; diese Auffassung erinnert an die Lehre Fénelons von den fünf Arten der Liebe und ihrer Vollendung in der »reinen« oder desinteressierten Liebe.

Schopenhauer geht in seiner philosophischen Systematik über eine empirische Betrachtung hinaus. Die anekdotischen Beobachtungen der Handlungen aus Mitleid, ihre exemplarische Aufzählung bilden nur das Eingangstor zum Urphänomen der Ethik, noch nicht seine vertiefte Ausdeutung. Die Konstatierung und Beschreibung spontaner Regungen des Mitleids gleichen einem vorläufigen Inventar, das einer metaphysischen Ausdeutung harrt. Man könnte allerdings Schopenhauer vorwerfen, dass die scheinbar theoriefreie Beschreibung bereits theoriebeladen ist, dass Schopenhauer m. a. W. nur das findet, was er sucht: eine »reine« Triebfeder.

Schopenhauer vergleicht die metaphysische Deutung in seinen naturphilosophischen Passagen nicht mit einer exakten Wissenschaft, sondern mit der Kunstlehre des Lesens und Dechiffrierens rätselhafter Texte. Auch das Urphänomen der Ethik, das Mitleid, kann nicht wissenschaftlich (d. h. kausal) erklärt werden, aber es lässt eine teilweise Dechiffrierung zu. Das Mitleid wird so betrachtet zur Chiffre der Durchlässigkeit der Grenzen zwischen der Welt, wie sie uns erscheint, und der Welt, wie sie an sich ist. Die Welt erscheint uns unter den Bedingungen von Raum, Zeit und Kausalität; die Welt an sich dagegen ist ohne räumliche, zeitliche und kausale Beziehungen zu denken. Streng genommen handelt es sich um ein und dieselbe Welt, aber aus zwei verschiedenen Deutungsperspektiven betrachtet.

Der Grund der Welt wird teilweise erlebbar in unserem Leib, ganz besonders im Hunger, im Geschlechtstrieb und in der Gier nach Eigentum und Macht. Aus dem erlebten Leibinneren kommen die Signale von Wünschen und Bedürfnissen, die analog zu deuten sind wie alles, was ist und nach Erhaltung und Erweiterung strebt. Dies entspricht einem voluntaristischen Monismus, der die Stellung des Menschen in der Welt als Kampf um Selbstbehauptung charakterisiert und mit jener Einsicht verbindet, die Albert Schweitzer ausformulierte. »Ich bin Leben, das Leben will, inmitten von Leben, das Leben will.«[18]

Den metaphysischen Monismus hält Schopenhauer für den Ausdruck einer transkulturellen Weisheit, die allerdings in Konflikt mit dem gewöhnlichen Alltagsverstand steht – er basiert nicht auf dem Konsens aller, sondern auf dem Konsens aller Weisen.

»Kurzum: das *Hen kai Pan* war zu allen Zeiten der Spott der Thoren und die endlose Meditation der Weisen.«[19]

Er glaubt sogar, den Beweis für die Wahrheit des Monismus in Kants transzendentaler Ästhetik gefunden zu haben, nämlich als Folgesatz aus dem Beweis der Subjektivität von Raum und Zeit. Schopenhauer gehört trotz seiner Abneigungen gegen die klassische deutsche Philosophie in den Kreis der nachkantischen Philosophen, die von Kant ausgehend über ihn hinaus zum *Hen kai Pan* übergehen. Und ähnlich wie Schelling führt ihn dieser Schritt nicht zur Vernunft, sondern zum Willen.

Ebenfalls im Kontrast zum Rationalismus des Hauptstroms der Metaphysik bewegt sich Schopenhauers Ethik. Der Rationalismus der Stoa, Spinozas und Kants hat zu einem Verdikt gegen den moralischen Wert von Gefühlen und Affekten geführt, und insbesondere Mitleid erscheint den Verteidigern von Vernunftautonomie und Vernunftautarkie als verderbliche Schwäche. Nietzsche wird diese Mitleidskritik zusammenfassen und zuspitzen, wenn er das Mitleid als Zarathustras größte Gefahr bezeichnet.

»Im Schonen und Mitleiden lag immer meine größte Gefahr; und alles Menschenwesen will geschont und gelitten sein.«[20]

Führt Mitleid nach Schopenhauer in die Richtung des Heils und der Erlösung, so stilisiert Nietzsches Zarathustra das Mitleid zur größten Gefahr, Schwäche und Ablenkung des höheren Menschen auf seinem eigenen Weg, als Versuchung durch den Magnetismus und die Hypnose der Massen. Mitleid ist so gesehen keine heroische Tugend, sondern

---

[18] Schweitzer 1960/1923, 229.

[19] Schopenhauer, *Grundlage der Moral*, § 22 = *ZA* VI, 310.

[20] Nietzsche, *Also sprach Zarathustra, Die Heimkehr* = *KSA* 4, 233; vgl. *Von den Mitleidigen* = *KSA* 4, 113–116; *Fröhliche Wissenschaft*, 271 = *KSA* 3, 519.

ein Ferment des Konformismus, der Bequemlichkeit und Phantasielosigkeit des letzten Menschen, der lieber auf ausgetretenen Wegen geht als auf noch zu bauenden Brücken.

Schopenhauer erinnert in seiner metaphysischen Ausdeutung des Mitleids an die religiösen Traditionen des »reinen« Herzens. Mitleid ist das einzige Gegengift gegen das Gift des Egoismus. Mitleidsethik führt in die Nähe der Askese; sie enthält Elemente einer asketischen Tugendethik.[21] Obwohl er Ethik (als gemäßigte Bejahung des Willens zum Leben) und religiöse Asketik (als Verneinung des Willens zum Leben) im Rahmen seines philosophischen Systems zunächst sauber unterscheidet, ist seine vertiefte Ausdeutung des Mitleids asketisch imprägniert. Der eigentliche Wert und Charakter des Mitleids liegt nicht in der Zuwendung zu anderen – ich kann mich anderen auch aus Klugheit und Berechnung, aus Angst und Abhängigkeit, aus Gewohnheit und Neugier etc. zuwenden; der moralische Wert des Mitleids liegt in der mit der Zuwendung zu anderen vollzogenen Bändigung und Begrenzung des Egoismus. Die Ethik verweist in ihrer höchsten Ausprägung der »weiblichen« Tugend des Mitleids als *Agape* über das hinaus, was alle Menschen tun sollen (was man von ihnen unter Androhung von Strafe fordern kann), auf das, was einige wenige, nämlich die religiösen Virtuosen, können: Die Selbsthingabe bis zum Lebensopfer. Gleichwohl: Ethik bleibt Ethik und wird nicht ohne weiteres zur Asketik. Auch »der beste Mensch« übt nicht »Verneinung des eigenen Leibs; sondern es ist nur Nicht-Verneinung fremder Leiber.«[22] Allerdings spricht Schopenhauer in *WWV* §68 von einem »Übergang von der Tugend zur Askesis«[23] und in §66 von einem »geraden Weg, der von der Gewissheit aller Tugend und Säligkeit« zur »Erlösung« führt.[24] Doch wichtiger als diese Andeutungen einer Kontinuität zwischen Ethik und Religion scheinen mir jene Akzente zu sein, die Schopenhauer auf ihre Diskontinuität legt, insbesondere die Diskontinuität zwischen Bejahung und Verneinung des Willens zum Leben.

Der Unterschied lässt sich an verschiedenen Begründungen des Lebensopfers illustrieren: 1.) die utilitaristische Begründung besagt, dass es besser ist, wenn ich mein Leben zur Rettung des Lebens meh-

21 Vgl. Wolf 1990.

22 Schopenhauer, *Manuskripte 1814*, Nr. 291 = Schopenhauer 1985, *HN* I, 180.

23 Schopenhauer, *ZA* II, 470.

24 Vgl. Schopenhauer, *ZA* II, 464.

rerer Personen opfere; 2.) eine ethische Begründung zweiten Grades (aus der Tugend der Liebe) besagt dagegen, dass das Lebensopfer (z. B. das Martyrium) wertvoll ist, auch wenn damit kein anderes Leben gerettet wird, nämlich als Ausdruck eines grenzenlosen Mitleids bzw. einer maximalen Hilfsbereitschaft; 3.) eine asketische Begründung bewertet das Lebensopfer als Ausdruck einer religiösen Umkehr, einer Verneinung des Willens zum Leben. Mehr als in einer utilitaristischen Begründung »glänzen« der ethische und der religiöse Wert des Lebensopfers, was auch immer seine Konsequenzen in der empirischen Welt sein mögen. Bei allen drei Graden der Entsagung fallen Rücksichten auf das eigene Wohl weg. Obwohl verschiedene Grade der Entsagung, bringen sie alle eine »reine« Absicht oder Haltung zum Ausdruck. Nach Schopenhauer unterscheidet diese »Reinheit« das wertvolle Lebensopfer vom Suizid, mit dem man sich einem als unerfreulich oder unerträglich empfundenen Leben zu entziehen versucht. Die Entscheidung des Asketen stützt sich nicht auf eine für seine Person negative hedonistische Bilanz, sondern auf eine Würdigung aller Leiden in der Welt. Er (oder sie) ist nicht einfach arm, sondern freiwillig arm. Typisch asketisch ist der Reiche, der alles, was er hat, weggibt und damit gleichsam die Karriere nach unten antritt. Die Tätigkeit des Asketen mündet in Selbstabtötung, nicht in Selbsttötung. (Diese Unterscheidung zwischen Suizid und Martyrium ist allerdings hauchdünn und angreifbar.)

Schopenhauer betont den antiegoistischen Charakter des Mitleids so sehr, dass er zunächst in Verlegenheit gerät, die reine Güte von der reinen Bosheit (die ebenfalls bis zur völligen »Selbstlosigkeit« geht) abzugrenzen. Noch schwieriger wird es, Asketik von Gleichgültigkeit oder Grausamkeit gegen den eigenen Leib zu trennen. Ist Asketik »Bosheit gegen sich selber«? Was unterscheidet den Asketen von einem Menschen, der sich selber radikal vernachlässigt und seinen Leib verrotten lässt? »Reine« Bosheit sucht nicht den eigenen Vorteil, sondern ausschließlich den Schaden und die Schande anderer. Gäbe es »reine« Bosheit«, so wäre sie ebenso antiegoistisch und in dieser Hinsicht vergleichbar mit jener »Reinheit des Herzens«, mit der die wahrhafte Gottesliebe nach einem berühmten Wort von Fénelon sogar die eigene Vernichtung oder Verdammung in Kauf nehmen würde. Dies ist eine Abgrenzung vom sog. »Heilsegoismus«, der das eigene Heil sucht und die Liebe zu Gott nur als Mittel zu diesem Zweck missbraucht.[25] Zur

[25] Die Auffassung einer desinteressierten Liebe zu Gott wurde durch den Streit von

Illustration der »reinen« Liebe bzw. des äußersten Grades der Entsagung in der Gottesliebe mag Dimitris Gebet zu Beginn der Schreckensnacht in Dostojewskijs *Brüder Karamasov* dienen. Es lautet:

> »Herr, niederträchtig bin ich, aber ich liebe dich: du wirst mich zur Hölle senden, und auch dort werde ich dich lieben, auch von dorther werde ich schreien, dass ich dich liebe in alle Ewigkeit.«[26]

Zurück von der »reinen« Liebe zur »reinen« Bosheit: Der Unterschied zwischen dem »reinen« Teufel, der selbst dann weiter quält und schadet, wenn es ihm selber keine Freude bereitet (ein fanatischer Teufel »aus Pflicht«), und dem heiligen Willen der reinen Gottesliebe liegt jedenfalls nicht mehr in einem Gradunterschied der Entsagung, sondern – wenn es ihn überhaupt geben soll – in einem Unterschied der »Einsicht« oder »Besonnenheit«. Der »reine« Teufel verkörpert nicht die Weisheit und Gelassenheit der Entsagung, sondern eher die blinde Leidenschaft des Willens, der gegen sich selber wütet. Der Boshafte ist nicht »durch Mitleid **wissend**, der reine Tor«.

Schopenhauers Dreiteilung der Triebfedern in Egoismus, Bosheit, Mitleid ist subtiler als eine Zweiteilung in Egoismus und Altruismus. Mit der Triebfeder bezeichnet Schopenhauer primär nicht das Ziel einer Handlung (das in das Motiv eingeht), sondern ihren Ursprung, ihre »Quelle«, den spontanen Impuls, aus dem wir Handeln. Das Ziel oder der Zweck einer Handlung wird sekundär, durch Grundsätze, fixiert. Das ursprünglichste, mächtigste, in der ganzen (belebten) Natur verbreitete Movens ist der instinktive (unbewusste) Egoismus der Selbsterhaltung. Beim Menschen wird die Selbsterhaltung durch Reflexion und Grundsätze zu einem bewussten Ziel fixiert.

Es gibt viele Handlungsziele, aber nur drei *sui generis* verschiedene Triebfedern. Allerdings können diese Impulse auch gemischt auftreten, vielleicht sogar durch quantitative Steigerung (oder qualitatives Umschlagen?) ineinander übergehen.

Die einzige Quelle von Handlungen mit moralischem Wert ist das

---

Fénelon gegen Bossuet bekannt. Fénelon glaubte zeigen zu können, dass sich diese Auffassung im christlichen Denken von Augustinus bis Franz von Sales findet. Vgl. seine Schrift »Explications des maximes des saints sur la vie intérieure« (1697), in: Fénelon 1983, 1001–1095. Fénelons Kritiker und Gegner meinten ebenfalls sich auf Augustinus berufen zu können. Einer der oft wiederholten Einwände gegen die »reine« Liebe, die sich bei Leibniz, Voltaire u. a. findet, lautet, dass es sich dabei um eine Schimäre handle.

[26] Zitiert nach Oepke 1928, 16.

»reine« Mitleid – ohne Beimischung von Egoismus und Bosheit – *Agape, amour pur.* Die »reine« Ethik hat keine breite Basis, kein bequemes Polster in einer Vielfalt von moralisch legitimen Impulsen und Motiven. Sie bedarf der Ergänzung durch »unreine« Elemente, insbesondere Erwägungen der Klugheit zur Kanalisierung und Begrenzung des Egoismus.

Das »reine« Mitleid beruht nicht auf Berechnung, Argumentation, aber es bedarf einer metaphysischen Ausdeutung und Erhellung. Als moralisches Urphänomen tritt es spontan auf, als Gefühlsregung *sui generis;* in metaphysischer Perspektive verweist es auf eine Einsicht und manifestiert eine praktische Besonnenheit und einen Stillstand des Willens.

Es gibt zwei Grade der Anwendung des Mitleids:

1.) Mitleid nach dem Grundsatz »neminem laede« (»schädige niemand«). Gemeint ist Verzicht auf Fremdschädigung (harm to others), wie er im liberalen Rechtsstaat von allen gefordert wird; Zähmung des Egoismus durch gleiche Rechte, gegenseitige Zurückhaltung und ein System von Sanktionen. Es ist von Forderungen der Gerechtigkeit und der Tugend der Gerechtigkeit (als »männlicher« Tugend) die Rede. Diese manifestiert sich insbesondere im Urteil eines unparteiischen Richters. Offenbar beruht Mitleid in diesem ersten Grad der Anwendung nicht auf einem »Handel«, sondern ist bereits losgelöst vom egoistischen Motiv des Handels oder Vertrags. In diesem Sinne fordert Schopenhauer auch nicht-kontraktualistische Gerechtigkeit für Tiere! Diese Forderung beschränkt sich jedoch auf den Verzicht auf unnötige Grausamkeit und erstreckt sich nicht auf den Schutz des Lebens der Tiere! Nur Asketen werden rigoros auf jede Nutzung von Tieren und auf den Genuss von Fleisch verzichten. Der erste Grad der Anwendung des Mitleids spielt sich in einem Kontext ab, in dem die Bejahung des Willens zum Leben und damit der Egoismus immer noch dominieren und nur teilweise durch Impulse und Grundsätze des Mitleids gebrochen werden.

2.) »Imo omnes, quantum potest, juva« (»Vielmehr hilf allen, so viel du kannst!«)[27] Der zweite Grad der Anwendung des Mitleids besteht in positiven Leistungen zugunsten anderer – Hilfe, Großzügigkeit, Zuwendung zu anderen erfolgt als einseitiges Geschenk

[27] Schopenhauer, *ZA* VI, 177, 199, 240, 251.

> und freiwilliges Opfer. »Der beste Mensch ist der mitleidigste Mensch« (Rousseau). Die Asymmetrie zwischen Mein und Dein wird noch verstärkt, zugunsten aller anderen empfindungsfähigen Wesen. Aus einem Leben für mich wird ein Leben ganz für andere; die Asymmetrie von Mein und Dein wird nicht abgeschafft, sondern die Priorität wird umgekehrt. Die Priorität des *Ego* wird durch die Priorität des *Alter Ego* ersetzt.

Mitleid ist ein alltägliches Phänomen, doch ist es als alltägliches Phänomen *de facto* eine »reine« Triebfeder? Oder bleibt die »Reinheit« Bestandteil einer idealtypischen Beschreibung? Mischt sich hier doch ein Element von postulierter, vielleicht sogar fiktionaler »Reinheit«?

Nur das Mitleid aus Grundsätzen führt zu einer praktischen Ethik. Macht das Mitleid selber (als »reiner« Impuls) oder die Orientierung an Grundsätzen (als »reine« Grundsätze) den moralischen Antrieb zu einem »reinen« Antrieb? Wer hat recht: Kant oder Schopenhauer? Kant glaubt an die moralische Notwendigkeit und den moralischen Wert von »reinen« Grundsätzen; Schopenhauer dagegen evoziert lediglich den pädagogischen, didaktischen und pragmatischen Wert von Grundsätzen. Als solche dienen sie der Kanalisierung und Korrektur der Instabilität gefühlsmäßiger »reiner« Regungen. »Reinheit« allein garantiert bei Schopenhauer nicht Stabilität, Ausdauer, Habitualisierung und Regelorientierung. »Reines« Mitleid lässt sich nicht in allen Situationen und kaum unter Zeit- und Konkurrenzdruck durch Autosuggestion herbeiführen, befehlen oder erzwingen. Wichtig ist, dass es sich nicht um irgendwelche Grundsätze handelt, sondern um Grundsätze, welche die »reinen« Regungen des Mitgefühls gleichsam zusammenfassen und speichern, so wie man Wein in Flaschen speichert, die jederzeit angezapft werden können.

Schopenhauers Auffassung von Mitleid als »reinem« Impuls erzeugt ein Verwechslungsproblem: die irritierende Nähe von »reiner« Bosheit und »reinem« Mitleid. Bosheit nach Grundsätzen wie »Omnes, quantum potes, laede!« (»Verletze alle, so sehr du kannst!«)[28] führt bis zur Grausamkeit und ist ebenso »selbstlos« wie Mitleid. Bosheit erscheint zunächst als (quantitative) Steigerung des Egoismus; es besteht ein Kontinuum zwischen Egoismus und Bosheit. Man könnte von »unreiner«, mit Egoismus vermischter Bosheit sprechen. Egoismus steigert sich zur Bosheit als Genuss am Weh anderer; sie ist Fortsetzung des

---

[28] Schopenhauer, *ZA* VI, 240, 249.

hedonistischen Egoismus und erscheint als quantitative Ausweitung des Egoismus zur Grausamkeitswollust (dem alten Ausdruck für Sadismus), zur »reinen« Schadenfreude, die auch dann besteht, wenn mir aus dem Schaden des anderen kein konkreter Vorteil entsteht. Mit egoistischem Hedonismus vermischte Bosheit scheint sich zu »reiner« Bosheit zu steigern. Sie geht über den Hedonismus hinaus, sofern sie Gewissheit will, dass Menschen und andere Wesen in der Welt tatsächlich leiden; ein bloßer Hedonist könnte sich vielleicht mit imaginierter Tortur oder Unterwerfung anderer *in effigie* begnügen. Es ist zumindest denkbar, dass sich aus imaginiertem Leiden die gleiche sadistische Lust gewinnen lässt wie aus der Gewissheit von realem Leiden; aber es ist unwahrscheinlich, dass dem wahrhaft Herrschsüchtigen imaginierte Beherrschung anderer genügt. Wer herrschen und kontrollieren will, begnügt sich nicht mit schönen Träumen!

Noch deutlicher wird die Tendenz zur »reinen« Bosheit als Beherrschung anderer und Steigerung des Machtegoismus; diese Bosheit führt über den hedonistischen Egoismus hinaus und erzeugt einen zusätzlichen Abstand zwischen mit Egoismus gemischter Bosheit und »reiner« Bosheit. Dominanz tritt an die Stelle von Lust. Die Ambition, Herrschaft zu erlangen, zu erhalten und auszuweiten, ist mit erheblicher Unlust verbunden. Herrschen ist ein »unbequemes« und insofern kein typisch hedonistisches Projekt. Wer seine maximale Lust in der Dominanz über andere sucht, wird sie verfehlen.

Eine weitere Diskontinuität besteht zwischen den »reinen« Regungen der Bosheit und der Bosheit aus einem »reinen« Grundsatz (»Vermehre das Leiden anderer!«); letztere führt über egoistische und boshafte Impulse und Instinkte (wie z. B. Dominanz bei Tieren) hinaus zu einer habitualisierten willensstarken und prinzipiengeleiteten Rücksichtslosigkeit. Sie ist mit dem Idealtypus des sog. rationalen Fanatismus[29] vergleichbar: Das *tertium comparationis* besteht in der prinzipiengeleiteten Rücksichtslosigkeit gegen alle, auch meine Wünsche und Präferenzen, die das eigene Wohl und Wehe betreffen, sowie einer rigorosen Willensstärke in der Umsetzung eines Grundsatzes. Damit besteht eine totale Diskontinuität zum Egoismus. Der rationale Fanatismus und die »reine« Askese gehen definitiv über die Voraussetzungen eines Egoismus hinaus: Sie eliminieren die Rücksicht auf Mein und Dein, während »reine« Bosheit wie die »reine« Liebe immer noch

---

[29] Vgl. Hare 1963, ch. 9.

an der Asymmetrie zwischen Mein und Dein festhält und sich nur das Leiden anderer als Ziel setzt, nicht das eigene Leiden. »Reine« machtorientierte Bosheit nimmt das eigene Leiden zugunsten der Steigerung der eigenen Macht allenfalls inkauf. Der »reine« Herrscher ist auch der unerbittliche Feind seiner eigenen Neigungen und Schwächen (sofern sie dem Projekt des Herrschens in die Quere kommen), aber er sucht immer noch seine eigene Herrschaft. Herrschaft verbleibt in der Asymmetrie zwischen Mein und Dein, Herrscher und Beherrschten. Diese Asymmetrie ließe sich nur dadurch überwinden, dass »reine« Herrschaft durch Herrschaftsfreiheit ersetzt würde. Ist jener der Heilige, der weder andere noch sich beherrschen will? Oder muss der Heilige wenigstens sich selber beherrschen?

Dass die Verlängerung oder Vermehrung des Leidens anderer meine Triebfeder (nicht nur mein durch Vorstellungen vermitteltes Motiv oder Ziel!) sein kann, ist ebenso ein »Urphänomen« wie die Tatsache, dass das Wohl anderer bzw. die Vermeidung des Leidens anderer unmittelbare Triebfeder (nicht nur mein Ziel?) sein kann. So betrachtet ist die Parallele zwischen »reiner« Bosheit und »reinem« Mitleid perfekt. Aus dieser Parallele entsteht die bereits erwähnte Verwechslungsgefahr zwischen »Reinheit« des Mitleids und »Reinheit« der Bosheit. Die extremen Idealtypen (Heiliger, Teufel) berühren sich in einer Tendenz zur Vernachlässigung des eigenen Leibes und Wohls, eventuell sogar durch Verzicht auf das eigene Heil zugunsten anderer, »höherer« Ziele. Die Idealtypen sind vielleicht »Fiktionen«, wie die Dämonen und Teufel Dantes, Shakespeares und Miltons und die Heiligen der Legenden. Der Heilige und der Teufel haben gemeinsam, dass sie sich selber nicht schonen!

Die »reine« Liebe zu Gott der Quietisten besteht in der Liebe zu Gott als Gott und ist nicht mit einer Liebe zu Gott als »meinem Retter« oder anderen Rücksichten der Selbstliebe vermischt. Die Erläuterung dieser selbstlosen Liebe bezieht sich seit Augustin auf das Modell eines *ordo amoris*. Gott allein ist vollkommen und daher objektiv das liebenswerteste Gegenüber. Wer Gott der Kreatur vorzieht (und insofern Gott mehr liebt als die Menschen), hat eine rationale Präferenz. Dieses Modell unterscheidet kategorisch zwischen den Wünschen der Menschen (die meist »sündhaft« sind und die wahre Ordnung der Vollkommenheit verkehren) und den rationalen Präferenzen. Diese Unterscheidung verleiht der Liebe zu Gott den Charakter einer rationalen Vorzugswahl. Vielleicht ist dieses Modell zu »rationalistisch« für einen

Philosophen wie Schopenhauer, der die Bekehrung von der Bejahung zur Verneinung des Willens zum Leben zwar auch als eine Bekehrung aus Einsicht, aber nicht im engeren Sinne als eine rationale Präferenz und vernünftige Orientierung am objektiv Liebenswerten und Vollkommenen versteht. Vielleicht entspricht dieses Modell Schopenhauer, sofern er ebenfalls kategorisch zwischen *Eros* und *Agape* unterscheidet.

Doch zurück zur befremdlichen Nähe von »reinem« Mitleid und »reiner« Bosheit. Schopenhauer hat die Verwechslungsgefahr (»Reinheit« der »Selbstlosigkeit« von Heiligen und Teufeln) erkannt und versucht, sie zu überwinden. Dazu nimmt er drei Abgrenzungen vor:

1. Abgrenzung von Mitleid und Bosheit: Handlungen aus Mitleid erzeugen die Befriedigung des guten Gewissens und des Lobs und der Zustimmung unbeteiligter Beobachter. Das Gewissen funktioniert als innere Sanktion oder evidente Bestätigung, ähnlich wie die idealen Sanktionen des *ideal observer* bei Adam Smith. Ob diese »Befriedigung« völlig frei von Selbstliebe oder Selbstgefälligkeit sei, bleibe dahingestellt.
2. Abgrenzung: Handlungen aus Mitleid spiegeln die Einsicht, dass wir alle Eins sind und Rücksichten der Distribution von Wohl und Wehe unter Individuen strikt irrelevant sind (»ewige Gerechtigkeit«); Bosheit dagegen lässt diese Einsicht in die Einheit des Weltgrundes vermissen. Mitleid entfernt alle Entfernungen von Raum und Zeit. Es wirkt ähnlich wie die Liebe Gottes. »Gott vernichtet auch die größten Entfernungen.«[30]
3. Abgrenzung: Askese wird als Steigerung des Mitleids mit dem (zusätzlichen) Ziel der Verneinung des eigenen Leibs, der Mortifikation des eigenen Willens interpretiert. Diese Verneinung des Willens zum Leben ist nicht vereinbar mit dem Projekt, die eigene Lust oder Macht auf Kosten anderer zu maximieren.

Wir haben es mit Askese aus einem Grundsatz zu tun. Es entsteht das Paradox einer willensstarken, prinzipienfesten Umsetzung der Verneinung des Willens zum Leben. Das Paradox besteht im »seltsamen Wunsch, nicht weiter zu wünschen«. Lässt sich Askese überhaupt kohärent beschreiben und praktizieren, oder ist die Annahme des Grundsatzes der Verneinung des eigenen Willens ein sich selbst aufhebendes Projekt? Diese Frage muss uns hier nicht weiter beschäftigen.

Die »reine« Selbstlosigkeit bleibt zweischneidig – sie könnte auch

---

[30] Fénelon, zitiert nach Spaemann 1990, 306.

in Selbstvernachlässigung und Verachtung aller Individuen münden. Sie scheint genau in die Richtung zu gehen, die man »dem« Pantheismus als Akosmismus und Absorption des Individuellen vorwirft. Es gibt einen »Fanatismus der reinen Liebe«. Verteidiger der »reinen Liebe« wie Fénelon und Madame de Guyon haben sich ebenfalls zu seltsamen Paradoxien verstiegen; die Versuchung, die Abwertung oder Abtötung der Selbstliebe kirchlich zu zensurieren oder aus sozialethischen Gründen zu verurteilen, ist naheliegend. Allerdings wurde der Quietismus in der Hitze der Polemik wahrscheinlich zu unrecht mit »reinem« Asketismus gleichgesetzt.

Schopenhauer modelliert das Mitleid als weibliche Tugend nach dem Vorbild des *amour pur* von Fénelon und Madame Guyon. Die reine Liebe als eine übersteigerte Auffassung der Dichotomie zwischen selbstsüchtigem *Eros* und selbstloser *Agape* ist paradigmatisch für Schopenhauers asketische Deutung des Christentums und seine Aversion gegen die »laxistische« protestantische Theologie. Nur durch völlige Passivität kann die Einheit mit Gott erlangt werden. Diese Passivität hat mit Bequemlichkeit nichts zu tun, sondern ist das Resultat anhaltender Übung. Im Unterschied zu den Quietisten glaubt Schopenhauer nicht an eine moralpädagogische Bedeutung des Eros, an die Möglichkeit, die Liebe zu Gott an die irdische Verliebtheit bzw. ihre poetischen Ausdrucksmittel anzuknüpfen und den Eros stufenweise zu sublimieren.[31]

Schopenhauer vertritt die Auffassung der Ethik als Vorstufe zur Asketik nicht pauschal. Die Ethik bleibt im Prinzip unter dem Vorzeichen der Bejahung des Willens zum Leben; nur in der Gestalt extremer moralischer »Virtuosen«, einem Leben aus Einsicht und nach grenzenlosem Mitleid, mag der Vollzug der Verneinung des Willens zum Leben gelingen. Schopenhauer spricht von »Mortifikation des Willens«.

Was jedoch bei Schopenhauer nicht gemeint sein kann, ist die von Fénelon geforderte absolute Liebe des Menschen zu Gott, nur um der **Ehre** Gottes willen. Über dieses Motiv der *gloria Dei* macht sich Schopenhauer sogar wiederholt lustig; ein eifersüchtiger und leicht zu kränkender Gott erscheint nicht nur dem Atheisten Schopenhauer als allzu menschlich. Die Frage, ob Gott überhaupt zu den Wesen gehört, die gekränkt oder beleidigt werden können oder ob Blasphemien »nur«

---

[31] Vgl. Guyon 2003, 215–222 »Purification« und 2008, 133; Egner-Walter1989; Spaemann 1990/1963, 295–307; Le Brun 2002, 235–247.

einen gesellschaftlichen Ordnungsverstoß darstellen, ist Bestandteil theologischer Kontroversen der Aufklärungszeit. Eher angemessen erscheint Schopenhauer die Symbolik der Gotteskindschaft; sie operiert weniger mit dem für ihn suspekten Begriff der Ehre Gottes als mit der Bilderwelt der Gottesinnigkeit – ein Begriff, der sich im Panentheismus von Karl Christian Friedrich Krause findet. Allerdings gehört diese Symbolik zu einem Panentheismus des persönlichen Gottes und zum mystischen Umgang mit einem persönlichen Gott, den Schopenhauer nur als »Wahrheit im Gewand der Lüge« toleriert.

Was bei Schopenhauer kaum eine Rolle spielen kann, ist die Liebe zu Gott als lebendige Liebesbeziehung, die primär von Gott selber ausgeht, als Liebe des Schöpfers zu seinen eigenen Geschöpfen. Gemeint ist die Liebe Gottes *(genetivus subjectivus)*, die stets größere Liebe, mit der Gott die Menschen sucht und die sie als seine Gnade erfahren, der eifernde und eifersüchtige Gott. In der antibürgerlichen Zuspitzung von Fénelon richtet sich dieser Gott gegen die Ideologie der »self-ownership«, d. h. die Auffassung, ich sei der Eigentümer meines Leibes, meiner Privatsphäre, meiner Gedanken und Wünsche. Der eifersüchtige Gott richtet sich gegen jede Idolatrie; er duldet keine anderen Götter neben sich und verlangt von mir Besitz; er will mein Denken und Wollen ganz und gar besitzen. (»La jalousie de Dieu, le Dieu jalous.«[32]) Der biblische Gott sucht die Nähe der Menschen, doch der aufdringlich liebende und fordernde Gott fehlt bei Schopenhauer! Dieser öffnet sich zwar für außereuropäische Religionen, aber er verschließt sich (ähnlich wie Deisten und einige Formen des Pantheismus) für die Option eines persönlichen, seine Schöpfung herrisch und eifersüchtig liebenden Gottes. Das ist der Preis, den er für seine krasse, an die Gnosis erinnernde Abtrennung des Christentums vom jüdischen Schöpfungsgedanken bezahlt; es ist der Preis seines konsequenten Atheismus, seiner ätzenden Verachtung gegenüber der auch für einige Pantheisten so wichtigen Symbolik der Nähe Gottes, die Quittung für den Abschied vom Glauben an den »lieben Gott« und den Spott über die Ehre Gottes. Insofern lässt sich Schopenhauer trotz seines Monismus des Weltwillens nicht eindeutig und ohne Abstriche einem pantheistischen Denken und Empfinden zuordnen, wie es im ersten Teil skizziert wurde. Verkörpert die Religion »die Wahrheit im Gewand der Lüge«, dann gehört die Bildergeschichte vom personalen Gott in den Bereich der Lüge bzw.

---

[32] Vgl. Fénelon 2012, 59 f.

der zu entmythologisierenden Mythologie. Schopenhauer distanziert sich nicht nur vom persönlichen, sondern auch vom unpersönlichen Gott eines Deismus oder Pantheismus, und er distanziert sich vom (vermeintlichen) Optimismus des Pantheismus und des (jüdischen) Theismus. Er entwickelt ein kompliziertes Verhältnis zu Spinoza und zum Christentum, nicht ohne den Versuch, von beiden den »wahren Kern« zu bewahren.[33] Da es m. E. keinen guten Grund gibt, diese unpersönliche und optimistische Variante des Pantheismus als die einzig mögliche und einzig richtige hervorzuheben oder zu attackieren, vermag Schopenhauers polemische Abgrenzung vom Pantheismus nicht von der strukturellen Analogie seines Monismus mit bestimmten (eher pessimistischen) Varianten eines Pantheismus abzulenken. Ganz und gar pessimistisch ist auch Schopenhauer nicht, glaubt er doch an die Option des Heils, an einen letzten Sinn des Leidens.

Vielleicht noch enger als Schopenhauer rückt Richard Wagner Ethik und Asketik des Mitleids zusammen. Die reine Mitleidsethik erscheint in Wagners *Parsifal* als Bestandteil der völligen Selbstauslöschung nach dem Vorbild des christlichen und fernöstlichen Quietismus, sozusagen ein dosierter asketischer Suizid. Sie setzt keine höhere Bildung voraus und ist mit der reinen Torheit Parsifals vereinbar: Parsifal, der keine Antworten weiß und sogar seinen eigenen Namen nicht kennt, kann sich nur vage erinnern: »Ich hatte eine Mutter …« Dieser unwissende Parsifal ist gleichwohl »durch Mitleid **wissend**«. Der Wagnersche Parsifal ist jedoch kein »gewöhnlicher« Heiliger, sondern ein Heiliger auf der Bühne, ein singender und gestikulierender Schauspieler und Schausteller der Entsagung für ein adliges und großbürgerliches Publikum, das aus den sich leerenden Kirchen in die sich füllenden Opernhäuser gewechselt hat. Daran ändert auch Wagners Ambition einer Kunstreligion wenig. Was auf dieser Bühne und im blauen Dunst einer theatralischen Gralswelt zählt, ist das reine (fühlende **und** denkende) Herz in der Hingabe an das Wohl und Wehe anderer Lebewesen, einschließlich der leidenden Tiere, und nicht ein Anspruch auf wissenschaftliche Expertise bezüglich des Wahren und Guten. Die ästhetische Dramatisierung des Kults der »Reinheit« und des Altruismus führt zur Kunstreligion, zum schönen Schein der Erlösung. Damit stellt sich die Frage, ob sich der »echte« Asket nicht im

[33] Vgl. Schmidt 1986, 111 zu Schopenhauers Spinozismus; Schmidt 2004, 220–225 zu Schopenhauers gnostischer Christologie.

Dunstkreis des »ästhetischen« Asketen der Kunstreligion verflüchtigt, so wie sich die griechischen Gottheiten zu poetischen Gestalten auf der Bühne verflüchtigen.

Die Erinnerung an asketische Traditionen verweist auf kulturelle Schätze und Zeugnisse dessen, was Menschen tun können – nicht was Menschen tun sollen; Übungen der Selbstüberwindung sind kulturelle Leistungen, die dem heutigen Publikum auch von der unterhaltenden oder sportlichen Seite näher gebracht werden können.[34] Peter Sloterdijk hat sie als Formen der »Anthropotechnik« thematisiert. Es findet sich aber auch ein Element von Übertreibung und »Lebensfeindlichkeit«, die zu Heuchelei, Scharlatanerie, Grausamkeit, seelischer Zerrüttung und anderen Entgleisungen führen kann. Askese scheint dann nicht mehr bloßes Mittel der Bildung des Willens zu sein, sondern Selbstzweck und Selbstzerstörung. Askese in dieser letzten Konsequenz ist für die meisten Menschen keine lebendige Option. Die Gefahren der seelischen Zerrüttung und Selbstzerstörung durch asketische Deformation scheinen die Gefahren der Deformation durch die Einflüsse der Mitwelt zu übertreffen – so erscheint es jedenfalls der Mehrheit, die sich nicht auf den Weg der freiwilligen »Mortifikation des Willens« begibt.

Ethik reicht nicht nur in diese Bühnenweihfest-Gefilde des reinen Tors, sondern auch in die graue Landschaft des Alltags. Bei Schopenhauer finden sich markante Zugeständnisse an eine »unreine Ethik«, wie sie auch bei Kant zu finden sind. Zu den »fields of impurity« (Louden) gehören die Regeln und Anregungen der Lebenskunst, die er in den *Aphorismen zur Lebensweisheit* niedergelegt hat und die es erlauben, sich mit Anstand und Nachsicht für fremde und eigene Schwächen in der Welt einzurichten; Lebenskunst ist eine Form der Sorge für sich selber, die allerdings durch Klugheit und Lebenserfahrung gemäßigt wird und nicht darin besteht, andere unnötig zu brüskieren oder zu schädigen; Lebenskunst wägt ab, was ich mir selber wert bin und was ich in den Augen anderer bin, und versucht diese Stränge der Beurteilung in ein Gleichgewicht und eine stabile Lebensform zu bringen.

Zur »unreinen Ethik« gehört für Schopenhauer auch die Rechtslehre, deren zentraler Gedanke (wie bei Hobbes) die Friedensgarantie ist, und damit der Schutz von Leib, Leben und Eigentum der Bürger; der Staat soll nicht unnötig in die Privatsphäre eingreifen – er ist keine

---

[34] Vgl. Zander 2011.

»Erziehungsanstalt«. Er dient der Selbsterhaltung und damit einem konstruktiven Egoismus, der nur dort beschnitten werden darf, wo er andere schädigt. Die Vermeidung der Schädigung anderer ist das einzige annehmbare Sanktionsprinzip im liberalen Staat – eine Auffassung, die sich auch bei Wilhelm von Humboldt und John Stuart Mill findet. Schopenhauers *in nuce* liberale Staats- und Rechtsauffassung befreit von der Barbarei des Naturzustandes. Bezüglich der Fragen der Selbstvervollkommnung und des Heils der Untertanen bleibt der liberale Staat neutral.[35]

»Reine« Ethik ist nicht wie bei Kant Ethik aus Vernunftautonomie, doch sie ist wesentlich antiegoistisch. »Entsagung« und »Ehrfurcht« scheinen bereits in Goethes *Wilhelm Meisters Wanderjahren* zu Schlüsselbegriffen der Ethik zu werden. Hinter dem Mitleid steht die »Reinheit« der Entsagung: Verzicht auf eigene Lust, auf eigenes Glück, auf eigene Macht. Im Akzent auf der Entsagung liegt der gemeinsame Nenner der Forderung von »Reinheit« bei Kant und Schopenhauer und dem Ideal von moralischem Heldentum bei Thomas Carlyle. Im konsequenten Antieudämonismus kulminieren Schopenhauers und Eduard von Hartmanns Versuche, Kants ethisches Programm asketisch zu überbieten und jedes Schielen nach dem eigenen Glück, selbst Kants Hoffnung auf ein höchstes Gut[36], zu desavouieren.

In diesen Extremforderungen liegt aber auch der Anlass zur pragmatischen Ergänzung der »reinen« durch eine weit gefasste, »unreine Ethik«, die dem (egoistischen) Streben nach Selbsterhaltung Rechnung trägt. Auch bei Schopenhauer findet sich ein *Analogon* zu Kants Anti-Determinismus in der Ethik, nämlich die Auffassung, dass der Egoismus zwar eine Weltmacht, aber nicht allmächtig sei und dass er gelegentlich durch die »sanfte Macht« des Mitleids gebrochen werden könne. Im Unterschied zu Kant meint jedoch Schopenhauer, beim Handeln aus Mitleid handle es sich um einen spontanen Akt der Befreiung von der Großmacht des Egoismus. Nach Schopenhauer fällt das Mitleid als ethisches Urphänomen in den Bereich der Erfahrung, auch wenn es sich nicht hinreichend und ausschließlich aus Erfahrung erhellen lässt. Schopenhauer illustriert die moralischen Phänomene zunächst populär und methodologisch naiv. Erzählungen, Aphorismen (im Stil der europäischen Moralistik), episodische *Aperçus*, ja sogar Legenden von Hei-

---

35 Vgl. Wolf 1997.

36 Vgl. Höffe 2012, 166–186.

ligen und Helden (wie Arnold Winkelried) werden als »Bestätigung« für die Selbstlosigkeit des Mitleids angehäuft. Nach Kant ist dagegen die antideterministische oder überdeterministische Freiheit etwas, was strikt unbeobachtbar ist und damit weder der äußeren noch der inneren Wahrnehmung zugänglich gemacht werden kann.

Die metaphysische Begründung des Mitleids besagt, dass wir uns deshalb in andere versetzen können, weil wir in unserem Wesen mit ihnen identisch seien. Neigen wir auf der Ebene der Erscheinungen (unter den Bedingungen des *principium individuationis*, d.h. der Bedingungen von Raum, Zeit und Kausalität) zum Egoismus und Wettbewerb, gelegentlich sogar zur Bosheit, so können wir auf der Ebene der Wesensidentität andere nicht schädigen, ohne uns selber zu schädigen. Diese metaphysische Deutung ist – sieht man von Schopenhauers Ablehnung eines spezifischen, unpersönlichen und optimistischen Pantheismus ab – strukturell analog zur pantheistischen Deutung der Ethik: Weil wir im Einen vereinigt sind, machen Konflikt und Konkurrenz letztlich keinen Sinn. Sie machen nur vorläufig und unter Vorbehalt Sinn, nämlich sofern die Vielfalt der Erscheinungen real ist und nicht – wie im Akosmismus – zur bloßen Illusion herabgewürdigt wird. Es geht um die Frage, ob ein konkreter Monismus in der Lage ist, Vielfalt und Individualität in ihrer relativen Bedeutung zu würdigen und sie nicht wie der abstrakte Monismus zu Traumgebilden herabzustufen. (Vgl. 1.7)

Allerdings kann auch die Schopenhauersche und die pantheistische Sichtweise die Kluft zwischen Urteil und Handlung nicht schließen: Wir handeln als reale Individuen unter realen Individuen; im Handgemenge und Überlebenskampf werden wir unweigerlich mehr oder weniger schuldig. Der Konkurrenzkampf verstärkt einen gewissen Alltagsegoismus, der die monistische Einsicht, dass wir alle in Gott bzw. im Weltwillen eins sind, verdrängt. Dieser Rückfall manifestiert sich in der Stabilisierung einer Rechtsethik, einer Ethik, in deren Zentrum das Verbot der Schädigung anderer, aber auch die Erlaubnis zur Selbsterhaltung, zur Verteidigung von Leben und Eigentum mit Lüge und Gewalt stehen.[37] Sie gewährt dem begrenzten Egoismus wenn nicht ein gutes Gewissen, so doch einen sanktionsfreien Raum. Ähnliches gilt für die Lebensklugheit und die Ausbildung einer starken Persönlichkeit. Unser unparteiisches Urteil bzw. unser besseres Be-

[37] Vgl. Wolf 1988.

wusstsein sagt uns dagegen, dass es lieblos, ja letztlich absurd ist, den Willen zum Leben zu bejahen, am eigenen Recht auf Leben und Eigentum festzuhalten.

Es scheint, als könnte auch Schopenhauer dem Appell an »Egoismus« und »eigenes Glück« oder »Heil« nicht ganz entgehen, wenn er apodiktisch behauptet, der Quäler sei der Gequälte, jedes Unrecht falle auf den Täter zurück. Was die vielen tun, fällt immer auf den Einen zurück, in dem sie alle eins sind. Ist der Egoismus letztlich vergeblich und absurd, so sind vielleicht Verlierer und Gescheiterte gar nicht so schlimm dran! Schopenhauer evoziert die Idee einer ewigen Gerechtigkeit; diese scheint *mutatis mutandis* Kants Hoffnung auf das höchste Gut zu entsprechen, aber es ist bei genauerem Hinsehen eine Hoffnung ohne Aussicht auf konkrete Belohnung oder Genugtuung für das (nach ethischen und rechtlichen Standards) unschuldig leidende Individuum. Ewige Gerechtigkeit wird von »poetischer Gerechtigkeit«, nach welcher jedem Individuum letztlich so widerfahre, wie es das verdiene, unterschieden. Für diese Vorstellung von Kompensation durch Himmel und Hölle hat Schopenhauer wiederum nur Hohn übrig. Ewige Gerechtigkeit bietet nicht einmal den Trost der sog. poetischen Hoffnung, sondern lediglich den äußerst schwachen Trost, der besagt, dass – im Kontrast zur zeitlichen Gerechtigkeit und dem Prinzip der Vergeltung – in der Ewigkeit das Individuum nicht zähle. Ewige Gerechtigkeit ist distributionsblind; sie »rechnet« sozusagen summarisch: Besser, es gibt weniger Leid bzw. Leidquellen in der Welt, ganz unabhängig davon, wie Lust und Leid, Tugend und Laster verteilt sind. Man könnte auch sagen, dass damit eine Teilfrage der Theodizee, die Frage nach dem Sinn der Leiden Unschuldiger bzw. dem Leiden der Gerechten, als gegenstandslos eliminiert wird. Wer leben will, muss leiden bzw. Leiden anderer in Kauf nehmen. Soll es eine Hoffnung geben, sich selber durch ein tugendhaftes Leben Leiden zu ersparen?

Zwar kritisiert Schopenhauer den Optimismus der Hoffnung. Gleichwohl evoziert er die Idee der ewigen Gerechtigkeit, der zufolge jede Untat unmittelbar »gesühnt« wird. Anspielungen auf eine ewige Gerechtigkeit[38] könnten auch – gegen Schopenhauers Absicht – als Zugeständnisse verstanden werden, dass die Sorgen für unser Wohl und Heil nicht völlig ausgeklammert werden, dass auch die Menschen guten Willens und reinen Herzens nicht so selbstlos sind, wie sie es

[38] Vgl. Schopenhauer, *WWV* I, § 60 = *ZA* II, 413; *WWV* II, Kapitel 45.

vielleicht sein möchten. Dieses Interesse ist zwar nicht eigennützig, aber es ist das Interesse an einer moralischen Weltordnung, deren Leugnung Schopenhauer mit dem *Antichrist* gleichsetzt.[39] Appelliert die Ethik mit einem altindischen pantheistischen Resonanzboden an das »Tat twamasi!« (»Das bist Du!«)[40], muss ich m.a.W. stets daran denken, dass das Leid, das ich anderen zufüge, mich selber trifft, so bleibt auch das ethische Ideal der Selbstlosigkeit selbstbezüglich, indem ich mich und meine Leiden als Teil eines sinnvollen Zusammenhanges wiedererkennen möchte. Wir bringen es, wenn wir es weit bringen, zu einem selbstrefentiellen Altruismus. Das Interesse, das weiterhin befriedigt werden muss, ist das »metaphysische Bedürfnis« nach einem letzten Sinn des Leidens. Dieser letzte Sinn wird durch die ewige Einheit des Weltgrundes garantiert; wird diese Einheit wie bei Julius Bahnsen und Friedrich Nietzsche in eine Vielfalt von Individuen aufgesplittert, verschwindet diese monistische Sinngarantie. Es bleibt nur noch die Hoffnung, sich das metaphysische Bedürfnis abzugewöhnen oder davon abzulenken.

Ewige Gerechtigkeit signalisiert die scharfe Diskontinuität zwischen Ethik und Religion. Damit leistet Schopenhauer auf seine Weise einen Beitrag zur Ablehnung der aufklärerischen Reduktion von Religion auf Moral! Ethisch betrachtet ist und bleibt es ungerecht, dass Unschuldige wie Ophelia, Desdemona und Cordelia in Shakespeares Dramen leiden und Unschuldige wie Christus für die Sünden der Welt »bestraft« werden oder Einzelne wie Herakles und Atlas stellvertretend für andere die ganze Last der Welt tragen müssen; religiös betrachtet ist es ein Beitrag zur »ewigen Gerechtigkeit«. Leiden und Laster, Freuden und Tugenden sind ungerecht verteilt. Gäbe es eine »poetische Gerechtigkeit«[41], so wären sie exakt proportional verteilt. Nach der sog. poetischen Gerechtigkeit dürfte es keine unschuldig Leidenden geben; doch die Tragödie und die Welt sind voll davon! Aus der Sicht der Erlösung ist es völlig egal, wer leidet. Ewige Gerechtigkeit, Soteriologie ist distributionsblind – nicht auf die Verteilung der Leiden kommt es an, sondern auf den Beitrag zur Verringerung der Quellen der Leiden in der Welt. Mit jedem Individuum, das den Willen zum

---

[39] Vgl. Schopenhauer, *PP* II, Kap. 8, §109 = *ZA* IX, 219f.

[40] Schopenhauer, *WWV* I, §66 = *ZA* II, 464.

[41] Vgl. Schopenhauer, *WWV* I, §55, Samuel Johnsons moralisierendes Urteil über unschuldig leidende Frauen in Shakespeares Dramen.

Leben verneint, verschwindet eine Quelle der Leiden in der Welt. Religiöse (nicht ethische) Hauptsache ist es, dass ein Asket freiwillig und (nach den Standards von Recht und Moral) unschuldig leidet.

»Reinheit« der Ethik heißt bei Kant und Schopenhauer nicht genau das Gleiche. Schopenhauer befürwortet eine empirische Verankerung der Ethik. Vielleicht sind Kant und Schopenhauer jedoch in diesem Punkt nicht so weit voneinander entfernt; auch Schopenhauer fügt seiner empirischen Variante der Ethik eine metaphysische Ausdeutung hinzu und interpretiert Mitleid als Spiegel eines verborgenen Sachverhaltes, nämlich einer tieferen Identität des Willens zum Leben, der die konkurrierenden Individuen jenseits des *principiumin dividuations* in ihrem Wesen eint. Es entsteht das Paradox eines weltimmanenten (oder »inneren«) Jenseits. Dem empirischen Phänomen des Mitleids korrespondiert gleichsam eine metaphysische »Rückseite«, nämlich die Einheit aller Individuen im einen Weltwillen. Schopenhauers Monismus erscheint wie der Schatten des Pantheismus.

Der metaphysische Monismus bleibt ambivalent in Bezug auf die religiöse Praxis und die Ethik. Er kann als Beitrag zu einer Abwertung des Individuums verstanden werden, oder umgekehrt als Beitrag zu einer Bevollmächtigung des Individuums als »Teilhaber am Unendlichen«. Er kann zur Versenkung »in die kühlende Tiefe des Einen Grundes aller Dinge«[42] einladen, oder zur Erhitzung im »Herzensgespräch« mit Gott und allem, was lebt. Der Monismus kann als Verneinung des Willens und des eigenen Leibes zu einer Indifferenz gegenüber allem Leben oder zu einer gleichen Ehrfurcht vor allem Leben führen. In einem monistischen Universum haben alle Individuen einen gleichen Wert, oder sie sind gleichermaßen wertlos. Diese Feststellungen dämpfen Erwartungen an pantheistische Visionen als Beitrag zur Begründung der Moral, aber sie entlasten »den« Pantheismus auch von ideologiepolitischen Verdächtigungen, als sei er *per se* totalitär oder – demokratisch.

Die Befreiung von kontroverstheologischen und ideologiepolitischen Fixierungen »des« Pantheismus auf eine einzige und wohldefinierte Position, die im ersten Teil vollzogen und empfohlen wird, hat den Vorteil, dass die strukturelle Analogie zwischen Pantheismus und Schopenhauerschem Monismus des Weltwillens erkennbar wird.

---

[42] Strauß 2009/1841, Band 2, 390.

Nichts spricht dagegen, Schopenhauers Ethik und Religion als Ausdruck eines »Pantheismus ohne Gott« oder, weniger missverständlich, eines pantheismusähnlichen Monismus zu sehen, insbesondere ohne den persönlichen und guten Gott des Theismus und ohne den unpersönlichen Gott des Deismus. Was für pantheistische Ethik gilt, gilt *mutatis mutandis* auch für Schopenhauers monistische Deutung der Ethik: Die Orientierung an einer letzten Einheit oder »Gottinnigkeit« bleibt normativ unterbestimmt; sie trägt als solche zur Spezifizierung moralischer Inhalte nichts bei. Auch Schopenhauer begründet die Inhalte und spezifischen Grundsätze der Moral nicht in der Metaphysik, sondern in der empirischen Funktion einer Kanalisierung und Begrenzung der Folgen des Egoismus und dem Beitrag eines alltäglichen, empirischen Phänomens zur moralischen Motivation: dem natürlichen Mitleid. Die empirische Verankerung der Ethik im Mitgefühl ist ohne Ausblick auf eine letzte Einheit nachvollziehbar.

3.5. Heteronome Alltagsmoral

War bisher von Ethik (Theorie oder systematischer Reflexion über Moral) die Rede, so wende ich mich nun der Alltagsmoral zu. Diese kann beschrieben und gedeutet werden, ohne dass daraus eine explizite und zusammenhängende Theorie abgeleitet wird. Viele unserer Gedanken und Konversationen zu moralischen Problemen bewegen sich auf einer vortheoretischen Ebene, für die Vollständigkeit, Kohärenz oder andere methodologische Tugenden weniger zählen als vielmehr die Plausibilität der Situationsdarstellung. Diese Art von unsystematischer Thematisierung ist nicht völlig theoriefrei, sondern enthält unzusammenhängende Theoriefragmente und begnügt sich oft mit einem *Aperçu*, einer knappen Maxime, einer Erzählung oder anderen Formen der Darstellung wie z. B. der Slapsticks und Sitcoms. Die Alltagsmoral begegnet uns in Momentaufnahmen eines realen oder realistisch inszenierten Alltags.

Die Alltagsmoral dreht sich oft um die Bewältigung oder Vermeidung peinlicher Situationen. Man könnte von einer »Kasuistik der Peinlichkeiten« sprechen. Mit der Vielfalt sozialer Situationen wächst die Gefahr (oder der Unterhaltungswert) von Beschämung *(shaming, bashing, embarrassment)*. Viele Situationen sind *embarrassing situa-*

tions.[43] Hinter Gesten und Bemerkungen können sich Absichten zu beschämen verbergen, doch manche Peinlichkeiten ergeben sich aus zufälligen Konstellationen und setzen nicht notwendigerweise eine »böse« Absicht, andere zu beschämen, voraus.

- Ich veröffentliche einen Zyklus von Gedichten und erkläre im Vorwort, mit diesem Werk unsterblichen Ruhm erlangen zu wollen. Dies wird heute meist als peinlich empfunden, galt aber in früheren Zeiten als Bestandteil einer akzeptierten oder sogar noblen Motivation, große Kunstwerke zu schaffen. Mit der Krise der Werkästhetik und der Vorstellung des Künstlers als eines Sehers und Künders ewiger Schönheit ist dieser Anspruch allenfalls noch eine Pubertätsphantasie; peinlich ist es dagegen, einen Anspruch auf Unsterblichkeit zu deklarieren. Die Furcht vor Peinlichkeit und Spott führt dazu, dass solche Deklarationen vermieden werden. Diese Auffassung von Peinlichkeit entsteht im Überschneidungsbereich von sich wandelnden Kunstauffassungen und einer sich wandelnden Alltagsmoral.
- Ich mache abfällige, höhnische Bemerkungen über »Banker«, ohne zu wissen, dass mein Gesprächspartner ein »Banker« ist. Die Alltagsmoral zwingt mich, mit solchen Tiraden zurückhaltend zu sein und nicht zu sagen, was ich denke, wenn ich nicht sicher sein kann, wer der andere ist und wie er denkt oder fühlt.
- Für Außenstehende ist die Beobachtung von Peinlichkeiten oft sehr amüsant. Manche Sitcoms sind vollgestopft mit solchen Peinlichkeiten, und es ist ein Bestandteil der Unterhaltung, sich über Verblüffung, Beschämung und Demütigung anderer zu belustigen. In der Sitcom »Unser cooler Onkel Charly« gibt es eine notorisch peinliche Gestalt, einen Narr der Peinlichkeiten Namens Allen, der permanent dem Spott seines Bruders Charly, der Verachtung seines eigenen Sohnes, dem Zynismus der Haushälterin Bertha und dem automatisch eingeblendeten Publikumsgelächter preisgegeben wird. Manche Sitcoms haben einen primitiven Aspekt, nämlich die Verstärkung von Stereotypen der Verächtlichkeit und des Spotts über Verlierer und Versager. Sie haben aber auch einen lehrreichen Aspekt, nämlich in der Einübung der Wahrnehmung von Peinlichkeiten und (unnötigen, vermeid-

[43] Vgl. Saehrendt 2012.

baren) Verletzungen und Konflikten, die im Effekt über solche Klischees und Vorurteilsreflexe hinausführen können.

- Ein Anreiz ist es z. B., Verlierer in sportlichen oder kulturellen Wettkämpfen (wie »music star«) zu beobachten – ihre langen Gesichter, ihre Tränen, ihre unfreiwillige Körpersprache. Das Publikum ärgert und amüsiert sich über einen unbelehrbaren Dilettanten, der sich für ein Supertalent hält – eigentlich müsste dieses tiefe Missverhältnis zwischen Selbsteinschätzung und Bewertung durch die Mehrheit beschämend oder peinlich sein. Das »Peinliche« in besonders spektakulären Fällen besteht nicht darin, dass jemand kein Talent hat oder weniger, als er hofft, und das Urteil anderer verstimmt, aber zähneknirschend auf sich nimmt – das gehört sozusagen zum akzeptierten Wettbewerb. Wer für Scham empfänglich ist, ist bereit, sich im Spiegelbild der anderen zu sehen, das Urteil der anderen zur Kenntnis zu nehmen. »Oberpeinlich« ist es vielmehr, wenn jemandem das Gelächter der anderen überhaupt nichts ausmacht – wie einem »Autisten«[44], der Sanktionen und Zensuren anderer nicht zu bemerken scheint, oder einem arroganten Beckmesser, der seinen sterilen »Meistersang« für unübertreffbar und das Publikum für einen Haufen von Banausen hält. Man könnte darin Exzesse der Autonomie sehen, die sich jeglichem Druck von außen entziehen.

Aus solchen und ähnlichen Beispielen lassen sich einige allgemeine Schlussfolgerungen ziehen. Die Anomalie der völligen Beschämungsresistenz zeugt von einem tiefergehenden moralpsychologischen Defizit. Sie besteht im Mangel an minimalen psychologischen Voraussetzungen für moralische (und ästhetische) Urteile und Reaktionen. *In extremis* wird der einzelne moralische Akteur von der komplexen Abhängigkeit von Beziehungen und Institutionen gar nicht berührt. Be-

[44] Von »Autisten« ist hier im Sinne einer alltäglichen Typologie die Rede, nicht im Sinne einer klinischen Klassifikation. Gemeint ist der Typus von Menschen, die wir bezüglich der Reaktionen und Einstellungen anderer in einem hohen Grad für unempfänglich halten, und zwar bis zu dem Punkt, an dem wir unsicher sind, ob wir sie dafür verantwortlich machen können. Sie sind im leicht veränderten Sprichwort: »Wer nicht hören will (oder kann?), muss fühlen« angesprochen. Nicht hören heißt hier auch: nicht gehorchen. Es handelt sich um eine Grauzone zwischen Taubheit und Verstocktheit. Gehorsam gegenüber der moralischen Autorität ist eine zentrale Tugend einer heteronomen Ethik. Doch was machen mit denen, die ihre »Stimme« vielleicht nicht »hören« können?

sonders die Selbstwahrnehmung, die bestätigt, dass ich in Beziehungsnetzen lebe, die ich nicht (alle) abbrechen oder ausblenden will und kann, scheint getrübt zu sein. Unempfänglichkeit für Beschämungen ist wie der Mangel an Empathie auch ein moralischer Defekt, weil sich in der Alltagsmoral autonome und heteronome Faktoren der Moral stets überschneiden und überdecken.

Die heteronomen Elemente einer Schamkultur sind besonders im Kontrast zu einer reinen Schuldkultur deutlich wahrnehmbar. Während Schuld letztlich etwas ganz und gar »Inneres« ist, lässt sich Scham nur als Spiegelung im (tatsächlichen oder vermeintlichen) Urteil anderer verstehen. Ganz vor mir allein kann ich mich nicht schämen. Scham verweist auf ein Szenario im Kreise anderer, die die Stirne runzeln, den Kopf schütteln und Zeichen des Ekels, der Verachtung oder der Missbilligung äußern. Wenn ich mich schäme, bin ich zumindest in der Imagination von anderen umgeben, wenn auch auf eine höchst peinliche und störende Weise. Schuld dagegen nagt im Inneren und macht noch einsamer als Beschämung. Deshalb ist Mitteilung der Schuld häufig ein erster Schritt zur »Erlösung« von Schuld.

Kritiker der Schuldkultur haben gelegentlich auf eine Schamkultur als Alternative verwiesen. Da Scham und Schuld tief verinnerlicht sein können – ich schäme mich vor verinnerlichten Instanzen und in imaginären Szenarien –, so scheint auch eine Schamkultur repressiv und »intrusiv« zu sein, d.h., sie hat die Tendenz zur Manipulation und Deformation der Menschen. Tatsache ist, dass in der Alltagsmoral sowohl Schuldgefühle als auch Schamgefühle am Werk sind und dass vor allem in den Schamgefühlen heteronome Elemente wirksam sind. Deshalb wendet sich Nietzsche gegen diese Erfahrungen der heteronomen Auslieferung an die Urteile und Reaktionen anderer, wenn er in einer Skizze einer alternativen Moral eine Überwindung von Scham und Beschämung ins Zentrum rückt.

> »Was ist dir das Menschlichste? – Jemandem Scham ersparen. Was ist das Siegel der erreichten Freiheit? – Sich nicht mehr vor sich selber schämen.«[45]

Nietzsche deutet Scham vor sich selber als Unfreiheit. Dies könnte darauf verweisen, dass ich mich gar nicht vor mir selber schäme, sondern vor verinnerlichten Standards, die ich von anderen übernommen und im Vergleich mit anderen habitualisiert habe. Ich schäme mich, weil ich

---

[45] Nietzsche, *Die fröhliche Wissenschaft*, Drittes Buch, Nr. 274f. = *KSA* 3, 519.

etwas nicht kann oder etwas nicht habe, was die Mitglieder der signifikativen Gruppe können oder haben. »Signifikativ« sind jene, mit denen ich mich am meisten vergleiche und messe und auf die ich mit »mimetischer Rivalität« reagiere.

Alltagsmoral setzt nicht nur die Empfänglichkeit für Beschämung voraus, sondern sie besteht zu großen Teilen darin, sich selber Beschämung zu ersparen (indem man sich nicht unnötig und unanständig exponiert), und anderen solche Peinlichkeiten zu ersparen, indem man es unterlässt, sie aufdringlich zu betrachten, sich an ihren Misserfolgen und Missgeschicken zu delektieren oder Beschämung absichtlich zu provozieren oder herbeizuführen. Voraussetzung dafür ist, dass man für eigene und fremde Beschämung empfänglich ist und gewöhnlich darunter leidet. Die Alltagsmoral ist teilweise heteronom, sofern sie sich an dem orientiert, was mich oder andere mit einer gewissen Wahrscheinlichkeit beschämen könnte. Scham ist wie Eitelkeit ein Gefühl, das sich einem konventionellen oder ästhetischen Urteil ausliefert – einem Urteil, das ich selber kaum beeinflussen kann und das, auch wenn es wenig »vernünftig« oder »begründet« ist, dennoch hartnäckig wirksam bleibt. Ethik, Taktgefühl und Geschmack gehen eine enge Verbindung ein. Es kann sogar vorkommen, dass Takt Ethik (im engeren Sinne) übertrumpft, besonders wenn er auf eine gute Haltung verweist.[46]

Ein Teil der Sexualmoral besteht darin, das, was wir heimlich oder in geschützter Privatsphäre tun, öffentlich zu verheimlichen, zu vertuschen oder »falsch darzustellen« (z. B. übertrieben als Sexualprahlerei oder mit künstlicher Selbstironie, als würden wir uns dabei von außen betrachten und beurteilen). Heteronome Alltagsmoral – und nur von ihr ist in diesem Abschnitt die Rede – besteht darin, diese Trennung zwischen privaten Neigungen und Praktiken auf der einen Seite und öffentlicher Fassade auf der anderen Seite aufrechtzuerhalten. Es gibt darin einen wichtigen Aspekt des Selbstschutzes und der als human und rücksichtsvoll empfundenen Täuschung anderer. Die Alltagsmoral überschneidet sich mit gewissen Regeln und Tugenden der Etikette und der Höflichkeit. Sie ist dann besonders wichtig, wenn wir uns Menschen nähern, die wir kaum kennen und von denen wir nicht wissen, welche weltanschaulichen Bindungen und Präferenzen sie haben. In diesem Prozess der Annäherung oder der oberflächlichen

[46] Vgl. Brenner 2012.

Kontakte ist es moralisch ratsam, sich zu Fragen der Religion und der Sexualität, aber auch zu Fragen der Parteipolitik und anderen Fragen, welche die Menschen gewöhnlich aufwühlen oder entzweien, gar nicht oder nur sehr zurückhaltend und diplomatisch zu äußern.

Doch sind wir damit nicht unter dem Begriff Alltagsmoral völlig von der Moral weg zu einer Etikette oder zu den Regeln des Anstands übergegangen? Haben wir nicht von Kant zu Knigge gewechselt? Man kann es so sehen, wenn man glaubt, Moral und Anstand seien autonome Bereiche, die sich gegenseitig ausschließen. Ich glaube jedoch, dass diese Bereiche ineinandergreifen, sich teilweise überschneiden, mehr noch: dass rein autonome Ethik nicht funktioniert oder mehr Probleme produziert als löst. Aus der Sicht der kognitiven Psychologie steht fest, dass wir häufig in die konventionelle und präkonventionelle Moral »zurückfallen«. Rein autonome Ethik überfordert abhängige Lebewesen. Sie vertuscht die permanenten Erfahrungen des Misslingens und Ungenügens durch Heuchelei, Zynismus und Resignation.

Fixierung auf pure Autonomie gleicht jenem Snobismus, der meint, dass wir eigentlich gar kein Geld zum Leben bräuchten und nicht von Geld reden sollten. Der Snob gibt vor, in Sachen Geld völlig *cool* zu sein. Die Blasiertheit jener, die Geld haben und nicht darüber reden mögen, gleicht dem Snobismus jener, die dadurch Ansehen und Vorteile haben, dass sie tugendhaft sind, aber sich oder anderen weismachen, sie hätten Ansehen und Vorteile dafür gar nicht nötig, es gehe ihnen nur um die Sache oder die Liebe zu den Menschen. Dies entspricht der »schielenden« Maxime, zu besitzen, als besäße man nicht. Nur der Panegyriker darf vom »selbstlosen Menschen« reden – und der Panegyriker darf lügen. Es wäre rhetorisch weniger wirkungsvoll, aber angemessener, von Menschen zu sprechen, die einen höheren Grad von Selbstlosigkeit haben als andere.

Die teilweise heteronome Alltagsmoral erklärt, warum es uns oft schwerfällt, gut oder besser zu sein. Folgende Beispiele mögen das erläutern:

– Ich sehe ein, dass es besser wäre, wenn es keine Bestechlichkeit gäbe, aber ich lebe in einem Land wie Tschechien, wo Korruption mehr als irgendwo sonst in Europa blüht. Hier gibt es keine Chancen (viel) Geld zu verdienen, einen Posten zu erhalten oder gar Karriere zu machen, ohne mich an der Korruption zu beteiligen. Ich kann von niemandem ernsthaft erwarten oder sogar fordern, das hohe Reinheitsideal der Unbestechlichkeit zu befolgen, während die meisten anderen es nicht tun – obgleich ich es schön und vorbildlich fände, dem Druck zu widerstehen.

- Ich sehe ein, dass die Umwelt weniger belastet werden sollte – aber ich bin nicht motiviert, als Einziger etwas dazu beizutragen, wenn nicht (einige, viele) andere mitziehen. Mein isolierter Beitrag wäre bedeutungslos und würde nicht einmal als Vorbild oder Anreiz für andere wirken. Es ist deshalb notwendig, das Handeln vieler Menschen zu koordinieren und zu organisieren. Entsprechende Organisationsstrukturen lassen sich nicht ohne flankierende Sanktionen aufrechterhalten und vergrößern. Wichtig ist das verstärkende Gefühl, dass andere auch mitmachen.
- Die Einschränkung des Rauchens in öffentlichen und geschlossenen Räumen hat nicht auf freiwilliger Basis funktioniert. Es wird immer einige Menschen geben, welche die Gefahren des Passivrauchens leugnen oder sich daraus nichts machen. Raucher verlangen von Nichtrauchern »Toleranz«, nach dem Schema des schlechten Witzes: »Warum darf ich im Nichtraucherabteil nicht rauchen? Es gibt ja auch im Raucherabteil solche, die nicht rauchen; die Raucher müssen auch die Präsenz von Nichtrauchern ertragen.« Freiwilligkeit, Autonomie und gutes Vorbild scheinen nicht hinreichend zu sein, um das Problem des unerwünschten Passivrauchens zu lösen, weil sich einige Raucher nur bedingt auf eine rationale Diskussion und Selbstkritik einlassen und nicht bereit sind, die besseren Gründe anzuerkennen und nach ihnen zu handeln. Das gilt natürlich nicht nur für einige Raucher, sondern für viele andere Individuen und Gruppen, die zu Selbsttäuschung, Willensschwäche und Selbstbegünstigung neigen.

Offenbar brauchen Menschen gelegentlich den Druck der heteronomen Alltagsmoral und gesetzlicher Verbote, um etwas zu tun oder zu unterlassen. Information, Aufklärung und guter Wille allein scheinen nicht zu genügen, um unparteiische Urteile zu erzeugen oder die Kluft zwischen Urteil und Handlung zu überbrücken. Einige passionierte Raucher reagieren erst dann, wenn sie feststellen, dass sie mit ihren Präferenzen, in öffentlichen und geschlossenen Räumen zu rauchen, in der Minderheit sind, dass dieses Verhalten von einer Mehrheit nicht mehr als anständig empfunden und sogar wirksam sanktioniert wird. Erst als stigmatisierte Minderheit fühlen sie sich im Unrecht und geben dem Druck der Mehrheit nach – was eine zutiefst heteronome Weise des Denkens und Empfindens darstellt, die wesentlich zum Funktionieren von Demokratien beiträgt und in einem interessanten Spannungsverhältnis zum Schutz sog. »qualifizierter« Minderheiten steht. Die Strafbarkeit des unerlaubten Rauchens erzeugt eine Minderheit mit schlechtem Gewissen.

Die wenigsten Menschen – abgesehen vielleicht von »Autisten« (im saloppen Sinne des Wortes) oder hartgesottenen Bösewichten – können sich dem Druck der heteronomen Alltagsmoral völlig verschließen. Sie trägt auch zur längerfristigen Kohäsion von Gruppen und Kooperationsgemeinschaften bei, die sich als Zweckgemeinschaften auf rein freiwilliger Basis rasch auflösen würden.

3.6. Heteronomie und Hedonismus der Alltagsmoral

Der Stein des Anstoßes für eine Kantische Ethik, d.h. eine von Kant inspirierte Ethik, die seinem Geist, aber nicht immer seinem Buchstaben folgt, besteht darin, dass die skizzierte Alltagsmoral im Kern eine Moral ist, die sich vom Urteil anderer abhängig macht (Heteronomie) und damit eine ähnliche »Logik« hat wie die Gefühle der Scham und der Eitelkeit.[47] Scham umfasst das, was wir in den Augen (einiger) nicht sein (oder scheinen) möchten, während Eitelkeit das umfasst, was wir in den Augen (einiger) anderer sein (oder scheinen) möchten. Überdies ist die Alltagsmoral an Strategien zur Vermeidung von Unannehmlichkeiten, d.h. Unlust, und zur Erhaltung oder Gewinnung von Ansehen und den damit verbundenen beruhigenden und euphorisierenden Wirkungen orientiert. Die Alltagsmoral hat diese beiden »Krankheiten« der Heteronomie und des Hedonismus, die Kant nicht deutlich unterscheidet, sondern zu einem einheitlichen Syndrom zusammenfasst. Diese Vereinfachung ist nicht statthaft. Was heteronom ist, ist nicht notwendigerweise egoistisch – die Beachtung der Regeln oder Anweisungen einer höheren Instanz kann mit großen Opfern verbunden sein, während sich eine egoistische Motivation (der Vermeidung von Sanktionsleiden) weit von der Achtung einer moralischen

[47] Eine an der eigenen Ehre und Selbstvervollkommnung orientierte Ethik lässt sich vielleicht im Rahmen einer strikt egoistischen Psychologie verteidigen. Ein origineller Versuch in diese Richtung liegt von Archibald Campell (1691–1756) vor. Vgl. Maurer 2012.

Autorität entfernt. Darin liegt ein Grund, warum das Modell einer rein heteronomen Ethik zwar die Dimensionen der Autorität und der Sanktionen umfasst, jedoch in sich spannungsreich und nicht eindeutig lustorientiert ist.

Eine säkulare Auffassung von Alltagsmoral geht nicht von einer göttlichen Strafinstanz aus, sondern von der Realität und Wirksamkeit gesellschaftlicher Sanktionen. Sie ist in einer (diffusen) Auffassung von Autorität und gesellschaftlichen Sanktionen begründet. Nicht das Gesetz (oder die Form des Gesetzes, wie bei Kant), sondern die Wahrnehmung oder lebhafte Vergegenwärtigung der charismatischen Gestalt eines Gesetzgebers bzw. einer signifikativen Gruppe tut die erwünschte Wirkung. Nach einer heteronomen Ethik sind Tugenden und Laster wesentlich markiert durch Belohnung und Strafe. Damit rücken sie in den Bereich der Erkennbarkeit: Moralische Normen werden durch ihre faktischen Sanktionsfolgen erkennbar. Heteronome Moral akzeptiert das Interesse an der Vermeidung von Strafen und an positiver Anerkennung als legitime Anteile der moralischen Motivation.

Auch die Gleichsetzung von Hedonismus und Egoismus greift zu kurz. Wer in Begriffen von Lust und Unlust denkt, bleibt nicht notwendigerweise auf die eigene Lust und Unlust fixiert. Man darf die Erfahrungen von eigener Lust und Unlust als notwendige (wenn auch nicht hinreichende) Voraussetzungen dafür betrachten, um sich in die Erfahrungen von Lust und Unlust anderer zu versetzen.

Wäre z. B. Gott ein Wesen ohne Körper und menschliche Erfahrungen von Lust und Unlust (wie Schmerzen oder Leiden anderer Art, z. B. Angst, Eifersucht oder Enttäuschung), so wäre er auch nicht prädisponiert dafür, menschliches Glück und Unglück zu beurteilen. Ein Gott ohne Körper wäre, was die sensuellen Bedürfnisse der Menschen betrifft, ein »grausamer Gott«. Er hätte wahrscheinlich nur ein »Organ« für das Heil und Unheil der Menschen und wäre nicht an Lust und Leiden *per se* interessiert. Die Tugend des Mitgefühls mit physischen Leiden könnte man ihm vermutlich nicht zuschreiben.[48] Er würde kaum mit den Leiden von Tieren sympathisieren. Man könnte ihm – im Sinn und Geist der Anklage innerhalb der Theodizee – die Leiden der Tiere nicht anlasten. Auch wenn der körperlose Gott allwissend wäre, so hätte er doch nicht die Voraussetzung für eine lebhafte empa-

---

[48] Vgl. Geach 1977, 79.

thische Imagination. Er wäre in einer für uns und alle empfindungsfähigen Lebewesen so wichtigen Frage ahnungslos.

Der biblische Gott ist bekanntlich sehr »körperlich« oder körperbezogen – darin unterscheidet er sich vom (platonischen) Gott der Philosophen! Man lese nur die Stelle von Jeremias Berufung:

»Und der Herr streckte seine Hand aus und rührte meinen Mund [meine Lippen] an und sprach zu mir: ›Siehe, ich lege meine Worte in deinen Mund‹.«[49]

Körperbilder und Körpersprache charakterisieren den lebendigen Gott, wie er auch in der Neuzeit angesprochen wird, etwa in den Werken Jakob Böhmes.

»Alles Himmlische, alles Unsichtbare hat seine Gestalt, Form und Figur, wie das Irdische. Das ist die Summe von Jakob Böhme, darum hat ihn Gott uns gesandt.«[50]

Der vorangehende Exkurs über den körperlosen Gott, der kein Mitleid kennt, diente nur zur Illustration der Auffassung, dass die sensorischen Körpererfahrungen von Lust und Unlust moralisch relevant sind. Sie sind nicht Faktoren, die uns grundsätzlich von der Moral (oder gar von Gott) ablenken oder abbringen, sondern vielmehr notwendige Ressourcen für die Entwicklung moralischer Empathie. Es lassen sich gleich drei Irrtümer bezüglich des Hedonismus zurückweisen: 1.) Dieser muss nicht auf eine bornierte Weise egoistisch sein; 2.) Er muss nicht nur ein Ziel (Glück) suchen, sondern zahlreiche Ziele als Quellen von Glück verfolgen; 3.) Er empfiehlt nicht, Glück bewusst zu suchen.

»Looking for happiness is, as it happens, not the best way to find it.«[51]

»I never, indeed, wavered in the conviction that happiness is the test of all rules of conduct, and the end of life. But I now thought that this end was only to be attained by not making it the direct end. Those only are happy (I thought) who have their minds fixed on some other object than their own happiness, on the happiness of others, on the improvement of mankind, even on some art or pursuit, followed not as a means, but as itself an ideal end.«[52]

---

49 *Jer.* 1, 9.

50 Friedrich Christoph Oetingers kurzer Auszug der Hauptlehren Jakob Böhmes, in: Böhme 1920, 54.

51 Hospers 1972, 134.

52 John Stuart Mill: A Crisis in My Mental History, in: *Collected Works* I, 145/147.

Ganz egoistisch (im Sinne eines bornierten oder »autistischen« Egoismus) scheint die Alltagsmoral nicht zu sein, öffnet sie sich doch dem Urteil anderer und vermeidet beschämende Situationen. Vermeidung von Scham kann sogar dazu führen, mehr Autonomie zu erlangen, etwa dann, wenn ein Alkoholiker mit dem Trinken aufhört, um sich vor einer geliebten Person nicht mehr schämen zu müssen.[53] In diesem Fall wird ein heteronomes Motiv zum Geburtshelfer von mehr Autonomie.

Die Zitate aus Mills Autobiographie und aus John Hospers Ethik beziehen sich auf das sog. »Paradox des Hedonismus«, das seit der Antike als Argument gegen den Hedonismus vorgebracht wurde. Der Hedonismus lässt sich jedoch verteidigen, indem man zwar Lust als letztes Ziel oder letzten Maßstab anerkennt, aber zulässt, dass es viele Wege gibt, um dieses eine Ziel zu erreichen, und dass Umwege gelegentlich vollständiger zum Ziel führen als die geraden und direkten Wege. Lust und Freude können sich auch dann einstellen, wenn wir sie am wenigsten erwarten und nicht einmal bewusst anstreben. Das passt zu einem anderen Paradox, das besagt:

> Es ist erfolgversprechender, der Schmied seines Vermögens als der Schmied seines Glücks zu sein.

Glück ist als Gegenstand des Machens oder Herstellens ungeeignet. Obwohl Geld nicht glücklich macht, macht es oft eher Sinn, (neben anderen Zielen) die Erhaltung oder Vermehrung von Geld als das eigene Glück anzustreben. Die erwerbende Lebensform ist ein möglicher Weg zum Glück, gerade weil Geld nicht identisch mit Glück ist. Die Jagd nach dem Glück scheint dagegen eine Lebensform zu sein, die tendenziell eher unglücklich macht. Das Paradox besteht im Widerspruch zur Auffassung, das Gute sei das Erstrebenswerte. Das Gute ist nach dieser paradoxen, aber wahrscheinlich richtigen Auffassung dasjenige, das es sinnvoll und gut macht, überhaupt Dinge oder Zustände anzustreben. Es gab bereits ein Glück im Streben, Erwarten und Hoffen, das nicht identisch mit dem glücklichen Erreichen des Ziels ist. Das Glück der Vorfreude ist nicht identisch mit dem Glück des Gelingens.

Aus dem Hedonismus folgt nicht der Zynismus, der besagt, jeder suche nur seinen eigenen Vorteil. Dies ist schon deshalb falsch, weil unklar ist, worin ein größerer Vorteil besteht. Der gewöhnliche Ge-

[53] Vgl. Lotter 2012, 121 f.

nießer ist bis zu einem gewissen Maße träge und liebt es nicht, ausführlich zu kalkulieren. Er maximiert nicht, sondern ist relativ genügsam – aus Bequemlichkeit. Was ist nun sein »Vorteil«? Der faule Genießer ist auch nicht durch jedes Angebot zu verführen. »Warum soll ich mich für eine Million anstrengen?« Im Unterschied zum Gierigen und Fleißigen ist er weniger »bestechlich«. Die Maxime »Everyman has his price« erweist sich nicht als tiefe Weisheit, sondern eher als Tautologie. Gemeint ist: Man kann jedermann ein genügend hohes Angebot machen, um ihn zu einer Immoralität zu verleiten. ›Genügend hoch‹ **bedeutet** ›bis er akzeptiert‹; es bedeutet nicht ›einen genügend hohen Geldbetrag‹.[54] Was für ein Hedonist jemand ist, hängt davon ab, was für eine Persönlichkeit er ist.

Das Paradox aller Paradoxe lautet, dass sich das Projekt der Tugend um ihrer selbst willen in hedonistischer Perspektive als lohnend und indirekt glückverheißend erweisen könnte. Wenn es ein Weg zum Glück ist, selbstvergessen irgendwelche Ziele zu verfolgen (nur nicht das Ziel, das eigene Glück zu maximieren), dann könnte es auch lohnend sein, Tugend um ihrer selbst willen zu üben und zu leben. Im Rahmen der »unreinen Ethik« des universalistischen Hedonismus (oder Utilitarismus) wird die von Spinoza und Lessing gepriesene Liebe zur Tugend um ihrer selbst willen sogar zu einem interessanten Kandidaten. Die Begründung liegt bei genauerem Hinsehen vielleicht nicht in der Tugend selber, sondern in ihrem Potential, Menschen ein sinnvolles und lohnendes Leben zu verschaffen. Sie ist mehr als nur ein beliebiges Mittel zum Glück – sie ist selber ein Bestandteil des Glücks. Diese Freude ist nur durch selbstvergessene Tugend zu erreichen. Es ist die Pflichterfüllung mit freudigem Herzen, Epikurs »stets fröhliches Herz«.[55]

Die heteronome Alltagsmoral ist besser als ihr Ruf. Sie enthält Elemente, die zur Stützung der Moral unentbehrlich sind. Die Alltagsmoral funktioniert nicht ohne ein Spektrum von Sanktionen; Sanktionen enthalten eine heteronome Botschaft: »Tue das – und es wird dir besser gehen; Tue das nicht – oder es wird dir schlechter gehen.« Wie auch immer man das Projekt einer Kantischen Ethik einschätzen mag: Die Wirksamkeit der Alltagsmoral kann sie nicht ersetzen. Die Alltagsmoral mit ihren »unreinen« Faktoren von Anstand, Takt und Peinlich-

---

[54] Vgl. Hospers 1972, 143 f.

[55] Kant 1990/1788, 133.

keiten bewegt sich zwischen der noblen Vernunftmoral und der zwingenden Rechtsethik und verdient mehr Beachtung und Wertschätzung, als ihr in den Moraltheorien gewöhnlich zuteilwird.

3.7. Pantheismus und Heteronomie

Folgende Annahmen scheinen wahr zu sein:

P_1: Ethik nach der Aufklärung ist autonome Ethik.
P_2: Pantheismus betont die »schlechthinnige Abhängigkeit« des Menschen von Gott.

Eine erste Schlussfolgerung lautet:

C_1: Die Betonung der Abhängigkeit Gottes vom Menschen führt zu einer heteronomen Moral.

Eine zweite Schlussfolgerung lautet:

C_2: Pantheismus ist nicht vereinbar mit autonomer Ethik.

So betrachtet scheint Pantheismus die Aufklärung nicht zu überleben; Pantheismus nach der Aufklärung ist nicht möglich.

Im dritten Teil wurde bisher gezeigt, dass P_1 nicht wahr ist; auch eine aufgeklärte Moral, sei es jene Kants oder jene des Utilitarismus, enthält heteronome Moral, und das trifft auch auf eine zeitgenössische *common sense* Moral wie jene von Bernard Gert zu. Nach Bernard Gert unterscheiden sich die moralischen Regeln von den moralischen Idealen gerade durch den Aspekt der Sanktionen – eine Auffassung, die er von John Stuart Mill übernimmt. Die Beachtung moralischer Regeln darf gefordert, eventuell sogar erzwungen, ihre Missachtung getadelt, eventuell sogar bestraft werden. Auf moralische Ideale trifft das nicht zu. Niemand darf dafür getadelt oder gar bestraft werden, dass er nicht ein »Menschheitsfreund« ist.

Selbst Kant, der die Ethik frei von Sanktionen halten möchte, führt den obskuren Begriff des »Selbstzwangs« ein und flankiert überdies die Ethik durch eine Rechtslehre, eine Vernunftreligion, eine empirische Anthropologie und »Hoffnungszeichen« der Geschichte. Seine vermeintlich reine autonome Ethik kommt nicht ohne interne und externe heteronome Elemente aus.

Auch P_2 bedarf eines Kommentars. Zum einen führt nicht nur Pantheismus, sondern auch Theismus zu Heteronomie, ja zum bekannten Paradox, dass »die Freiheit eines Christenmenschen« in der Anerkennung der »schlechthinnigen Abhängigkeit« von Gott als Schöpfer und Richter besteht. Der Christ erkennt die Freiheit als Geschenk Gottes. Ein Pantheismus, der diese Abhängigkeit vielleicht noch mehr akzentuiert als der Theismus, ist deswegen sogar in den Verdacht des Fatalismus geraten. Dies wird besonders deutlich, wenn die Freiheit als Geschenk und Leihgabe einer den Göttern »geraubten« Freiheit des Prometheus gegenübergestellt wird. Besteht die wertvollste Freiheit darin, der göttlichen Vernunft bzw. dem Gewissen zu folgen und damit das Geschenk der Freiheit anzunehmen, dann ist der vernünftige Mensch, der die Abhängigkeit von Gott akzeptiert, frei. Freiheit und Abhängigkeit vom Göttlichen werden nicht als Oppositionsbegriffe verstanden.

Zum anderen erlaubt es Pantheismus, die Freiheit zum Guten als Wille, der eigenen Gottnatur zu folgen, zu deuten. Freiheit im moralisch relevanten Sinne besteht also darin, die Gesetze Gottes und der Natur zu befolgen. P_2 ist demnach wahr, aber nur aus der Sicht eines prometheischen Freiheitsbegriffes katastrophal. Freiheit besteht durch die Bindung an Gott, sei es durch ein Leben in Christus oder in der Wahrheit. Dies ist nicht die Freiheit, die wir uns selber geben oder durch Verteidigung unseres Lebens und Eigentums erkämpfen; insofern ist auch die Tugend, mit der wir diese Freiheit realisieren, nicht Ausdruck einer »self-made morality«. Wir befolgen nicht Gesetze, die wir uns selber gegeben haben und die wir so betrachtet auch einfach rückgängig machen könnten.

C_1 (und damit auch C_2) sind jedoch nur Halbwahrheiten. Auch die mit dem Theismus und Pantheismus vereinbare Moral enthält autonome Elemente, insbesondere die »holistische« Einsicht in den Zusammenhang des Einzelnen mit dem Ganzen; diese Einsicht steht im Kontrast zum blinden Gehorsam und begründet so etwas wie einen vernünftigen Gehorsam. Überdies folgen Tugend und moralisches Gesetz nach einem philosophisch formulierten Pantheismus aus meinem Wesen, sofern es identisch mit Gott ist. Ethik im Rahmen eines Pantheismus ist demnach nicht »wesensfremd«; sie wird nicht »von oben« oder »von außen« aufgedrängt, jedenfalls nicht dem Wesen des Menschen. Es gibt keinen extramundanen, thronenden Gott. Zwang, Sanktion und Fremdbestimmung finden zwar statt, aber sie richten sich nicht gegen das Wesen des Menschen, sondern gegen seine Unwissenheit, seine »Trägheit« und seine »Bosheit«. Und der Lohn der Tugend liegt nicht außerhalb, in einem plump heteronomen Schema von Belohnung, sondern in ihr selber. Wir haben eine innere Freude an ihr selbst.[56]

Als freier und tugendhafter Mensch, der nach der Leitung der Vernunft lebt, ist der Mensch dem Menschen ein Gott.[57] In der Tugend und anderen (moralischen und ästhetischen) Einstellungen liegt die Freude, die sonst durch nichts zu erreichen ist. Insofern kombiniert auch Pantheismus heteronome und autonome Elemente. Offenbar steht er nicht schlechter da als jede »unreine« Ethik.

Der entscheidende Punkt besteht darin, dass wir das Gute im Rahmen eines Pantheismus nur als Teilhaber Gottes leisten können. Wenn wir Gutes wollen oder vollbringen, dann nur durch die Kraft des Heiligen Geistes, der sich durch unseren endlichen Geist und Leib durchzusetzen vermag. Es gibt so betrachtet keine »guten Verdienste« und keinen Anspruch auf Belohnung für das Gute. Das Gute widerfährt dem Pantheisten wie der Heilige Geist an Pfingsten; es geschieht nicht aus »Selbstzwang«. Vereinfachend gesagt: Das Gute tue ich aus Gott, das Böse aus mir selber. Die Tugend ist ihr eigener Lohn; sie besteht in der Seligkeit, mit Gott übereinzustimmen. Die wertvollste Freiheit ist die Freiheit zum Guten, Harmonie mit allem Guten. Die »kleine und gemeine« Freiheit dagegen ist nur die Freiheit, vom Guten abzuweichen, gegen unsere eigene Gottnatur zu handeln. Deshalb kann man mit Recht sagen, dass der Mensch für das Böse Strafe verdient. Das Böse, das ich tue, kann ich nicht Gott anlasten. Ich kann ihn nur anklagen für das Böse, das mir von anderen widerfährt, und für die Übel, die mir zustoßen, nicht für das Böse, das ich selber tue.

Pantheismus anerkennt heteronome und autonome Elemente der Moral. Er ist vereinbar mit der prinzipiellen These dieses dritten Teils, die besagt, dass eine plausible Moral heteronome und autonome Elemente enthält. Doch Pantheismus kann nicht in jeder Hinsicht mit der Alltagsmoral übereinstimmen, da diese vom Weltbild des gesunden Menschenverstands ausgeht, dem gemäß die Welt nicht Einheit in der Mannigfaltigkeit ist, sondern radikale Mannigfaltigkeit. Daher spielt in der Alltagsmoral die Anpassung an den Egoismus und den Indivi-

---

56 Vgl. Spinoza, *Ethica* V, 42.
57 Vgl. Spinoza, *Ethica* IV, 35.

dualismus eine gewisse Rolle. Die Menschen müssen sich mit Freien und Unfreien, Tugendhaften und Lasterhaften, kurz: sie müssen sich in einer Welt der Knappheit und Konkurrenz arrangieren. Sie müssen dem größeren Übel das geringere vorziehen.

Im radikal revisionistischen Weltbild des pantheistischen Monismus dagegen gibt es keine Knappheit und keine Konkurrenz. Man könnte sagen, dass der bornierte Egoismus in einer pantheistisch gedeuteten Welt keinen Sinn macht, da ich das, was ich anderen vorenthalte oder nehme, mir selber vorenthalte oder nehme. Pantheismus hält die Spannung zwischen der Welt, wie sie dem *common sense* erscheint, und einer besseren Welt aufrecht. Besser wäre eine Welt, wie sie einigen Frühsozialisten und Anarchisten vorschwebte, in der es keine (brutale) Konkurrenz, keine (unverdienten) Ungleichheiten und keine (böse) Gier mehr gäbe.

Pantheismus nach der Aufklärung gibt einen Vorschein dieser besseren Welt, ohne dazu anzustiften, diese Utopie mit Betrug und Gewalt herbeizuführen. Wenn er sich selber als Einstellung und Sache des Temperaments (gleichsam von außen oder aus der Sicht seiner Gegner) zu sehen vermag, und nicht nur als unfehlbare Gewissheit, kann er sich nicht als künftige Universalreligion und Allheilmittel aufspielen. Eine Welt von Pantheisten wäre vielleicht in verschiedener Hinsicht eine bessere Welt[58], aber es wäre auch eine ärmere Welt, in der andere und entgegengesetzte Einstellungen und Temperamente ausgestorben wären. Im schlimmsten Fall wäre es sogar eine monotone und illusorische Welt. Auch wenn es diesen allgegenwärtigen Gott geben sollte, ist es vielleicht trotzdem besser, dass nicht alle an ihn glauben und ihn nicht alle auf gleiche Weise ansprechen und verehren.

Literatur zum dritten Teil

Bast, Rainer A. (1993) (Hrsg.): *Julius Hermann von Kirchmann.* 1802–1884. Jurist, Politiker, Philosoph, Hamburg: Meiner.

Böhme, Jakob (1920): *Schriften*, hrsg. von Hans Kayser, mit der Biographie Böhmes von Abraham von Franckenberg und dem kurzen Auszug Friedrich Christoph Oetingers, Leipzig: Im Insel-Verlag.

58 Vgl. Hartmann 2009/1879, 714 f.

Brenner, Andreas (2012): Der richtige Abstand. Takt trumpft Ethik, in: Gödde, Günter (Hrsg.): *Takt und Taktlosigkeit. Über Ordnungen und Unterordnungen in Kunst, Kultur und Therapie*, Berlin: transcript, 147–183.

Egner-Walter, Ute (1989): *Das innere Gebet der Madame Guyon* (Schriften zur Kontemplation), Münsterschwarzach: Vier-Türme-Verlag.

Fénelon (1983): *Œuvres*, vol. 1 (Bibliothéque de la Pléiade), Paris: Gallimard.

Fénelon (2012): *Fénelon ou le génie méconnu*, choix de textes présentés par Laurence Devillairs, Paris: Pocket.

Fischer, Kuno (2010/1898): *Arthur Schopenhauer*, hrsg. und eingeleitet von Maria und Werner Woschnak, Wiesbaden: marixverlag.

Geach, Peter (1977): *Providence and Evil*, Cambridge: UP.

Gert, Bernard (2004): *Common Morality. Deciding What to Do*, Oxford: UP.

Glassen, Peter (1958): »Charientic« Judgments, in: *Philosophy*, vol. XXXIII, no. 124, 138–146.

Guyon, Madame Jeanne Marie Bouvier de la Mothe (1704/1720): *Les Torrens Spirituels* [dtsch.: *Die geistlichen Ströme*, erste vollständige deutsche Übersetzung von Reiner-Friedemann Edel, Marburg an der Lahn: Ökumenischer Verlag Edel 1978].

Guyon, Madame Jeanne Marie Bouvier de la Mothe (2001): *La Vie par elle-même et autres écrits biographiques. Édition critique avec introduction et notes par Dominique Tronc*, Paris: Honoré Champion.

Guyon, Madame Jeanne Marie Bouvier de la Mothe (2008): *Oeuvres mystiques.* Édition critique avec introduction par Dominique Tronc, Paris: Honoré Champion.

Hampton, Jean E. (1998): *The Authority of Reason*, Cambridge: UP.

Hare, Richard M. (1963): *Freedom and Reason*, Oxford: UP.

Hartmann, Eduard von (2009/1879): *Phänomenologie des sittlichen Bewusstseins*, hrsg. von Jean-Claude Wolf, Göttingen: V&R unipress.

Höffe, Otfried (2012): *Kants Kritik der praktischen Vernunft. Eine Philosophie der Freiheit*, München: C. H. Beck Verlag.

Hospers, John (1972): *Human Conduct. Problems of Ethics*, New York: Harcourt Brace Jovanovitch.

Kant, Immanuel (1990/1788): *Kritik der praktischen Vernunft*, Hamburg: Meiner.

Kant, Immanuel (1990/1797): *Tugendlehre = Metaphysik der Sitten. Metaphysische Anfangsgründe der Tugendlehre*, Hamburg: Meiner.

Kersting, Wolfgang (2012): *Wie gerecht ist der Markt? Ethische Perspektiven der sozialen Marktwirtschaft*, Hamburg: Murmann.

Kirchmann, Julius Hermann von (2007/1869): *Die Grundbegriffe des Rechts und der Moral*, Berlin: L. Heimann, Nachdruck Norderstedt: Edition Classic VDM Verlag Dr. Müller 2007.

Kittsteiner, Heinz Dieter (2006): *Wir werden gelebt. Formprobleme der Moderne*, Hamburg: Europäische Verlagsanstalt.

Le Brun, Jacques (2002): *Le pur amour de Platon à Lacan*, Paris: Seuil.

Lessing, G. E. (1999): *Die Erziehung des Menschengeschlechts und andere Schriften*, Stuttgart: Reclam [OA 1777, 1780].

Lotter, Maria-Sibylla (2012): *Scham, Schuld, Verantwortung. Über die kulturellen Grundlagen der Moral*, Frankfurt a. M.: Suhrkamp.
Louden, Robert B. (2000): *Kant's Impure Ethics. From Rational Beings to Human Beings*, Oxford: UP.
Louden, Robert B. (2012): *The World We Want. How and Why the Ideals of the Enlightenment Still Elude Us*, Oxford: UP.
Mandeville, Bernard (1980/1714/1705): *Die Bienenfabel* oder Private Laster, öffentliche Vorteile, mit einer Einleitung von Walter Euchner, Frankfurt a. M.: Suhrkamp.
Maurer, Christian (2012): Archibald Campbell's Views of Self-Cultivation and Self-Denial in Context, in: *The Journal of Scottish Philosophy* 10, 1, 13–27.
Miles, Jack (1995): *God. A Biography*, New York: Alfred A. Knopf.
Mill, John Stuart (1981): Autobiography and Literary Essays, in: Mill: *Collected Works*, vol. 1, Toronto: UP. [Deutsche Ausgabe, übersetzt und eingeleitet von Jean-Claude Wolf, Hamburg: Meiner 2011.]
Nietzsche, Fr. W. (1980): *Sämtliche Werke. Kritische Studienausgabe*, München: dtv [zitiert als *KSA*].
Oepke, Albrecht (1928): *Karl Barth und die Mystik*, Leipzig: Verlag von Dörffling & Francke.
Rawls, John (1999): *A Theory of Justice*, revised edition, Cambridge: The Belknap Press of Harvard UP.
Rousseau, J.-J. (2010): *Profession de foi du vicaire savoyard*, édition de Bruno Bernardi, dossier de Gabrielle Radica, Paris: G-Flammarion [es handelt sich um das Herzstück des pädagogischen Romans Émile, der 1762 erschienen ist].
Saehrendt, Christian (2012): *Blamage! Geschichte der Peinlichkeit*, Berlin: Bloomsbury Verlag.
Schmidt, Alfred (1986): *Die Wahrheit im Gewande der Lüge. Schopenhauers Religionsphilosophie*, München: piper.
Schmidt, Alfred (2004): *Tugend und Weltlauf. Vorträge und Aufsätze über die Philosophie Schopenhauers (1960–2003)*, Frankfurt a. M. usw.: Peter Lang.
Schopenhauer, Arthur (1977): Zürcher Ausgabe. Werke in zehn Bänden, Zürich: Diogenes [zitiert als *ZA*; das Hauptwerk *Die Welt als Wille und Vorstellung* wird zitiert als *WWV*; *Parerga und Paralipomena* als *PP*].
Schopenhauer, Arthur (1985): *Der handschriftliche Nachlass*, München: dtv [zitiert als *HN*].
Schopenhauer, Arthur (2007/1841): *Über die Grundlagen der Moral*, Hamburg: Meiner.
Schopenhauer, Arthur (2007/1851): *Aphorismen zur Lebensweisheit*, Stuttgart: Kröner.
Schweitzer, Albert (1960/1923): *Kulturphilosophie*, Neuauflage München: Beck 1960.
Scruton, Robert (2012): *Schönheit. Eine Ästhetik*, München: Diederichs.
Smith, Adam (1976): *The Theory of Moral Sentiments*, Oxford: Clarendon Press [OA 1759].
Spaemann, Robert (1990): *Fénelou. Reflexion und Spontaneität*, Stuttgart: Klett-Cotta [EA 1963].

Spinoza, Baruch de (1999/1677): *Ethica*, Amsterdam 1677; *Ethik in geometrischer Ordnung dargestellt*, lateinisch-deutsch, Hamburg: Meiner 1999.
Spinoza, Baruch de (1977): *Briefwechsel*, Hamburg: Meiner.
Strasser, Stephan (1982): *Jenseits der Bürgerlichkeit. Ethisch-politische Meditationen für diese Zeit*, Freiburg, München: Alber.
Strauß, David Friedrich (2009/1841): *Die christliche Glaubenslehre*, 2 Bände, Tübingen, Stuttgart 1841, Neudruck Darmstadt: Wissenschaftliche Buchgesellschaft 2009.
Wolf, Jean-Claude (1988): Kant und Schopenhauer über die Lüge, in: *Zeitschrift für Didaktik der Philosophie*, 10. Jg./Mai, Heft 2, 69–80.
Wolf, Jean-Claude (1990): Schopenhauers Entwurf einer asketischen Tugendethik, in: *Conceptus* 24, 62, 99–113.
Wolf, Jean-Claude (1993): Ist Ehrfurcht vor dem Leben ein brauchbares Moralprinzip? in: *Freiburger Zeitschrift für Philosophie und Theologie*, Bd. 40, Heft 3, 359–383.
Wolf, Jean-Claude (1995): Tötung von Tieren, in: *Ökologische Ethik und Rechtstheorie*, hrsg. von Julian Nida-Rümelin und Dietmar von der Pfordten, Baden-Baden: Nomos Verlagsgesellschaft, 219–230.
Wolf, Jean-Claude (1997): Albert Schweitzers weiter Begriff von Ethik, in: *Zwischen Denken und Mystik. Albert Schweitzer und die Theologie heute*, hrsg. von Wolfgang E. Müller, Bodenheim: Verlag Syndikat Buchgesellschaft, 224–242.
Wolf, Jean-Claude (1997): Schopenhauers Liberalismus, in: *Schopenhauer Jahrbuch*, hrsg. von H. G. Ingenkamp, D. Birnbacher und Lutz Baumann, Würzburg: Königshausen & Neumann, 63–86.
Wolf, Jean-Claude (1998): Willensmetaphysik und Tierethik, in: *Schopenhauer-Jahrbuch*, hrsg. von H. G. Ingenkamp, D. Birnbacher und Lutz Baumann, Würzburg: Königshausen & Neumann, 85–100.
Wolf, Jean-Claude (2006): Hartmanns Schopenhauer-Kritik, in: *Schopenhauer-Jahrbuch* 87, Würzburg: Königshausen & Neumann, 157–182.
Wolf, Jean-Claude (2007): *Egoismus und Moral*, Freiburg/Schweiz: Academic Press.
Wolf, Jean-Claude (2009): Eduard von Hartmann als Schopenhauerianer? In: *Schopenhauer und die Schopenhauer-Schule* (Beiträge zur Philosophie Schopenhauers Band 7), hrsg. von Fabio Ciraci, Domenico M. Fazio, Matthias Kossler, Würzburg: Königshausen & Neumann, 189–214.
Wolf, Jean-Claude (2009): Die Randnotizen von Eduard von Hartmann in: Arthur Schopenhauer: *Die beiden Grundlagen der Ethik*, Leipzig 1860 (2. Auflage), in: *Schopenhauer-Jahrbuch* 90, Würzburg: Königshausen & Neumann, 199–210.
Wolf, Jean-Claude (2012): Mitgefühl mit Tieren im liberalen Rechtsstaat, in: *Tierethik. Zeitschrift für Mensch-Tier-Beziehung*, 4. Jahrgang, Heft 4, 12–26.
Zander, Hans Conrad (2011): *Als die Religion noch nicht langweilig war. Die Geschichte der Wüstenväter*, München: Gütersloher Verlagshaus.

Vierter Teil
Hegel und der animalische Magnetismus

Im Folgenden wird Hegels Behandlung des animalischen Magnetismus dargestellt.[1] Dabei geht es um eine erste Übersicht im Rahmen der Philosophie nach Kant. Hegels System gehört zu einer Familie von philosophischen Theorien, welche kritisch an Kant anknüpfen und dessen Transzendentalismus voraussetzen und ergänzen. Ihre Vertreter sehen in diesem Anknüpfungspunkt auch günstige Voraussetzungen zur Beleuchtung von psychischen »Wundern«, die sich nicht nach bekannten Mustern und Gesetzen der Naturwissenschaften erklären lassen. Sie sind für die Anerkennung paranormaler Phänomene offen und verwerfen die rationalistische Tendenz, sie zu unterschlagen bzw. wegzuerklären. Der Vergleich von so verschiedenen Autoren wie z. B. Hegel und Schopenhauer ist problematisch und wird hier nur provisorisch angedeutet. Ein gemeinsamer Nenner ist die Auseinandersetzung mit der Kantischen Transzendentalphilosophie und der Versuch, deren Subjektivismus mit einer Metaphysik des Ganzen oder der Unendlichkeit zu ergänzen oder zu korrigieren und die Frontstellungen von Idealismus und Realismus zu überwinden. Dass Kant selber eine »Kausalität aus Freiheit« für seine praktische Philosophie als »noumenale Kausalität« postuliert, kann als direkter Ansatzpunkt für eine Theorie der Magie betrachtet werden. Seit Descartes wird der »connexus« zwischen Körper und Geist als heterogene Kausalität zwischen einer ausgedehnten und einer denkenden Substanz als »magisch« betrachtet. Die Art, wie der Geist dem Körper unmittelbar »Befehle« erteilt, erscheint auch Hegel als ein magisches Verhältnis. Genauere Vergleichsarbeit diverser nachkantischer Philosophen müsste dem Wandel und

[1] Dieses Kapitel ist der überarbeitete Beitrag zur Tagung »Von der Dämonologie zum Unbewussten. Die Transformation der Anthropologie um 1800« in Freiburg in der Schweiz vom 15./16. November 2012. Für Hinweise und Kritik danke ich Martin Bondeli und den Teilnehmern der Tagung, insbesondere Helmut Zander.

den Differenzen innerhalb der Entwicklung der einzelnen Autoren nachgehen.

Hegel bezieht sich in seiner *Enzyklopädie der philosophischen Wissenschaften* von 1830 wiederholt auf den animalischen Magnetismus.[2] Seine Diskussion des animalischen Magnetismus (oder Somnambulismus) enthält eine Beschreibung zahlreicher Phänomene und Umstände der selbstgewirkten oder fremdgewirkten Hypnose, unter anderem mit Hinweisen auf Anton Mesmer und Chastenet de Puységure[3] – letzterer und sein Bruder galten als (Wieder-)Entdecker der herbeigeführten Hypnose. Dabei geht es um Aspekte von Wissen, Beziehung, Sexualität, (übernatürlicher?) Macht und Heilung. Ähnlich wie Johann Gottlieb Fichte[4], Carl von Eschenmayer[5], Schelling[6], Schopenhauer[7] und – in der zweiten Hälfte des 19. Jahrhunderts – Eduard von Hartmann[8] und Carl Du Prel[9] nähert sich Hegel der Auffassung

---

[2] *Enzyklopädie der philosophischen Wissenschaften* II, § 373 Zusatz = 9/534; *Enzyk.* III, § 377 (Einleitung zum dritten Teil: »Philosophie des Geistes«) = 10/9–16 und *Enzyk.* III, § 405 f. (Der subjektive Geist. Anthropologie. Die fühlende Seele in ihrer Unmittelbarkeit) = 10/126–160. Zitate nach Band- und Seitenzahl der Suhrkamp-Ausgabe von Hegels Werken in zwanzig Bänden.

[3] Vgl. Sloterdijk 1985.

[4] »Jenes *fluide universel!* Ob es nicht in meinem System der Wissenschaftslehre eben als das letzte Objektive der Erscheinung, freilich als ein nothwendiges Noumen, in welchem sich jedoch Subjektives und Objektives, Denkendes und Gedachtes vereinigt, eingehen sollte? Es ist z. B. Einheit der Mannigfaltigkeit in der Bewegung der Wirksamkeit.« Fichte 1813, zitiert nach Martin Blankenburg: Der tierische Magnetismus in Preussen, in: Darnton 1983, 211. Vgl. Scribner 2000.

[5] Karl August von Eschenmayer: *Versuch die scheinbare Magie des thierischen Magnetismus aus physiologischen und psychologischen Gesetzen zu erklären* (1816). Eschenmayer verdient hier auch Erwähnung wegen seiner Beziehung zu Schelling. Vgl. Baier 2009, I, 207 ff.

[6] Nach einer Hypothese von Peter Sloterdijk kann Schellings Philosophie als eine Rationalisierung des animalischen Magnetismus verstanden werden. In diesen Zusammenhang gehört auch Friedrich Hufelands Naturgeschichte der Sympathie und dessen Übertragung des magnetischen Rapports auf die Beziehung von Mutter und ungeborenem Kind (*Über Sympathie*, Weimar 1811). Vgl. Sloterdijk 1998, I, 243 ff. Vgl. Bonsiepen 1997.

[7] Vgl. Brun 1988.

[8] Eduard von Hartmann hat sich in zwei Büchern mit dem Spiritismus auseinandergesetzt (vgl. Hartmann 1885 und 1891) Bekannt wurde er durch seine »Philosophie des Unbewussten«.

[9] »Ich glaube nun allerdings, dass die Naturwissenschaft die Erklärung der mystischen Phänomene noch finden wird […] dass die Wissenschaft zur Anerkennung einer intelligiblen Welt genötigt werden wird […] dass also auch bezüglich der Hexen und Medien

eines geheimnisvoll wirkenden und sich »irgendwie mitteilenden« unbewussten Geistes (oder Willens) vor dem Hintergrund einer monistischen bzw. pantheistischen Vision – im Monismus ist die Duplizität von Subjekt und Objekt, Endlichem und Unendlichem in Gott vereinigt, Raum, Zeit und Kausalität sind suspendiert. ›Gott‹ (oder bei Schopenhauer der an seine Stelle gerückte Weltwille[10]) steht für einen Grund der Welt, der nicht mehr religiös-konfessionell interpretiert werden muss und – im Falle Schopenhauers – sogar atheistisch oder quasi-pantheistisch verstanden werden kann.[11] Man könnte auch sagen, dass an die Stelle wunderbarer Einwirkungen Gottes oder des Teufels die *natura naturans* [die ewig schaffende Natur] bzw. die *vis medicatrix naturae* [die natürliche Heilkraft] tritt. Rückgriffe auf heterodoxe Strömungen des Christentums (Paracelsus, Jacob Böhme, Swedenborg), des Neospinozismus Lessings und Herders und Impulse außerchristlicher Religionen erweitern den Deutungshorizont angesichts der verborgenen Zweckmäßigkeit und Korrespondenzen der Natur. Die genannten Autoren des 19. Jahrhunderts haben weniger ein theologisches als vielmehr ein metaphysisches und anthropologisches Interesse am Mesmerismus und »verwandten Phänomenen«. »Mesmerismus« wird zum emblematischen Sammelbegriff geheimnisvoller sympathetischer oder »charismatischer« Wirkungen, wie einige Zitate von Ralph Waldo Emerson belegen werden. Zugleich tritt das Standardrepertoire der aufklärerischen Einwände, das pauschale Verdikt von Betrug und Verrücktheit, (Aber-)Glaube, Einbildung, Schwärme-

---

die Gesetzmässigkeit der intelligiblen Welt proklamiert werden wird.« Du Prel 2012/1905, 19. Eine Zusammenfassung von Du Prels Deutung des Mesmerismus findet sich in seinem Beitrag »Justinus Kerner und die Seherin von Prevorst (alias Friedricke Hauffe-Wanner)« 1868 und um 1900.

[10] »Weil ferner im animalischen Magnetismus der Wille als Ding an sich hervortritt, sehn wir das der blossen Erscheinung angehörige *principium individuationis* (Raum und Zeit) alsbald vereitelt; die Individuen sondernde Schranken werden durchbrochen: zwischen Magnetiseur und Somnambule sind Räume keine Trennung, Gemeinschaft der Gedanken und Wellenbewegung tritt ein: der Zustand des Hellsehns setzt über die der blossen Erscheinung angehörenden, durch Raum und Zeit bedingten Verhältnisse, Nähe und Ferne, Gegenwart und Zukunft, hinaus.« Schopenhauer 1854 = *Zürcher Ausgabe*, Band V, 299.

[11] Obwohl sich Schopenhauer ausdrücklich gegen den Pantheismus (insbesondere seine optimistischen Elemente) verwahrt, findet sich bei ihm gleichwohl ein metaphysischer Monismus, der ähnliche Strukturen aufweist wie der Pantheismus. Darauf haben bereits Julius Frauenstädt und Eduard von Hartmann hingewiesen. Vgl. 3.4.

rei, Profit- und Ruhmsucht[12], Verlust der (wahren) Religion und der Sittenlosigkeit in den Hintergrund.[13] Dem polemischen oder apologetischen Vokabular folgt ein kritisch-hermeneutisches, das sich zum Teil mit Neuansätzen zum Verständnis von Religion nach der Aufklärung überschneidet. Die religiöse Dimension anthropologischer Themen wird nicht unterschlagen, aber Religion wird nicht mehr primär als Paradigma der wissenschaftlichen Erklärung in Anspruch genommen. Die »wissenschaftliche« Bedeutung von Religion verschiebt sich vom Kontext der Erklärung in den Kontext der Entdeckung. Als heuristisch wertvoll mag Goethe der Pantheismus auf der Suche nach dem *os intermaxilare* von 1784 erschienen sein. Legt der Pantheismus eine tiefere Verwandtschaft aller Lebewesen nahe, so spornt er auch zur vergleichenden Anatomie der Säugetiere an. Hat diese Entdeckung nicht die Annahme einer Kontinuität zwischen Menschen und Tieren bestätigt?[14]

An die Stelle einer theologischen Begründung rückt – besonders deutlich bei Schopenhauer und Eduard von Hartmann – eine die Wissenschaften abrundende metaphysische Deutung. »Religion nach der Aufklärung« steht nicht nur für eine Verdrängung der Religionen aus dem Kerngeschäft der Beschreibung, Klassifikation und Erklärung, sondern auch für eine Erweiterung der wissenschaftlichen Kompetenzen über dieses Kerngeschäft und den Bereich der im engeren Sinne erklärbaren Phänomene hinaus, sozusagen eine Sammel- und Deutungskompetenz für unerklärte und vielleicht unerklärliche Phänomene.[15]

Der philosophische Monismus, der als sog. »Tübinger Platonismus«[16] Hölderlin, Schelling und Hegel in ihren Anfängen verbindet,

---

[12] Anlass zu Diskussionen gibt die Geschäftstüchtigkeit von Medien, Wunderheilern und Hypnotiseuren. Öffentliche Auftritte von Hypnotiseuren werden bis heute als »Hype« mit Buchtourneen und großen Medienkampagnen erfolgreich vermarktet. Vgl. den in Bern geborenen und aufgewachsenen Gabriel Palacios, Palacios 2012.

[13] Die Liste für dieses Standardrepertoire der Einwände stammt aus Ennemoser 1819, 750–781.

[14] Vgl. Landmann 1982, 128–132. Eine symbolische Spitzenformulierung des romantischen Naturphilosophen Lorenz Oken lautet: »Das Universum ist nur ein einziges Tier.« Zitiert nach Benz 1977, 8.

[15] Für eine bereicherte Naturwissenschaft, die zur Anerkennung einer intelligiblen Welt genötigt werden wird, plädiert Carl Du Prel 2012/1905, 19, im Rahmen einer Erforschung der historischen Berichte über Hexen im Lichte der zeitgenössischen Beobachtungen von (spiritistischen) Medien.

[16] Vgl. Franz 2012.

besteht nicht in der bloßen Behauptung einer Weltseele oder einer direkten Anknüpfung an den Mythos des Platonischen *Timaios*. Hegel hütet sich vor der Hypostasierung einer Weltseele oder eines Unbewussten und spricht lieber von einer seelischen Sinnlichkeit, die sich von körperlichen Organen gelöst hat – also einem »inneren Sehen und Hören«, einem »Sehen ohne Augen« oder einer Wirkung mit oder ohne Berührung, eine geheimnisvoll-sensorischen Heilwirkung der Hand.[17] Damit begegnet er den zur Debatte stehenden, Aufklärung ebenso wie kirchliche Orthodoxien herausfordernden und polarisierenden Phänomenen mit jener an glaubwürdigen Berichten über Tatsachen orientierten Auffassung, zu der bereits J. C. Lavater in seiner Verteidigung Johann Gassners geraten hatte.[18]

Mit seinem Akzent auf Körpererfahrung, Hingabe an den Magnetiseur und dem Hintergrund einer alles Leben verbindenden Sympathie, die über ein bloß physikalisch verstandenes Fluidum hinaus zu pantheistischen Vorstellungen führt, bildet der Mesmerismus auch einen Unterstrom für zahlreiche Formen der Spiritualität bzw. der religiösen Übungen. Diese werden weniger im Sinne einer körper- und sinnesfeindlichen Askese verstanden, sondern eher im Sinne des Quietismus, der besagt, dass Gott selber im denkenden und andächtigen Menschen wirken kann.[19] Dieser Gedanke ist auch Hegel nicht fremd, doch er hütet sich davor, die Überwindung des sog. spekulativen Karfreitags (den Gedanken vom Tod Gottes) vom Mesmerismus abzuleiten. Der Heiler wird nicht zum Priesterarzt überhöht. Hypnotische »séances« können nicht an die Stelle der Arbeit des Begriffs treten! In der quietistischen und erweckungstheologischen Entwicklungslinie dagegen führt der Mesmerismus über eine medizinische Therapie hinaus. Allerdings entfernen sich die spirituellen und meditativen Formen des »Mesmerismus« deutlich von den magnetischen Praktiken und ihren

---

[17] Die Dimensionen des Wanderns von innerer zu äußerer Sensorik werden literarisch ansprechend verarbeitet in Walser 2010. Hier wird auch dargestellt, wie Beeinträchtigung der äußeren Sensorik (z. B. Blindheit) kompensiert wird durch Geräusch- und Geruchüberempfindlichkeit bzw. das von manchen Pianisten bezeugte »Sehen der Finger«.

[18] Vgl. Kiesewetter 1893, 40 f. Zitiert wird aus zwei Briefen Lavaters vom 26. März und vom 19. Mai 1775 an Johann Salomo(n) Semler, der den Heilmagnetiseur und Hypnotiseur Johann Gassner aus Sicht der rationalistischen Theologie frontal als abergläubischen Exorzisten und Scharlatan angegriffen hatte. Vgl. Milt 1953.

[19] Zum Quietismus vgl. Le Brun 2004; Le Brun/Cuche 2004. Zu den Verbindungslinien von Quietismus und Mesmerismus vgl. Baier 2009, I, 142 ff.

medizinisch-therapeutischen Ausdeutungen. Hegel betrachtet den animalischen Magnetismus im nüchternen Sinne, der selbst so »magische« Vorgänge wie Gedankenübertragung, Fern- und Hellsehen in den Dienst einer medizinischen Heilpraktik zu stellen versucht, ohne ihnen eine weiterführende Bedeutung für das Heil oder für Praktiken zur Erzwingung einer Nähe von Geistern oder gar von Gott zu verleihen. Mesmerismus wird nicht soteriologisch überstrapaziert, sondern therapeutisch funktionalisiert, allerdings mit einem kritischen Blick auf die Grenzen einer aufgeklärten Verstandeskultur.

Ansatzpunkt der Zulassung von unbekannten, nicht den äußeren Sinnesorganen zuweisbaren Wirkungen (»übersinnlichen Sinnen«, »Sehen und Hören« im Unterleib, den Unterleibsganglien, vor allem mit dem Magen bzw. der Herzgrube[20]) ist die Aufklärung über die Grenzen der Aufklärung, d. h. die Kritik der Deutungshoheit des Verstandes und die Unterscheidung von Verstand und Vernunft sowie das Interesse an teleologischen und analogischen Deutungen des Lebens. Hegel ist erstaunlich offen für die »okkulten Wirkungen«, doch er bleibt ablehnend gegenüber der Annahme einer Kommunikation ohne Worte[21] und einer Dichotomie von Diesseits und Jenseits.

Hegels *Enzyklopädie der philosophischen Wissenschaften* stellt die Wissenschaft als System dar und bedient sich dabei der dialekti-

---

[20] Schopenhauer weist diese Erklärung m. E. mit überzeugenden Argumenten zurück und bürstet damit zahlreiche Berichte von isolierten Bauchwahrnehmungen etc., die er erwähnt, gegen den Strich. (Vgl. Schopenhauer 1850/1977, 267.) Dies zeigt, dass man auch mit glaubwürdigen Berichten und akzeptierten Tatsachen sehr unterschiedlich umgehen kann. Schopenhauer hatte Gelegenheit, die neusten Entwicklungen der Physiologie nach dem Tode Hegels bis in die fünfziger Jahre zu verfolgen. Seine Ausführungen zur Rolle und Bedeutung der Physiologie des Hirns rückt in die Nähe eines »Kryptomaterialismus« (Alfred Schmidt). Schopenhauer macht geltend, dass die relativ einfachen Nervenknoten des Unterleibs (des »Sonnengeflechts«) nicht zur Erregung so subtiler Vorstellungsbilder fähig wären wie das hochkomplexe Hirn. Er unterscheidet die beiden Departemente von Gehirn bzw. Zentralnervensystem auf der einen Seite und Ganglien des Unterleibs auf der anderen Seite; zwischen beiden bestehe nur eine schwache, mittelbare Verbindung. Sie bilden die physiologische Grundlage der Pole Bewusstsein und Unbewusstes. Wenig erhellend ist m. E. Schopenhauers Einführung eines »Traumorgans«, dem im Mesmerismus der sechste Sinn oder *sensus communis* entspricht.

[21] Kommunikation ohne Worte ist dagegen wichtig für die Tradition des Herzensgebetes, zu dessen bekanntesten Vertreterinnen Madame de Guyon gehört. Der Quietismus der schweigenden Hingabe an Gott findet über den Pietismus in die Romantik Eingang und führt zur kontemplativen Spiritualität, Yoga-Rezeption und Okkultismus bis zu den Exerzitien der Gegenwart. Vgl. Baier 2009, Band 1, 142–428 und Band 2.

schen Methode. Beides wirkt abschreckend: Das System als Anspruch auf strenge Wissenschaftlichkeit und Geschlossenheit oder Vollständigkeit des Wissens, die dialektische Methode als Verherrlichung des Widerspruchs und damit als Absage an den gesunden Menschenverstand und die notwendigen Voraussetzungen von Kommunikation. Diesen Klischees der Hegelinterpretation begegnen wir, und sie bilden eine abschreckende Barriere, die manche vom Weiterlesen abhalten mag. Kommt hinzu, dass Hegels Bemerkungen zum animalischen Magnetismus sich über viele Seiten des Kleingedruckten hinwegziehen – das Kleingedruckte steht für Zusätze zum Haupttext, die vielleicht nicht authentisch sind und sich auf undurchsichtige Weise aus Notizen Hegels und Nachschriften seiner Hörer zusammensetzen. Diese Texte gelten nicht so sehr der Argumentation im strikten Sinne, sondern vielmehr der didaktischen Illustration. Sie enthalten bereits Spuren einer frühen Rezeptions- und Deutungsgeschichte von Hegels Wirkung als Lehrer und Autor. Darüber hinaus verleihen sie Hegels trockenem, schwierigem, wenn nicht verschrobenem Vorlesungsstil einen gewissen Unterhaltungswert. Das Thema Mesmerismus hat, mit seinen vielfältigen Anspielungen auf unbewusste Prozesse, Sexualität, Suggestion, Manipulation und zahlreiche PSI-Phänomene einen bis heute ungebrochenen Unterhaltungswert. Eine literarisch ansprechende Ausgestaltung des hypnotischen Hellsehens findet sich z. B. in Bram Stokers *Dracula,* und zwar in einer gescheiterten und einer erfolgreichen Version, nämlich in den akribischen Beschreibungen von Dr. van Helsings Hypnosesitzungen mit Lucy und Mina.

Hegels Diskussion des Mesmerismus begegnet nicht nur einem Thema, das den Zeitgeist, seine Leser und sein Vorlesungspublikum als aktuelles Tagesgespräch interessierte, sondern das auch in das akademische Leben Einzug genommen hatte. Zur Bekanntheit Mesmers hatte unter anderem Karl Christian Wolfart beigetragen.[22] Die Lehre des Mesmerismus war an der Universität Berlin bereits vertreten. Hegel konnte mit einem allgemeinen Interesse und einer gewissen Aufgeschlossenheit rechnen, auch wenn es bei der Beurteilung des Mesmerismus nicht um »normale«, sondern um umstrittene Wissenschaft ging.

Methodologisch positioniert sich Hegel zwischen dem »Aufkläricht«, der die PSI-Phänomene als Schwindel und/oder Verrücktheit

[22] Vgl. Karl Christian Wolfart 1816; Artelt 1965.

abtut, und einem Mystizismus und Esoterismus, der diese Phänomene als Ausdruck oder Stufenleiter in einem Aufstieg zur Erkenntnis höherer Welten qualifiziert. Die Ablehnung einer esoterischen Deutung von Hellsehen und Prophezeiungen erfolgt unter anderem unter Berufung auf Platons *Timaios*.[23] An der Platonlektüre scheiden sich die Geister! Der *Timaios* wird auch zum *locus classicus* eines esoterischen Christentums in der »mesmerisierenden« Tradition von Swedenborg, insbesondere der Deutung der Materie als göttlichem Mutterprinzip.[24]

So weit will und kann Hegel nicht gehen! Der animalische Magnetismus folgt zwar wie ein Schatten der Aufklärung und verweist auf die immanenten Grenzen der Newtonschen Physik zur Erfassung geistiger Organismen – insofern gehört seine Darstellung zur Überleitung von der Naturphilosophie und den Untersuchungen des tierischen Organismus zur anthropologischen Psychologie. Mehr gibt er jedoch nicht her – er wird nicht zu einem »Sprungbrett« in höhere Welten. Der magnetische Zustand ist zu passiv, zu fehlbar und zu »tellurisch« oder körper- und erdnah, um jene Erhebung des Geistes zu vollziehen, die nach Hegel nur das spekulative Denken leisten kann.

Hegels Apriori besagt nicht nur, dass PSI-Phänomene möglich sind (weil es eine unbekannte Welt geben kann, die nicht von Raum, Zeit und Kausalität strukturiert ist), sondern auch, dass sie empirisch hinreichend belegt sind.[25] Dabei wird vor allem auf die Glaubwürdig-

---

[23] Vgl. Hegel: *Enzyk*. §406 = 10/136, Fußnote.

[24] Evans 1886, 12f. Vgl. Baier 2009, II, 448. Zur neuen Swedenborg-Forschung vgl. Stengel 2011 und 2012. In R. W. Emersons *Representative Men* (1851) wird der animalische Magnetismus insgesamt zehnmal erwähnt; ein Kapitel ist Swedenborg gewidmet. Auch im Essay »Nature« wird der Magnetismus erwähnt; in diesem Essay evoziert Emerson eine Natur, die voller Mitteilungsressourcen ist und an die er mit der Frage herantritt: »Was will uns die Natur sagen?« »Die Natur trägt stets die Farben des Geistes«, heißt es bei Emerson. Diese Einstellung zur Natur ist »romantischer« als jene Hegels, der eher von einer Entfremdung des Geistes von der Natur ausgeht, während Emersons Sichtweise zur Beziehung und Kontaktnahme mit der Natur einlädt.

[25] Schopenhauer ist in diesem Punkt mit dem sonst so verhassten geistigen Antipoden Hegel vollkommen einig. »Wer heut zu Tage die Thatsachen des animalischen Magnetismus und seines Hellsehens bezweifelt, ist nicht ungläubig, sondern unwissend zu nennen.« Schopenhauer 1850, 251. Er entwickelt eine »idealistische Erklärung«, die mit seiner Deutung des Dinges an sich als Wille kompatibel ist. In den zur Debatte stehenden Phänomenen haben wir es – wie bei der Musik! – mit direkten Manifestationen des Willens zu tun, die nicht über die äußeren Sinne (»Material der Sinnlichkeit«) veranlasst und nicht unter das Netz von Raum, Zeit und Kausalität fallen. Es seien Vorstellungen, deren Erregungszentren Nerven und deren materielles Organ Hirntätigkeiten

keit jener verwiesen, die solche Therapien durchführten und/oder darüber berichten. Ja sogar die therapeutischen Erfolge von »magnetischen Heilungen« werden von Hegel als empirisch gesichert dargestellt, auch wenn er auf Misserfolge und Missbräuche hinweist. Diese Zugeständnisse sind erstaunlich und gehen weit über das hinaus, was Hegel im Rahmen seiner Geistphilosophie zugestehen müsste. Hegels optimistische Einschätzung der Heilerfolge mag biographische Wurzeln haben – vielleicht ist sie Ausdruck eines Zweckoptimismus, mit dem Hegel die Krankengeschichte seiner Schwester Christiane verfolgt hat. Ein Verbindungsglied für Hegels Interesse am hypnotischen Heilverfahren könnte der Kontakt seiner Schwester zum Freund und ärztlichen Berater Karl Schelling sein, einem Stuttgarter Arzt und Bruder des Philosophen Schelling, auf den Hegel in der *Enzyklopädie der philosophischen Wissenschaften* namentlich verweist. (Vgl. 10/154)[26]

»**Ohne Zweifel müssen** viele in älterer Zeit geschehene Heilungen, die man als Wunder betrachtete, für nichts anderes angesehen werden als für Wirkungen des animalischen Magnetismus [...] in neuerer Zeit sind von den **glaubwürdigsten** Männern durch die magnetische Behandlung so zahlreiche Heilungen vollbracht worden, dass, wer unbefangen darüber urteilt, an der Tatsache der Heilkraft des animalischen Magnetismus **nicht mehr zweifeln kann.**«[27]

Der apodiktische Ton Hegels mag überraschen, doch ist er vor dem Hintergrund seiner pantheistischen Vision plausibel. Hinter dem bornierten Verstandesdenken tut sich der unendliche Horizont eines sich selber verstehenden Weltgeistes auf. Unbewusste Prozesse der menschlichen Tiere sind nicht nur Formen der Regression, sondern sie gleichen jenem Rückschritt, der nur der Anlauf ist zum nächsten Sprung in Hegels Darstellung der Entwicklungsgeschichte des Geistes,

---

seien und die wir erleben, als ob sie sinnlich bzw. materialisiert wären. Als Manifestationen des Willens komme ihnen ein Anteil an der Realität zu; insofern seien sie nicht bloße Phantasmen. Sie seien wie die Träume mehr als Imagination. Der identische Weltwille, der in allen Hirntätigkeiten das Bild eines Leibes konstituiere, erlaube es dem Hypnotisierten, sich über die Schranken des *principium individuationis* hinwegzusetzen und Empfindungen der Organe des Magnetiseurs unmittelbar nachzuempfinden. Dies entspricht Schopenhauers metaphysischer Ausdeutung des Mitgefühls.

[26] Karl Schelling war ein Bruder des berühmten Philosophen und selber ein Naturphilosoph, der ein Werk zum animalischen Magnetismus verfasste.

[27] Hegel: *Enzyk.* § 406 Zusatz = 10/159, meine Hervorhebungen.

dem Sprung im Übergang von der Naturphilosophie zur Geistphilosophie, der sich in der menschlichen Seele wiederholt. Hier gilt,

> »[...] dass der Übergang der Natur zum Geist nicht ein Übergang zu etwas durch und durch anderem, sondern nur ein Zusichselberkommen des in der Natur ausser sich seienden Geistes ist [...] der Geist geht nicht auf natürliche Weise aus der Natur hervor.«[28]

Der animalische Magnetismus wird als Verbindungsthema zwischen Magie und Verrücktheit behandelt – beides Formen der Leistung bzw. Verirrung der fühlenden Seele. Damit wird markiert, dass Hegel auch den animalischen Magnetismus nicht als direkten Fortschritt oder gar als »Weg in die Höhe«, d. h. zur Erkenntnis des Geistes, deutet, sondern nur als teils heilsame, teils prekäre Durchgangsstufe, als Regression auf eine Sinnlichkeit und ein Fühlen ohne Bewusstsein, vergleichbar mit dem Zustand eines Fötus, der im Kontakt steht zur Mutter bzw. zur Umwelt und für den die schroffen Unterscheidungen von Raum und Zeit, Wirkung und Ursache, innen und außen noch nicht existieren. »Das Leben des ungeborenen Kindes gleicht dem Leben der Pflanze.«[29] Eine Person mit Bewusstsein, die nicht zu sehr »verbildet« und vom Verstandesdenken geprägt ist, kann leichter in diesen Zustand zurückfinden – sie ist »suggestibel«. Ihr fehlen die spezifischen Widerstände des geübten, routinierten und kontrollierenden Verstandes.

Der animalische Magnetismus könnte auch als vegetativer Magnetismus bezeichnet werden, er wird sogar als »Tellurismus« bezeichnet. Allerdings ist nach Hegel die Beziehung zum Geist wichtig; ›Seele‹ ist ein »Gleitbegriff«[30], der in verschiedenen Kontexten verschiedene Bedeutungen annehmen kann, hier aber mit der Zuordnung zur fühlenden Seele in ihrer Unmittelbarkeit Geist im embryonalen Stadium anspricht. Der Vergleich des hypnotischen Zustandes nicht nur mit dem Zustand des Tiers[31], sondern der Pflanze, eröffnet die Vision eines

---

[28] Hegel: *Enzyk.* §381 Zusatz = 10/25.

[29] Hegel: *Enzyk.* §396 Zusatz = 10/78.

[30] Hanses-Ketteler 1990, 13. »[...] die Seele der Welt, das allgemeine Blut« (Hegel 3/132), das Allesdurchdringende (Hanses-Ketteler 1990, 17), das Fluidum.

[31] Das Tier (als *singulare tantum* und Typus des aus innerer Ursache ortsverändernden, empfindenden und wahrnehmenden Lebewesens) und die Pflanze sind taxonomische Konstruktionen innerhalb einer Schichtenontologie des Organischen; Hegel orientiert sich explizit am Rahmen, den Aristoteles in »De anima« vorgibt. Das Tier repräsentiert das Sensorische, das auf äußere Sinnesorgane angewiesen ist. Aber es verfügt auch über Instinkte. Das Animalische im animalischen Magnetismus dagegen evoziert eine Sinn-

Panpsychismus, der allen Organismen so etwas wie ein schwaches Analogon des Bewusstseins zubilligt. So interessiert sich z. B. Eduard von Hartmann in seiner »Philosophie des Unbewussten« (1869) für das Phänomen des »Pflanzenschlafs«[32] – ein Phänomen, das nahelegen könnte, bereits die Pflanze kenne eine Form des Schlafs und des Erwachens. Ein Denken, das sich der Analogie und Korrespondenz von allem mit allem verpflichtet fühlt, wird nicht einmal vor der Annahme eines »Atombewusstseins« zurückschrecken. Hegels Zugang verläuft nicht über die problematische Hypothese eines substantiell Unbewussten[33], sondern vielmehr über die (für Hegel ebenfalls problematische) Annahme einer fühlenden Weltseele oder einfach die Annahme seelischen Fühlens und Empfindens unter der Schwelle des reflektierenden Bewusstseins, das noch nicht durch Verstandesbegriffe, die Anschauungsformen Raum und Zeit und Dichotomien wie Innen und Außen eingeschränkt ist.

Die Entwicklung vom Kleinkind zum bewussten Verstandeswesen ist zunächst ein Fortschritt der Orientierung, doch das Verstandesdenken hat auch Nachteile – es unterscheidet »zu sehr«, d. h. es fixiert die Unterschiede von Raum, Zeit, Ursache und Wirkung, Innen und Außen, Ich und Nicht-Ich. Damit entsteht das Bild einer vom Verstandesdenken kontrollierten Welt. Diese vermeintliche Kontrolle wird jedoch immer wieder gestört, zum einen durch die vorübergehenden Kontrollverluste von Rausch, Müdigkeit und Schlaf und die Attacken der »passiven Leidenschaften« wie Zorn, Hass und Neid, zum anderen

---

lichkeit *sui generis*, die vom separaten Ich und den einzelnen Organen »dissoziiert« ist und zwischen dem Menschlichen und dem Pflanzlichen oszilliert.

[32] Vgl. Hartmann 1869, 375–401, ins. 387. Hartmann stellt fest, dass der sog. Pflanzenschlaf zum Teil nach dem Sonnenlicht (äußeren Reizen), zum Teil nach einer »inneren Uhr« periodisch wiederkehrend erfolgt, also ohne äußere Reize! Vgl. Hartmann 1873. Nach Hartmann, der hier auch von Carl Gustav Carus beeinflusst ist, gibt es bei Pflanzen so etwas wie Bewusstsein, aber keine Einheit des Bewusstseins. Von Carus stammt das Motto »Der Schlüssel zur Erkenntnis vom Wesen des bewussten Seelenlebens liegt in der Region des Unbewusstseins.« Hartmann 1869, 155.

[33] Die Hypothese einer substantiellen Weltseele wird nicht vertreten, aber geprüft. Hegel verwendet den Begriff des Unbewussten nicht als deskriptiven Begriff, sondern er prüft ihn in den Bestimmungen von Konstitutionsbegriffen der Psychologie und Anthropologie. ›Unbewusst‹ wird nicht als Substantiv, sondern als Adverb zur näheren Kennzeichnung von Prozessen verwendet. Vgl. Völmicke 2005, 257 f. Auch Eduard von Hartmann unterzieht die Rede von einem »unbewussten Gott« bzw. einer »All-Einheit des Unbewussten« einer (selbst-)kritischen Prüfung. Vgl. Wolf 2012.

durch die Exzesse des Skeptizismus, der eine Folgelast des Verstandesdenkens ist. Mit der Welt der Kontrolle und der starren Unterscheidungen geht die Möglichkeit verloren, das Ganze und die Zusammenhänge, Verbindungen und Korrespondenzen, Rückkoppelungen und interaktive Beziehungen zu verstehen.[34] Der Skeptizismus folgt der Verstandesphilosophie auf den Fuß und manifestiert sich in folgenden Aporien:

- Wie gelange ich zur Erkenntnis der Außenwelt bzw. eines Dinges an sich?
- Wie gelange ich zur Erkenntnis anderer Personen? (Das Problem des Solipsismus)
- Wie gelange ich zur Erkenntnis des Verhältnisses von Leib und Seele?
- Wie gelange ich zur Erkenntnis des Verhältnisses von Bewusstsein und Unbewusstem?
- Wie gelange ich zur Erkenntnis von Tieren, Kindern, »Wahnsinnigen«?
- Wie gelange ich zur Erkenntnis Gottes?
- Wie gelange ich vom Sein zum Sollen und *vice versa?*

David Hume, der um 1800 durch Kant und Jacobi[35] (wenn auch oft nur als Negativfolie) die Entstehung der klassischen deutschen Philosophie mitbestimmte, hat diese skeptischen Probleme behandelt, und er hat die Auffassung vertreten, dass wir diese Probleme nicht auf der theoretischen Ebene lösen können, sondern auf der praktisch-alltäglichen und affektiven Ebene gleichsam überspielen bzw. als »gelöst« empfinden. Die Außenwelt bzw. das Ding an sich »erkennen« wir durch die gefühlte Intensität von Empfindungen, kausale Beziehungen durch gewohnheitsmäßige Assoziationen; zur Vertrautheit mit dem Innenleben anderer Personen und Tiere gelangen wir durch die Mechanismen der natürlichen Sympathie, die Hume mit Phänomenen der akustischen Resonanz vergleicht. Zur Erkenntnis Gottes können wir dagegen vermutlich nicht gelangen und müssen uns mit einem demütigen Deismus bzw. einer vorsichtigen »religiösen Hypothese« begnügen. In Religionsfragen ist und bleibt Hume weitgehend skeptisch. So verbindet Hume skeptische und naturalistische Auffassungen in einer Art und

---

[34] »Die Aufklärung isoliert […].« Hegel: *Phänomenologie des Geistes,* Der Kampf der Aufklärung mit dem Aberglauben = 3/420.

[35] Vgl. Jacobi 1787.

Weise, die bis heute die Fragen ihrer Gewichtung und Ausbalancierung aufwerfen. Eine solche Philosophie scheint der ebenfalls aus Schottland stammenden Hypothese von »second sight«[36] abhold zu sein oder sie *a priori* in die Sackgassen der Imagination oder des Irrsinns zu verweisen.

Anders mag es für die Vertreter der deutschen klassischen Philosophie nach Kant (inklusive Schopenhauer) aussehen. Nach Kant bleibt echte Erkenntnis einer objektiven Außenwelt möglich, und zwar durch ein Zusammenwirken von Verstandesbegriffen und den subjektiven Anschauungsformen von Raum und Zeit, doch diese objektive Außenwelt ist nicht identisch mit dem Ding an sich. Kant nimmt eine unüberbrückbare Kluft zwischen objektiver bzw. wissenschaftlich zugänglicher Welt und dem Ding an sich inkauf – Letzteres bleibt strikt unerkennbar und damit auch eine mögliche Projektionsfläche für okkulte oder magische Phänomene. (Schopenhauer wird für das Ding an sich den Willen substituieren, wie er sich im Leiberlebnis manifestiert.) Einige skeptische Nachfolger haben das Ding an sich gestrichen – warum sollten wir an einem völlig unbekannten und unerkennbaren X festhalten? Kant glaubt, am Ding an sich festhalten zu müssen, um dem Skandal eines Produktionsidealismus zu entgehen, dem gemäß eine kausal von unserem Denken unabhängige Außenwelt nur ein Produkt der Einbildung wäre. Der Skeptizismus führt zu sehr vom gesunden Menschenverstand und vom Vertrauen in die Zuverlässigkeit wissenschaftlicher Erkenntnis weg. Kant ist aber auch bereit zuzugeben, dass die menschliche Vernunft Fragen aufwirft, die sie selber nicht beantworten kann – sie erzeugt Antinomien.

Hegel glaubt, dass die Antinomien auflösbar sind, und zwar für Gott (als begriffener und begreifender *Logos*) selber, und dass die eigentliche Aufgabe der Philosophie darin besteht, Gott, die wahre Unendlichkeit, zu begreifen. Die Aporien des Skeptizismus und Kants Antinomien entstehen aus einer Fixierung des endlichen Verstandes. Hegels Denken ist möglich, weil es sich selber dem (Heiligen!) Geist verdankt und bereit ist, sich dem immanenten Widerspruch in allen Zusammenhängen zu stellen. Dies ist Hegels bescheidene Unbescheidenheit! Die Fixierungen des endlichen Verstandes lassen sich überwinden, aber nur Kraft eines göttlichen Begriffes, der die subjektiven

[36] Vgl. Hegel: *Enzyk.* § 406 Zusatz = 10, 148; Schopenhauer 1850/1977, Zürcher Ausgabe Band VII, 261.

Begriffe des Verstandes übertrifft. Gott selber verhält sich als Einer in Dreien (Triade im Neuplatonismus, Trinität im christlichen Dogma) und als Eines und Alles, d. h. wahre Unendlichkeit, welche die Endlichkeit und damit Identität und Differenz umschließt.

»Der Geist ist nicht ein Ruhendes, sondern vielmehr das absolut Unruhige, die reine Tätigkeit, das Negieren oder die Idealität aller festen Verstandesbestimmungen [...].«[37]

Dieser Geist wird als ewige Rückkehr in sich selber, als ewiges Alpha und Omega konzeptualisiert. Hegel benutzt theologische Denkweisen des Neuplatonismus, der christlichen Patristik und der heterodoxen Spekulationen Jacob Böhmes für philosophische Zwecke – die Theologie wird *ancilla philosophiae*. Und er nimmt die neusten Entwicklungen einer Rückbindung der Kantischen Transzendentalphilosophie an Denkansätze von Leibniz und Spinoza auf und assimiliert sie vollständig an sein eigenes Denken.

Nach Hegel entwickelt sich der Geist. Hegel denkt diese Entwicklung nicht im Sinne einer naturalistischen Evolution. Es ist eine Entwicklung, die primär ewig ist und sich sekundär in der Zeit manifestiert. (Nach platonischer und neuplatonischer Auffassung ist Zeit ein Abbild der Ewigkeit.) Man könnte vielleicht sagen, sie sei zwar keine Entwicklung in der Zeit, aber sie konkretisiere sich in der Zeit. Diese Konkretisierung in der Zeit ist die Geschichte des Fortschritts zur Freiheit und Selbsttransparenz des Geistes (absolutes Wissen). Der endliche Geist des Menschen erhebt sich zum unendlichen Geist Gottes und begreift sich selber als eine Modalität des einen Gottes. Hegel vertritt einen dynamischen Neospinozismus, der die eine Substanz als sich aus der Idee organisierendes und in der Selbstbewegung des Begriffes strukturierendes Wissen versteht. Dieser Fortschritt ist nicht rasch und erfolgt nicht »wie aus der Pistole geschossen«, sondern nimmt die Zeit der gesamten Weltgeschichte in Anspruch. Er verläuft nicht linear, sondern verläuft im Zickzackkurs, in dem es vielfach Brüche und Regressionen gibt.

Der Übergang vom Verstandesdenken zur umfassenden und integrierenden Vernunft verläuft ebenfalls nicht einfach und ohne Rückfälle. Es geht um den verschlungenen Prozess einer zweiten Aufklärung, einer Aufklärung über die (versteckten Prämissen der) Aufklärung,

---

[37] Hegel: *Enzyk.* § 378 Zusatz = 10/12.

insbesondere die Verengung des Horizontes auf eine Welt des ontologischen Atomismus, in dem Individuen sich und ihrer Welt letztlich beziehungs- und verständnislos gegenüberstehen.

Hegel beginnt die Geistphilosophie mit einer immanenten Regressionsform des Geistes, die an einen Rückgang in einen Zustand des Fötus erinnert und uns allen als Ermüdung und Schlaf, einigen auch als Suggestibilität für Hypnose bekannt ist. Nach Hegel ist eine Person, die der Hypnose verfällt, einerseits »krank« – sie leidet an einem Kontrollverlust. Andererseits kann sich der Hypnoseschlaf als regenerativ erweisen – der Zustand entwickelt sich von der Krankheit zur Genesung. Die Genesung besteht in einem Erwachen aus einem reversiblen Zustand und durch Vergessen der »Träume« der Hypnose. Wahnsinn dagegen ist ein irreversibler Zustand, in dem sich seelische Regression und Desintegration von Körperfunktionen verfestigen und habitualisieren.

Die heilsame Phase besteht in einer Suspension der trennenden und isolierenden Faktoren des Verstandes – räumliche Distanzen, zeitliche Unterschiede (Vergangenes wird zu Gegenwärtigem etc.), Beziehungen von Ursache und Wirkung werden vorübergehend diffus: Eine Wirkung kann der Ursache zeitlich vorausgehen, etwa als Zweckursache, Einflüsse aus der Zukunft werden möglich, Erfahrungen von *actio in distans* geben Anlass zu Spekulationen über den Einfluss der Gestirne etc. Heilsam ist der Hypnoseschlaf als vorübergehende Lockerung der bornierten Zwänge des Verstandes; der Zustand wäre allerdings höchst verwirrend und destabilisierend, wenn man sich durchgängig daran erinnern könnte und wenn sich dieser Zustand verlängern und behaupten sollte.

Eine häufig wiederkehrende Konstellation ist die geschlechtsspezifische Rollenverteilung: Der Magnetiseur ist ein älterer Herr, die Probandin oder Patientin eine jüngere Frau. Heilung durch Regression und Vergessen der Regressionsphantasien kann zwar ein Heilprozess sein, aber es ist, wie besonders die Verteilung der Geschlechterrollen zeigt, kein Lern- oder Emanzipationsprozess – er hält die geheilte Patientin fest auf dem Niveau der gegenüber dem älteren und reiferen Manne inferioren Frau. Sie wird als dienende, einfühlsame und fürsorgliche Frau wiederhergestellt. Der einzige »Fortschritt« der geheilten Patientinnen besteht in der Befreiung von Hysterie und Wahnsinn durch Wiederherstellung eines durch die Geschlechterrollen festgelegten *status quo ante*. Das kühnste »Emanzipationsmodell«, das Hegel für die Frau vorsieht, ist ihre Rolle als tragische Antigone und Schwester, die sich gegen ihren königlichen Bruder nur durch ihr Opfer durchzusetzen vermag.[38]

Die heilsame Erschütterung des Weltbildes des *common sense* ist eine methodische und denkerische Voraussetzung einer extrem revisionistischen, monistischen Metaphysik, welche davon ausgeht, dass endliche Wesen nichts als Lichtstrahlen der Unendlichkeit sind, dass der eine Gott alle Korrespondenzen und Konnexionen unter den endlichen Wesen schafft und erhält. Die Möglichkeit und das Faktum des animalischen Magnetismus sind eine unvollkommene Antizipation des Geistpantheismus. Dieser ist nicht identisch mit dem Spiritismus, in dem sich Materie und Natur (feinstofflich) verflüchtigen, sondern mit jenem Pantheismus des historisch gewachsenen Geistes, in dem sich alle Gegensätze, auch jene zur Natur, durch die Arbeit des Begriffs, und nicht im passiven Hypnoseschlaf, vereinigen und versöhnen. Die saure Arbeit des Begriffs lässt sich nicht durch Hypnosesitzungen ersetzen!

Die Möglichkeit des animalischen Magnetismus beruht auf einem Naturpantheismus, dem Pantheismus der natürlichen Religion, der Annahme einer fühlenden Weltseele in allen Dingen. Diese Seele ist aber nicht Substanz, sondern nach dem Selbstverständnis des Mesmerismus so etwas wie ein flüchtiges Fluidum oder verdampfende Materie. Nach Hegel ist dieses Stadium des Denkens notwendig, aber nicht hinreichend für den Fortschritt vom Naturpantheismus zum Geistpantheismus. Hegel passt die Bezeichnung »animalischer Magnetismus« gut ins Konzept; er bezeichnet eine Fusion von Aspekten des menschlichen Bewusstseins, der Tierseele und der anorganischen Kräfte. Sie antizipieren den Geist in seiner abstrakten Form.

Nach Hegel ist nicht nur der Zustand der Hypnose, sondern auch das Verhältnis von Hypnotiseur und Hypnotisiertem interessant und prekär. Es ist eine Art von Herrschaftsverhältnis, in dem zunächst der Hypnotiseur zu herrschen und zu manipulieren scheint. Doch der Hypnotiseur hat nicht nur die Rolle des »controlleur et manipulateur«, sondern auch des Empathikers, der sich möglichst vollkommen in den Zustand des Hypnotisierten versetzen soll. Den (meist weiblichen) Pa-

[38] Über Hegels Schwester, ihre Nervenkrankheit und ihren Selbstmord kurz nach Hegels Tod wäre einiges zu sagen, auch wenn vieles im Dunkeln bleibt. Für eine Spurensuche vgl. Birkert 2008.

tienten kann es gelingen, durch – vielleicht unbewusste – Methoden des Gedankenlesens dem Magnetiseur das zu sagen, was er hören will – und sie schmeicheln damit dem Wunschdenken (inklusive der sexuellen Begierde) und der Eitelkeit des Wunderarztes. Auf diesen Zusammenhang wird auch Henri Bergson in einem Bericht über Hypnose hinweisen.[39] Nach Hegel sind solche asymmetrischen Beziehungen häufig und zum Teil unumkehrbar – man denke nur an das Verhältnis des Menschen zu den Tieren (als *dominium*) und das Verhältnis des Menschen zu Gott (als kreatürlicher Abhängigkeit). Nach Hegel sind jedoch Herrschaftsverhältnisse unter Menschen durch eine instabile Asymmetrie gekennzeichnet: Aus scheinbar autonom herrschenden Herren können ganz und gar abhängige Herren werden – jene dekadenten Aristokraten, die keinen Nagel einschlagen und kein Ei in die Pfanne geben können. Hegel geht nicht so weit wie seine marxistischen Interpreten, welche die reale Emanzipation des Knechts ins Auge fassen. Der Hypnotisierte kann sich nicht vollständig befreien, aber er kann den Hypnotiseur durch Einfühlung manipulieren und ihm das sagen, was dieser zu hören wünscht bzw. das tun, was dieser von ihm verlangt. Der Hypnotiseur gefällt sich in seiner Illusion von Macht und in der Rolle als Herr über eine jüngere Frau; er beginnt das Verhältnis zu genießen und ihm zu verfallen. Es entsteht so etwas wie »magnetische Abhängigkeit«, in der sich Motive der sexuellen Abhängigkeit und des hilflosen Helfers vermischen. Der Magnetiseur wird machtsüchtig und verfällt seiner Patientin. Das Verhältnis von Herr und Knecht, Therapeut und Patient scheint sich zu verkehren – es entsteht eine Art von verkehrter Welt ohne realen Rollentausch, d.h. ohne dass die Therapeuten durch ihre Patienten geheilt würden.[40]

Die Verletzbarkeit des Magnetiseurs manifestiert sich auch in sei-

---

[39] Vgl. Bergson 1886 und 1913. Der Einwand der (unbewussten) Anpassung der Hypnotisierten an den Hypnotiseur gehört zum Standardrepertoire der kritischen Kommentare von Autoren, die wie Hegel und Bergson die prinzipielle Glaubwürdigkeit vieler Hypnotiseure und vieler Berichte über (erfolgreiche) Hypnosetherapien als unbezweifelbar betrachten. Ich bezeichne das als »Hegels Apriori«. Diese Auffassung entspricht der Annahme, dass Suggerierbarkeit Ausdruck von Persönlichkeitsschwäche ist, die auch mit einer Neigung zu Unterwürfigkeit, Wahn und Selbsttäuschung verknüpft sein kann, während die problematischen Kehrseiten der starken und charismatischen Persönlichkeiten Eitelkeit und Wille zur Macht sind. Bergson ist auch interessant wegen seines Vortrags über den Traum. Vgl. Bergson 1901. Zum pantheistischen Untergrund der Lebensphilosophie vgl. Bollnow 1958, 101–113.

[40] Vgl. das imaginäre Szenario eines realen Rollentausches von Therapeut und Patient –

ner Stellung zur gesellschaftlichen Welt: viel bewundert und oft gescholten, von Fachkollegen und Kirche verdächtigt und verbannt. Er kann zu Ruhm und Reichtum gelangen, er kann aber auch seine »Kräfte« verlieren und als Scharlatan entlarvt werden. Hegel ist es wichtig, den animalischen Magnetismus nicht als »Höherentwicklung« und in diesem Sinne nicht als »spirituelle Anthropotechnik« bzw. »selbstformendes und selbststeigerndes Verhalten«[41] zu charakterisieren, sondern eher als »Regression«, die mit Pathologien und Hemmungen der Entwicklung in Beziehung steht. Der Magnetiseur bildet sich nicht durch Übung weiter und hinauf, es kommt zu keiner nachhaltigen Habitualisierung und beruflichen Kompetenz, sondern er steht in permanenter Gefahr, die Übung zu verlieren und – ähnlich wie ein Prominenter oder ein Virtuose – vom Höhepunkt des Erfolgs allmählich abzusteigen oder gar jäh abzustürzen.

Allerdings ist Hegel an »negativen Kräften« und der Geschichte von Erfolg und Misserfolg besonders interessiert. Ausführlich beschäftigt er sich mit den Heilerfolgen für die Patienten. Der hypnotische Heilschlaf unterstützt die von Hegels philosophischem Antipoden Schopenhauer[42] häufig evozierte *vis naturae medicatrix*, d.h. die okkulten Heilkräfte einer Natur oder einer Seele, die »nur der Schlaf des Geistes ist«.[43] Was bei Goethe, Schelling und Novalis die Gestalt eines

---

in diesem Falle von Josef Breuer und Nietzsche – in Irvin D. Yaloms Bestseller »Und Nietzsche weinte«.

[41] Vgl. Sloterdijk 2009, 14, 287f., 309f., 501f., 639–651.

[42] »Der magnetische Schlaf ist nur eine Steigerung des natürlichen; wenn man will, eine höhere Potenz desselben: es ist ein ungleich tieferer Schlaf. Diesem entsprechend ist das Hellsehen nur eine Steigerung des Träumens: es ist ein beständiges Wahrträumen [realistische Träume von der näheren oder weiteren Umgebung des Schlafenden, meine Ergänzung], welches aber hier von aussen gelenkt und worauf man will gerichtet werden kann. Drittens ist denn auch die, in so vielen Krankheitsfällen gewährte, unmittelbar heilsame Einwirkung des Magnetismus nichts anderes, als eine Steigerung der natürlichen Heilkraft des Schlafs in allen. Ist doch dieser das wahre grosse Panakeion [Allheilmittel], und zwar dadurch, dass allererst mittelst seiner die Lebenskraft, der animalischen Funktionen entledigt, völlig frei wird, um jetzt mit ihrer ganzen Macht als *vis naturae medicatrix* aufzutreten und in dieser Eigenschaft alle im Organismus eingerissenen Unordnungen wieder ins rechte Gleis zu bringen […].« Schopenhauer 1850/1977, 281f. Vgl. Hartmann 1869, 104–125 »Das Unbewusste in der Naturheilkraft«. Ähnlich wird Bergson die paranormalen Phänomene als Lockerung der Bindung der Erkenntnisfunktion an den Lebenswillen deuten.

[43] Hegel: *Enzyk.* §389 = 10/43. »[…] der im Kranken aufgerufene Gesundheitswillen«, heißt es bei Stefan Zweig. Vgl. Zweig 1936, 54. Zweigs großer Essay ist auch heute noch

geistreichen *Aperçus* hat, wird bei Hegel zum Leit- und Übergangsmotiv einer ausführlichen Welterfahrung des Geistes.

Schopenhauer hat Fichte als Verfälscher Kants, Hegel als Scharlatan und Schelling als Windbeutel tituliert – doch nicht nur diese Beschimpften, sondern er selber und viele Zeitgenossen stehen im geistigen Magnetfeld des Mesmerismus. Ganz besonders scheint das auf Schelling zuzutreffen. Peter Sloterdijk schreibt in seinem kurzen Porträt von Schelling:

»[...] in seiner naturphilosophischen Kehre hat Schelling das Motiv jener ermöglichenden Vergangenheit des Bewusstseins entdeckt, ohne die es die für das Denken der Moderne maßgeblichen Kategorien des Unbewussten und der kognitiven Evolution nicht gäbe. Nur durch die mesmeristisch-magische Attitüde bleiben Schellings Durchbrüche zur logischen Modernität dem romantischen Horizont verhaftet; in der Sache betreibt Schelling eine Naturgeschichte der Freiheit als Embryologie der Vernunft. Tatsächlich lauscht der junge Philosoph wie ein enthusiastischer Gynäkologe am Bauch der geistträchtigen Natur, um in ihrem Inneren die Herztöne des noch nicht zur Welt gebrachten Selbstbewusstseins nachzuweisen. Aus seiner Assistenz bei der Geburt des Bewusstseins aus dem noch Bewusstlosen gewinnt Schelling die Einsichten, durch die er zum Ersten unter den großen Theoretikern der Kunst in der Moderne werden sollte.«[44]

Das geistige Magnetfeld des Mesmerismus ist beträchtlich und erstreckt sich etwa auf die von Swedenborg inspirierten Vereinigungen und neuen »Kraftfelder«. Ein prominentes Beispiel ist der Essayist und Dichter Ralph Waldo Emerson, der die Impulse von Transzendentalismus, Romantik und Pantheismus auf den Boden Neuenglands und schließlich durch seine geistige Unabhängigkeitserklärung Amerikas weltweit verbreitet hat. Was Philosophen, Theologen und Literaturwissenschaftler kaum beachten, ist die Allgegenwart des Magnetismus in seinen Schriften, etwa in den bekannten Essays »Nature« und »Circles« sowie im Buch *Representative Men*, in dem Emerson Swedenborg ein kongeniales (wenn auch nicht unkritisches) Kapitel gewidmet hat. Anspielungen auf den Magnetismus finden sich im gesamten Text die-

lesenswert, insbesondere durch seine Hinweise auf die Heilwirkung der lebendigen Gegenwart des Menschen, die suggestive Steigerung des Heilungswillens in jedem Menschen durch die Anwesenheit und Einwirkung eines vertrauenswürdigen Menschen, eine Deutung, die nicht auf die okkulte Literatur, sondern auf Sigmund Freud vorausweist.

[44] Sloterdijk 2009, 89 f.

ser Schrift mindestens zehnmal. Damit werden die kommunikativen Ressourcen der Natur evoziert; sie will uns etwas sagen, und der Dichter und Denker Emerson stellt die Frage: »Was will uns die Natur sagen?« Diese »Mitteilungen« werden aber immer nur indirekte sein. Auch die direkten Mitteilungen von Mensch zu Mensch entbehren nicht einer non-verbalen Grundlage, eines magnetischen Elements.

»'T is hard to mesmerize ourselves, to whip our own top; but through sympathy we are capable of energy and endurance. Concert fires people to a certain fury of performance they can rarely reach alone. Here is the use of society: it is so easy with the great to be great; so easy to come up to an existing standard; as easy as it is to the lover to swim to his maiden through waves so grim before. The benefits of affection are immense; and the one even which never loses its romance is the encounter with superior persons on terms allowing the happiest intercourse […]. Society exists by chemical affinity, and not otherwise […]. All conversation is a magnetic experiment.«[45]

Emersons poetischer Pantheismus ist das Produkt eines Dichter-Philosophen, und dieser kann dank seiner dichterischen Freiheit viel weiter gehen als der Verfasser der *Enzyklopädie der philosophischen Wissenschaften*. Hegel steht romantischen Ausdeutungen reserviert gegenüber; Anerkennung und Kritik am animalischen Magnetismus

---

[45] Emerson: *Society and Solitude* (1870), in: Emerson 1992, 667 f. Hintergrund dieser Auffassung des Mesmerismus ist ein poetischer Naturpantheismus, der Wurzeln im (Neu-)Platonismus und der magischen Philosophie von Paracelsus und Swedenborg hat. »The world itself is the great poem, the source of all the verbal approximations of itself.« Richardson 1995, 179. In der Renaissance bilden die analogischen Deutungen der Weltgeister von Medizin und Poesie eine Allianz. Vgl. Agamben 2012; Hunkeler 2003. Zur Kontinuität zwischen Paracelsus und Mesmerismus vgl. die exzentrischen, aber anregenden Ausführungen in Blavatsky: *Isis entschleiert*, o. J., Band I, Kapitel 6: Psychophysische Erscheinungen. Eine gekürzte Ausgabe von *Isis entschleiert* ist 2003 erschienen, die Originalausgabe *Isis Unveiled* erschien 1877. Blavatskys enthusiastische Berichte über spiritistische Phänomene aus dem Geist einer pantheistischen Theosophie und ihre streitbaren Ausbrüche gegen borniertes Verstandesdenken haben trotz (oder wegen?) ihrer pseudowissenschaftlichen Exzesse zahlreiche kreative Genies wie Yeats, Joyce, Eliot, Wilder, Rilke, Kandinsky, Mondrian, Klee, Gauguin, Mahler, Sibelius, Skrjabin u. a. angeregt. Vgl. Cranston 1993, 543–582. Zur Rezeption des Mesmerismus in der Romantik vgl. Barkhoff 1995; bei Balzac vgl. Baron 2012. Die Verbindung von Mesmerismus und Swedenborg wird in Deutschland von Oetinger, Lavater und Schelling hergestellt. Vgl. Benz 1979. Es ist diese Fortbildung zu einem symbolischen und poetischen Pantheismus, die sich bei Emerson und – mit vedantischen Traditionen – bei Tagore wiederfindet.

halten sich die Waage. Er äußert sich etwas weiter hinten in der *Enzyklopädie* eher unwirsch über Franz Anton Mesmer.

»Ohne Worte denken zu wollen, wie Mesmer einmal versucht hat, erscheint daher als eine Unvernunft, die jenen Mann, seiner Versicherung nach, beinahe zum Wahnsinn geführt hätte. Es ist aber auch lächerlich, das Gebundensein des Gedankens an das Wort für einen Mangel des ersteren und für ein Unglück anzusehen; denn obgleich man gewöhnlich meint, das Unaussprechliche sei gerade das Vortrefflichste, so hat diese von der Eitelkeit gehegte Meinung doch gar keinen Grund, da das Unaussprechliche in Wahrheit nur etwas Trübes, Gärendes ist, das erst, wenn es zu Worte zu kommen vermag, Klarheit gewinnt. Das Wort gibt demnach den Gedanken ihr würdigstes und wahrhaftestes Dasein. Allerdings kann man sich auch, ohne die Sache zu erfassen, mit Worten herumschlagen.«[46]

Letzteres ist das »und tu' nicht mehr in Worten kramen« aus Fausts Nachtmonolog. Die Alternative kann aber nicht (Sprach-)Magie sein, der sich Goethes Faust lange hingibt, um ihr schließlich ganz abzuschwören.[47] Die Stelle bei Hegel enthält ein Plädoyer für das Wort, sofern es dazu dient, die Sache zu erfassen, und nicht für so etwas wie einen non-verbalen *Logos*, der als unbestimmter Ursprung taxiert wird, gleichsam ein vermeintlich vorsprachliches und vollkommenes Urwissen. Die Auffassung eines paradiesischen Urwissens wird von Hegel mit dem Hinweis auf die Paradiesvertreibung korrigiert – Erkenntnis beginnt nach einer verbreiteten Deutung der biblischen Urgeschichte erst mit dem Sündenfall und dem Prozess der Entfernung aus dem Paradies.[48]

Die Deutung des Verhältnisses von Wort und Denken evoziert die Szene in Goethes *Faust*, in der sich Faust um eine angemessene Übersetzung von ›*Logos*‹ im Prolog des Johannes-Evangeliums bemüht. Faust kommt offensichtlich zu einer anderen (und geringeren) Schätzung des Wortes als Hegel, während Hegel dem Kraftbegriff, der bei Mesmer eine wichtige Rolle als Fluidum spielt, nur eine vermittelnde Rolle im Übergang von der Natur- zur Geistphilosophie zuweist.[49]

---

[46] Hegel: *Enzyk.* § 462 Zusatz = 10/280.

[47] »Könnt ich Magie von meinem Pfad entfernen/ Die Zaubersprüche ganz und gar verlernen;/ Stünd ich, Natur! vor dir ein Mann allein/ Da wär's der Mühe wert ein Mensch zu sein.« Goethe, *Faust* II, Fünfter Akt, Verse 11404–11407.

[48] Vgl. Renner 2008; Wolf 2011.

[49] Goethes Faust ersetzt die Übersetzungsvorschläge ›Wort‹, ›Sinn‹, ›Kraft‹ für »Im Anfang war der *Logos*« im Prolog des Johannes-Evangeliums schließlich durch ›Tat‹, was

Dies mag auch ein Grund sein, weshalb Hegel nach der Separation von Schelling den für Schelling weiterhin kruzialen Begriff der »Potenzen« nicht mehr verwendet. Nicht »Kraft«, auch nicht »Tat«, sondern »Geist« ist Hegels Übersetzung des *Logos,* wobei Hegels »Geist« meist die Konnotation von »Holy Spirit« hat und daher mit »Mind« nicht zureichend übersetzt wird. Nach Hegel steht »Wort« in seiner Invektive gegen Mesmer vermutlich generell für die Äußerung oder Manifestation des Geistes – das Wort ist die höchste und edelste Form der Manifestation eines Geistes, dessen Kraft eben nur so groß ist wie seine Äußerung.[50] Was Hegel zurückweist ist ein Geist, der sich durch bloßes Ahnen oder Raunen größer wähnt und aufspielt. Das heißt nicht, dass Hegel der Sprache, insbesondere der sprachlichen Form des Urteils gegenüber unkritisch wäre. Ähnlich wie Heidegger scheint Hegel das Wort nicht auf die grammatische Form der Aussage reduzieren zu wollen.

Hegels Abgrenzung von einer Esoterik des stummen Ahnens und Andeutens erfolgt mit Nachdruck. Geist ist nicht »geizig«; er muss sich »offenbaren«, d.h. artikulieren, äußern, manifestieren, er muss *idealiter* allen zugänglich und durchsichtig werden und kann sich nicht auf das Arkanwissen einer Sekte oder Elite zurückziehen.

> »Der Geist offenbart daher im Andern nur sich selber, seine eigene Natur; diese besteht aber in der Selbstoffenbarung.«[51]

Dieser sich offenbarende Geist kann auf viele Weisen heilsam wirken, unter anderem auch im natürlichen oder hypnotischen Heilschlaf. Das sog. Hellsehen bleibt – abgesehen von einigen Anomalien wie Vorausahnung von Katastrophen oder dem eigenen Tod oder der verblüffenden Orientierungssicherheit von Somnambulen – beschränkt auf heilungsrelevante Einsichten des Patienten und der Patientin, d.h. eine Form von Mitwirkung an der ärztlichen Therapie, vergleichbar mit dem Instinkt der Tiere[52], der sie z.B. ihre Wunden lecken lässt. Das

---

sowohl beim frühen Goethe der Sturm- und-Drang-Periode als auch beim gescheiterten Theologen Faust eher eine prometheische als eine christliche Übersetzung des göttlichen *Logos* als Christus nahelegt. Vgl. Goethe, *Faust* I, Verse 1224–1237.

[50] »Die Kraft des Geistes ist nur so gross als ihre Äusserung.« Hegel: *Phänomenologie des Geistes,* Vorrede = 3/18. Es gibt unterschiedliche Einstellungen der Philosophie zum »Sagen des Unsagbaren«. Eine gute Übersicht gibt Bochenski 1954, 56ff.

[51] Hegel: *Enzyk.* §383 = 10/28.

[52] Vgl. a.a.O., 10/156f.

im Hellsehen Geschaute bedarf einer Deutungsanstrengung, teils vom Patienten selber, teils von einem geschulten, über die nötige Distanz und das Fachwissen verfügenden Arzt, um aus dem, was im Hellsehen wie im Traum als »symbolisch bizarr« erscheint, therapeutisch Brauchbares von Unbrauchbarem oder gar Gefährlichem zu unterscheiden.[53] Interessant mit Blick auf künftige Therapiemodelle sind Hegels Thesen, dass der Therapeut sich auf keine Verstrickung mit dem Patienten bzw. der Patientin einlassen dürfe und dass Patienten bei der Behandlung und der Rezeptur mitwirken können.

Der Zustand des Somnambulismus hat wie der Traum im antiken Tempelschlaf[54] »etwas zu sagen«, aber es geht nicht um göttliche Botschaften, sondern – im besten Fall – um therapeutische Winke. Hegel empfiehlt nicht, sich dem Unbewussten zu überlassen und es als »Widersacher des Geistes« zu glorifizieren, aber er erwägt, ob die vorübergehende und geleitete Versenkung im Unbewussten für gezielte und begrenzte therapeutische Zwecke genutzt werden kann. Die beiden »Erklärungen« der therapeutischen Wirkung der Hypnose, die Hegel wirklich anbietet, liegen in der Analogie des schlafhaften oder schlaflosen magnetischen Zustands zum Schlaf und im Vergleich mit einer generellen Deutung der ärztlichen Kur. Dabei wird die pantheistisch-medizinische Bedeutung des Wortes Heil/Heilung virulent. Heilung ist, ähnlich wie das Heil der Seele, *restitutio ad integrum*.

»Es handelt sich daher jetzt nur noch darum, die Art und Weise, wie der Magnetismus die Heilung vollbringt, aufzuzeigen. Zu diesem Ende können wir daran erinnern, dass schon die gewöhnliche Kur in dem Beseitigen der die

---

[53] Man könnte auch sagen, dass Traum und Hypnose Mittel sein können, auf die eigenen Bedürfnisse zu »hören«. Es ist, als wollten der Leib und die Seele mir etwas sagen. Es wäre reizvoll, Hegels nüchterne Auffassung des »magnetischen Hellsehens« mit jener von Schopenhauer zu vergleichen – nach Schopenhauer ist dieses Hellsehen eine Intensivierung jener Art von Träume, die er als »Wahrträume« bezeichnet und in der die Grenze des Schädels überschritten wird; der Schädel wird gleichsam durchsichtig, der Traum kann sich auf die nähere und entferntere Umgebung des Träumenden ausweiten; er besteht in einem Zusammenwirken von Hirntätigkeiten und Reizen aus dem Inneren des Organismus; die »Objektivität« des Traums versucht Schopenhauer mit der Annahme eines »Traumorgans« zu »erklären«.

[54] Vgl. Du Prel 1887/1971, 148–166. Du Prel war anfänglich Anhänger und Mitstreiter Eduard von Hartmanns, distanzierte sich aber später von dessen Pantheismus, während sich Hartmann von der spiritistischen Deutung des Somnabulismus und anderen paranormalen Phänomenen distanzierte. Du Prel wurde zu einem Pionier der Erforschung des Okkulten. Vgl. Du Prel 2012; Kaiser 2008, 48–56, 85.

Krankheit ausmachenden Hemmung der Identität des animalischen Lebens, in dem Wiederherstellung des In-sich-flüssig-Seins des Organismus besteht. Dies Ziel wird nun bei der magnetischen Behandlung dadurch erreicht, dass entweder Schlaf oder Hellsehen oder nur überhaupt ein Versinken des individuellen Lebens in sich selber, ein Zurückkehren desselben zu seiner einfachen Allgemeinheit hervorgebracht wird. Wie der natürliche Schlaf eine Stärkung des gesunden Lebens bewirkt, weil er den ganzen Menschen aus der schwächenden Zersplitterung der gegen die Außenwelt gerichteten Tätigkeit in die substantielle Totalität und Harmonie des Lebens zurücknimmt, so ist auch der schlafhafte magnetische Zustand, weil durch denselben der in sich entzweite Organismus zur Einheit mit sich gelangt, die Basis der wiederherzustellenden Gesundheit. Doch darf von der anderen Seite hierbei nicht außer Acht gelassen werden, wie jene im magnetischen Zustande vorhandene Konzentration des empfindenden Lebens ihrerseits selber zu etwas so Einseitigem werden kann, dass sie sich gegen das übrige organische Leben und gegen das sonstige Bewusstsein krankhaft befestigt. In dieser Möglichkeit liegt das Bedenkliche einer absichtlichen Hervorrufung jener Konzentration. Wird die Verdoppelung der Persönlichkeit zu sehr gesteigert, so handelt man auf eine dem Zweck der Heilung widersprechende Art, da man eine Trennung hervorbringt, die grösser ist als diejenige, welche man durch die magnetische Kur beseitigen will. Bei so unvorsichtiger Behandlung ist die Gefahr vorhanden, dass schwere Krisen, fürchterliche Krämpfe eintreten und dass der diese Erscheinungen erzeugende Gegensatz nicht bloß körperlich bleibt, sondern auch auf vielfache Weise ein Gegensatz im somnambulen Bewusstsein selber wird. Geht man dagegen so vorsichtig zu Werke, dass man die im magnetischen Zustande stattfindende Konzentration des empfindenden Lebens nicht übertreibt, so hat man an derselben, wie schon bemerkt, die Grundlage der Wiederherstellung der Gesundheit und ist imstande, die Heilung dadurch zu vollenden, dass man den noch in Trennung stehenden, aber gegen sein konzentriertes Leben machtlosen übrigen Organismus in diese seine substantielle Einheit, in diese seine einfache Harmonie mit sich selber nach und nach zurückführt und denselben dadurch befähigt, seiner inneren Einheit unbeschadet sich wieder in die Trennung und den Gegensatz einzulassen.«[55]

Heilung ist ähnlich wie Heil, aber nicht identisch damit – für die Heilung genügt das Zusammenwirken von menschlicher Heilkunst und natürlicher Heilkraft. Therapie ist so betrachtet eine Kunstlehre, die Sorgfalt und Mäßigung, Einfühlung und Distanz voraussetzt und auf Wiederherstellung der Gesundheit ausgerichtet ist. Der Arzt oder die Ärztin braucht im Umgang mit komplexen körperlichen und seelischen Prozessen der Erkrankung und Genesung eine Deutungskompetenz,

[55] Hegel: *Enzyk.* §406, Zusatz, Schluss = 10/159 f.

d.h. ärztliche und mitmenschliche Urteilskraft. Gesundheit/Krankheit sind nicht rein deskriptive Begriffe; sie sind nicht theorie- und wertfrei. Die menschliche Seele scheint sich einer rein physikalischen und chemischen Erklärung teilweise zu entziehen. Gesundheit/Krankheit als teils kulturelle und normative Begriffe erfordern eine nicht nur erklärende und technische, sondern auch eine ethische und hermeneutische Einstellung.[56]

Nicht Hegel, sondern Schopenhauer hat in seinem *Parergon* über das Geistersehen den Zusammenhang zwischen Transzendentalphilosophie, metaphysischem Monismus und Deutung des somnambulen Hellsehens besonders luzide zusammengefasst. Wären Raum, Zeit und Kausalität Beschaffenheiten des Dinges an sich, so wären jene Phänomene von Fernsehen, Fernwirkung, unmittelbarer Einwirkung auf den Willen anderer und Hellsehen in die Zukunft völlig unbegreiflich. Sind Raum, Zeit und Kausalität jedoch nur subjektiv gültig und gehören zum alltäglichen und wissenschaftlichen Rahmenwerk, dann werden diese Phänomene zumindest teilweise begreiflich, nämlich als Ausdruck von Mechanismen und Zusammenhängen, zu denen wir zwar keinen direkten Zugang haben, die aber den tieferen Zusammenhang und die verborgene Zweckmäßigkeit derselben auszudeuten helfen. Das Ding an sich wird teilweise erkennbar. Das heißt nun zweierlei: Zum einen erscheint es so, als würden uns glaubwürdige Berichte über »magische« Phänomene einen teilweisen Einblick in das Geheimnis des Dinges an sich gewähren. Es ist, als hätten wir die Brille der normalen Weltauffassung einen Moment lang abgelegt bzw. eine ganz andere Brille aufgesetzt.[57] Zum anderen fallen die Bedingungen der Möglichkeit von »Magie« mit der Auffassung zusammen, dass der Welt der Erscheinungen ein zugleich vereinigender und in sich zerrissener Weltwille als *primum mobile* zugrunde liegt.[58] Sie können als »Bestätigung« einer monistischen, panpsychischen bzw. (quasi-)pantheistischen Ausdeutung der Welt verwendet werden. Dem Grund der Welt inhärieren die sinnstiftenden und sinngefährdenden Energien der Vereinigung und der Entzweiung. Der »kleine Unterschied« zwischen

[56] Vgl. Gadamer 1993; Schipperges 2003; Wolf 2002.

[57] Vgl. Matthias Claudius über Swedenborg: »[...] so könnte es vielleicht auch einen Weg zum Geistersehen geben, ob es gleich ein Geheimnis ist, wie die Brille dazu geschliffen werden muss.« (Claudius 1991, 75)

[58] Vgl. Schopenhauer 1850/1977, 287f.

Schopenhauer und Hegel besteht darin, dass nach Hegel das *primum mobile* nicht der Wille, sondern der unruhige und in sich zurückkehrende Geist ist. Der gemeinsame Kern des »Pantheismus« besteht in der Auffassung, dass uns alle Dinge »etwas zu sagen haben«, wenn auch nur als indirekte »Mitteilungen«. Um die »Botschaft« zu entschlüsseln, bedarf es allerdings einer Kunst der Deutung und Entzifferung. Eine Maxime, um diese »Botschaften« nicht für konfuse (theosophische?) und fanatische Zwecke zu missbrauchen, besteht darin, sie hauptsächlich als Mitteilungen oder Krisensymptome von Krankheiten zu diagnostizieren und sie an die Mittel und Ziele eines therapeutischen Rahmens zu binden, d. h. von ihnen keine direkten Aufschlüsse für das Heil oder Anleitungen für das politische Handeln, aber gelegentliche Winke für eine ungewöhnliche Heilung oder Genesung zu erwarten. Diese Maxime könnten Hegel und Schopenhauer unterschreiben.

Literatur zum vierten Teil

Agamben, Giorgio (2012): *Stanzen*, Zürich: diaphanes [*Stanze*. La parole e il fantasma della cultura occidentale, Torino 1977 und 1993].

Artelt, Walter (1965): *Der Mesmerismus in Berlin*, Wiesbaden: F. Steiner.

Baier, Karl (2009): *Meditation und Moderne*, 2 Bände, Würzburg: Königshausen & Neumann.

Barkhoff, Jürgen (1995): *Magnetische Fiktionen. Literarisierungen des Mesmerismus in der Romantik*, Stuttgart, Weimar: Metzler.

Baron, Anne-Marie (2012): *Balzac Occulte. Alchimie, Magnétisme, Sociétés sécrétes*, Lausanne: Éditions L'Age d'Homme.

Benz, Ernst (1977): *Franz Anton Mesmer und die philosophischen Grundlagen des »animalischen Magnetismus«*, Wiesbaden: Franz Steiner.

Benz, Ernst (1979): *Vision und Offenbarung. Gesammelte Swedenborg-Aufsätze*, Zürich: Swedenborg Verlag.

Bergson, Henri (1886): De la simulation inconsciente dans l'état d'hypnotisme, in: *Revue philosophique*, XXII, novembre 1886, 525–531, wieder abgedruckt in Bergson: *Écrits philosophiques*, Paris: quadrige, PUF 2011.

Bergson, Henri (1901): *Le rève*, Vortrag gehalten 1901, Neuausgabe mit einem Vorwort von Jean-Jacques Guinchard, Paris: Payot 2012, auch abgedruckt in Bergson 1919.

Bergson, Henri (1913): *»Fantômes de Vivants« et »Recherche psychique«*. Conférence faite à la Society for Psychical Research de Londres le 28 mai 1913, wieder abgedruckt in: Bergson 1919.

Bergson, Henri (2009/1919): *L'énergie spirituelle*, édition critique dir. par Fréderic Worms, Paris: Quadrige/PUF 2009.
Birkert, Alexandra (2008): *Hegels Schwester. Auf den Spuren einer ungewöhnlichen Frau um 1800*, Stuttgart: Thorbeck.
Blavatsky, Helena Petrovna (o. J.): Isis entschleiert, Zwei Bände, Den Haag: Verlag J. J. Couvreur, von Michael Gomes gekürzte Ausgabe, zusammengestellt, übersetzt und hrsg. von Hank Troemel, Grafing: Aquamarin Verlag 2003 [OA 1877].
Bochenski, Joseph Maria (1954): *Die zeitgenössischen Denkmethoden*, Bern, München: Franke Verlag, Dalp.
Bollnow, Otto Friedrich (1958): *Die Lebensphilosophie*, Berlin, Göttingen, Heidelberg: Springer Verlag.
Bonsiepen, Wolfgang (1997): *Die Begründung einer Naturphilosophie bei Kant, Schelling und Hegel*, Frankfurt a. M.: Klostermann.
Brun, Jean (1988): Schopenhauer et le magnétisme, in: *Schopenhauer in der internationalen Diskussion. 69. Schopenhauer-Jahrbuch 1988, Zur 200. Wiederkehr seines Geburtstages*, Frankfurt a. M.: Verlag Waldemar Kramer, 155–167.
Claudius, Matthias (1991): *Sämtliche Werke*, München: Winkler Verlag.
Cranston, Sylvia (1999): *Leben und Werk der Helena Blavatsky. Begründerin der Modernen Theosophie*, mit einer Einleitung von Johannes von Buttlar, Satteldorf: Adyar.
Darnton, Robert (1983): *Der Mesmerismus und das Ende der Aufklärung in Frankreich*, München, Wien: Carl Hanser Verlag.
Du Prel, Carl (1886): *Justinus Kerner und die Seherin von Prevorst*, Leipzig: Grieben [auch als biographische Einleitung von J. Kerner: Die Seherin von Prevorst, Leipzig: Reclam o. J., um 1900]
Du Prel, Carl (1971/1887): Die Mystik der alten Griechen. Tempelschlaf – Orakel – Mysterien – Dämon des Sokrates 1887, in: Du Prel: *Die Psyche und das Ewige. Grundriss einer transzendentalen Psychologie*, hrsg. und mit einer Einführung versehen von Anton Brieger, Pforzheim: Rudolf Fischer Verlag.
Du Prel, Carl (2012/1893): *Der Spiritismus*, Leipzig: Reclam 1893, Nachdruck Paderborn: Sarastro Verlag 2012.
Du Prel, Carl (2012/1905): *Studien auf dem Gebiete der Geheimwissenschaften*, Leipzig: Verlag von Max Altmann 1905, Nachdruck Paderborn: Sarastro Verlag 2012.
Ego, Anneliese (1991): *Animalischer Magnetismus oder Aufklärung. Eine mentalitätsgeschichtliche Studie zum Konflikt um ein Heilkonzept im 18. Jahrhundert*, Würzburg: Königshausen & Neumann.
Emerson, Ralph Waldo (1979–2010): *The Collected Works*, 8 vols, Harvard: The Belknap Press.
Emerson, Ralph Waldo (1992): *The Selected Writings of R. W. E.*, ed. by Brooks Atkinson, New York: The Modern Library.
Ennemoser, Joseph (1819): *Der Magnetismus nach der allseitigen Beziehung seines Wesens, seiner Erscheinungen, Anwendung und Enträthselung in einer geschichtlichen Entwicklung von allen Zeiten und bei allen Völkern wissenschaftlich dargestellt*, Leipzig: F. A. Brockhaus.
Evans, Warren Felt (1886): *Esoteric christianity and Mental therapeutics*, Boston.

Fichte, Johann Gottlieb (1813): Tagebuch über den animalischen Magnetismus, in: *Fichtes Werke,* Band XI: Vermischte Schriften aus dem Nachlass 1834/35, hrsg. von Immanuel Hermann Fichte, Nachdruck Berlin: Walter de Gruyter 1971, 295–344.

Franz, Michael (2012): *Tübinger Platonismus. Die gemeinsamen philosophischen Anfangsgründe von Hölderlin, Schelling und Hegel,* Tübingen: Francke Verlag.

Gadamer, Hans Georg (1993): *Über die Verborgenheit der Gesundheit,* Frankfurt a. M.: Suhrkamp.

Gruber, Jutta (2011): *Angst und Faszination. Eine Neubewertung des Animalischen Magnetismus Franz Anton Mesmers* (Medizinkulturen im Vergleich), Berlin: LIT-Verlag.

Guyon, Madame (2008): *uvres mystiques. Édition critique avec introductions par Dominique Tronc,* Paris: Honoré Champion.

Hanses-Ketteler, Werner (1990): *Transrationale Denkfiguren. Über den Zusammenhang von Magie und Dialektik,* Frankfurt a. M. usw.: Peter Lang.

Hartmann, Eduard von (1869): *Philosophie des Unbewussten. Versuch einer Weltanschauung,* Berlin: Carl Duncker's Verlag.

Hartmann, Eduard von (1873): La conscience dans les Plantes, in: *Revue Scientifique de la France et de l'Étranger,* Revue des Cours Scientifiques (2e série), num. 27, 4 janvier 1873, 621–627.

Hartmann, Eduard von (1888): *Der Spiritismus,* Leipzig: Verlag von Wilhelm Friedrich.

Hartmann, Eduard von (1891): *Die Geisterhypothese des Spiritismus und seine Phantome,* Leipzig: Verlag von Wilhelm Friedrich.

Hegel, G. W. F. (1991/1830): *Enzyklopädie der philosophischen Wissenschaften,* hrsg. von Friedhelm Nicolin und Otto Pöggeler, Hamburg: Meiner.

Hegel, G. W. F. (1970/1830): *Enzyklopädie der philosophischen Wissenschaften* III, Werke 10, hrsg. von Eva Moldenhauer und Karl Markus Michel, Frankfurt: Suhrkamp [Zitate erfolgen nach Band- und Seitenzahl dieser Ausgabe in zwanzig Bänden].

Hegel, G. W. F. (2005): *Le magnétisme animal,* traduction et introduction par François Roustang, Paris: PUF.

Hespe, Franz (1991): Hegels Vorlesungen zur Anthropologie und Psychologie und die Psychologie der Hegel-Schule, in: *Hegel-Jahrbuch 1991,* Annerod: Germinal Verlag Fernwald, 289–301.

Hunkeler, Thomas (2003): *Le vif du sens. Corps et poésie selon Maurice Scève,* Genève: Editions Droz.

Jacobi, Heinrich (1787): *David Hume über den Glauben oder Idealismus und Realismus. Ein Gespräch,* Breslau: Gottlob Loewe, Neudruck in Jacobi: Werke, Band 2,1, Gesamtausgabe hrsg. von Klaus Hammacher und Walter Jaeschke, Hamburg: Meiner 2004.

Kaiser, Tomas H. (2008): *Zwischen Philosophie und Spiritismus. Annäherungen an Leben und Werk von Carl du Prel* [mit ausführlichen Quellen- und Literaturangaben], Saarbrücken: VDM Verlag Dr. Müller.

Kiesewetter, Carl (1893): *F. A. Mesmer's Leben und Lehre,* Leipzig: Verlag von Max Spohr.

Landmann, Michael (1982): *Philosophische Anthropologie*, Berlin, New York: de Gruyter.

Le Brun, Jacques (2004): *La Jouissance et le Trouble. Recherches sur la Littérature chrétienne de l'Âge Classique*, Genève: Droz.

Le Brun, Jacques/Cuche, F.-X. (2004) (éds.): *Fénelon. Mystique et Politique (1699–1999)*, Paris: Honoré Champion.

Lucas, Hans-Christian (1991): Die »souveräne Undankbarkeit« des Geistes gegenüber der Natur. Logische Bestimmungen, Leiblichkeit, animalischer Magnetismus und Verrücktheit in Hegels »Anthropologie«, in: *Psychologie und Anthropologie oder Philosophie des Geistes*. Beiträge zu einer Hegel-Tagung in Marburg 1989, hrsg. von Franz Hespe und Burkhard Tuschling, Stuttgart-Bad Cannstatt: frommann-holzboog, 269–296.

Magee, Glenn (2001): *Hegel and the Hermetic Tradition*, Ithaca, London: Cornell UP.

Milt, Bernhard (1953): *Franz Anton Mesmer und seine Beziehungen zur Schweiz. Magie und Heilkunde zu Lavaters Zeit*, Zürich: Druck Leemann AG.

Moyar, Dean (2011): *Hegel's Conscience*, Oxford: UP.

Müller, Lothar (1994): Der totale dynamische Prozess. Zur experimentellen Universalisierung des Galvanismus bei Johann Wilhelm Ritter, in: *Evolution des Geistes. Jena um 1800*, hrsg. von Friedrich Starck, Stuttgart: Klett-Cotta, 636–659.

Palacios, Gabriel (2012): *Ich sehe dich. Wie die mentale Kraft des Unterbewusstseins dein Leben positiv verändert*, Altendorf: Giger Verlag.

Petry, Michael John (1991): Systematik und Pragmatik in Hegels Behandlung von animalischem Magnetismus und Verrücktheit, in: *Psychologie und Anthropologie oder Philosophie des Geistes*. Beiträge zu einer Hegel-Tagung in Marburg 1989, hrsg. von Franz Hespe und Burkhard Tuschling, Stuttgart-Bad Cannstatt: frommann-holzboog, 250–268.

Reicheneder, Johann Georg (2005): Vom Magnetismus und Hypnotismus zur Psychoanalyse, in: *Das Unbewusste – ein Projekt in drei Bänden*. Band 1: *Macht und Dynamik des Unbewussten. Auseinandersetzungen in Philosophie, Medizin und Psychoanalyse*, hrsg. von Michael B. Buchholz und Günter Gödde, Gießen: Psychosozial Verlag, 262–295.

Renner, Markus (2008): *Der Sündenfall in der Philosophie des Deutschen Idealismus – Kant, Schelling, Hegel*, München: Grin-Verlag.

Richardson, Robert D. (1995): *Emerson. The Mind of Fire*, Berkely, Los Angeles, California: University of California Press.

Schipperges, Heinrich (2003): *Gesundheit und Gesellschaft: ein historisch-kritisches Panorama*, New York usw.: Springer Verlag.

Schopenhauer, Arthur (1977/1850): Versuch über das Geistersehn und was damit zusammenhängt, in: *Parerga und Paralipomena* I. Erster Teilband, Zürich: Diogenes 247–335.

Schopenhauer, Arthur (1977/1854): *Über den Willen in der Natur*, 2. Auf., in: Schopenhauer, Zürcher Ausgabe, Band V, Zürich: Diogenes [Abschnitt: Animalischer Magnetismus und Magie, 294–324].

Scribner, F. Scott (2000): Die »Physicierung des Idealismus« im »Tagebuch über den animalischen Magnetismus«. Die letzte Wissenschaftslehre oder das Endes des Idealismus?, in: *Fichte-Studien* 17, 319–328.
Sloterdijk, Peter (1985): *Der Zauberbaum. Die Entstehung der Psychoanalyse im Jahr 1785. Epischer Versuch zur Philosophie der Psychologie,* Frankfurt a. M.: Suhrkamp.
Sloterdijk, Peter (1998): *Sphären,* Band 1, Frankfurt a. M.: Suhrkamp.
Sloterdijk, Peter (2008): *Philosophische Temperamente. Von Platon bis Foucault,* München: Diederichs.
Sloterdijk, Peter (2011): *Du musst dein Leben ändern,* Frankfurt a. M.: Suhrkamp.
Stengel, Friedemann (2011): *Aufklärung bis zum Himmel. Emanuel Swedenborg im Kontext der Theologie und Philosophie des 18. Jahrhunderts,* Tübingen: Mohr Siebeck.
Stengel, Friedemann (2012): Prophetie? Wahnsinn? Betrug? Swedenborgs Visionen im Diskurs, in: *Pietismus und Neuzeit. Ein Jahrbuch zur Geschichte des neueren Pietismus,* Göttingen: Vandenhoeck & Ruprecht, 136–162.
Stoker, Bram (2012): *Dracula,* hrsg. und übersetzt von Andreas Nohl, Göttingen: Steidl Verlag [EO 1897].
Völmicke, Elke (2005): *Das Unbewusste im Deutschen Idealismus,* Würzburg: Königshausen & Neumann.
Walser, Alissa (2010): *Am Anfang war die Nacht Musik,* Zürich, München: Piper.
Wolf, Jean-Claude (2002): Gesundheit – ein Grundwert?, in: Wolf: *Ethik und Politik ohne Gewissheiten,* Freiburg/Schweiz: Universitätsverlag, 67–84.
Wolf, Jean-Claude (2011): »dass der Mensch durch Erkennen unsterblich ist«. Hegels Deutung der Erzählung vom Sündenfall, in: *Freiburger Zeitschrift für Philosophie und Theologie* 58, 2, 453–470.
Wolf, Jean-Claude (2012): Der unbewusste Gott nach Eduard von Hartmann, in: *Nietzsche und das Unbewusste,* hrsg. von Jutta Georg und Claus Zittel, Berlin, Boston: de Gruyter, 31–48.
Wolfart, Karl Christian (1816): *Mesmerismus oder System der Wechselwirkungen. Theorie und Anwendung des thierischen Magnetismus in seinem wahren Werth behauptet,* Berlin: Nicolai.
Wolters, Gereon (1988): *Franz Anton Mesmer und der Mesmerismus. Wissenschaft, Scharlatanerie,* Poesie, Konstanz: Universitätsverlag Konstanz.
Yalom, Irvin D. (2008): *Und Nietzsche weinte,* München: Piper [englische OA 1994].
Zweig, Stefan (1936): *Die Heilung durch den Geist. Mesmer, Mary Baker-Eddy, Freud,* Wien, Leipzig, Zürich: Herbert Reichner Verlag.

Nachgedanken

Pantheismus wurde in einer wohlwollenden Problemskizze dargestellt. Dabei ging es darum, gewisse Bilder, Begriffe und Argumente auszuprobieren, ohne sie vorschnell zu desavouieren. Auch wenn nicht vorgesehen war, einen oder gar »den« Pantheismus zu verteidigen oder zu propagieren, so gab es doch die Absicht, pantheistischen Denkfiguren eine Chance und eine gewisse Kontur zu verleihen. Mit der teilweisen Präzisierung wurden dann – *volens nolens* – Abgrenzungen und Eingrenzungen vorgenommen. Ein schlechthin entgrenzendes und unscharfes Denken hätte nur einen geringen kommunikativen Wert! Nachdenken über eine Intuition muss nicht selber intuitiv sein! Pantheismus soll sich *prima facie* vom Theismus und Atheismus unterscheiden lassen, auch wenn Vergleiche, Annäherungen, ja vielleicht sogar Fusionen denkbar sind, insbesondere zwischen der Auffassung von Gott als Person und einem Pantheismus des werdenden Gottes. Wie viel Anthropomorphismus ein Pantheismus zulässt, ist eine offene Frage. Er wird auf das Denken in Vergleichen und Analogien nicht vollständig verzichten können, ohne entweder zur *theologia negativa* oder zur sterilen Begriffsklauberei zu werden.

Wiederholt wurde das religiöse Interesse der innigen Gottesbeziehung angesprochen; Pantheismus scheint auf eindrückliche Weise das Bild der Gotteskindschaft zu erfüllen. Er scheint sogar das Verlangen nach Unsterblichkeit zu befriedigen, nicht so sehr auf der Basis der Konstruktion einer soliden Personenidentität oder eines Realismus der Individuen (etwa im Sinne von Leibniz' Monadologie), sondern vielmehr als »Leistung Gottes«.[1] Auch Pantheismus hält Gott für die

[1] Schellings Deutung des Todes als »Essentifikation« in seiner 32. Vorlesung zur Philosophie der Offenbarung legt nahe, dass Gottes Leistung in der Bewahrung der wesentlichen Einheit von Leib und Seele des Menschen besteht, und nicht in der Trennung der Seele vom Körper. Was wesentlich und bewahrenswert daran ist, weiß nur Gott; dieses

Ursache oder den Grund der Welt. Grund der Welt zu sein ist das größte Wunder – es ist in der Sprache des Theismus das Wunder der Schöpfung aus dem Nichts. Ein Gott, der Grund der Welt sein kann und der – in Anlehnung an die Geschichte Gottes mit seinem Volk Israel – den Menschen sucht, wird ihn auch nach seinem Tod suchen, finden und erhalten, auf welche Weise auch immer. So wie Gott das Geheimnis der Welt ist, ist er auch das Geheimnis unseres Aufgehobenseins in Gott. In diesem theistischen und pantheistischen Vertrauen auf die Größe und den Beistand Gottes scheint das Projekt eines Beweises der Unsterblichkeit der Seele überflüssig zu werden. Ob und wie sich eine »pantheistische Unsterblichkeit« begrifflich erläutern lässt, wurde nicht weiter ausgeführt. Eine Auffassung, die besagt, dass wir in Gottes Gedächtnis wie in einem umfassenden kulturellen Gedächtnis ewig gespeichert seien, besagt jenen zu wenig, die als Individuum, mit eigenem Gedächtnis und eigenen postmortalen Erfahrungen überleben möchten. Es gibt keine sich selber erfüllenden Wünsche. Unsterblichkeit des Individuums folgt nicht aus dem dringenden Wunsch nach endloser Persistenz. Vielleicht »ergibt« sie sich jedoch aus der teilnehmenden Erkenntnis am Unendlichen. Nach Spinoza liegt die »Unsterblichkeit« des Menschen darin, dass ich Teil Gottes bin und Gott sich und damit auch alle seine Teile liebt und bejaht. (Ein sich selber verneinender oder vernichtender Gott bleibt von dieser Denkweise ausgeschlossen.) So betrachtet sind wir gleichsam im göttlichen »Egoismus« aufgehoben. In dieser scheinbar intellektualistischen Konstruktion steckt genuines Gottesvertrauen. Wir brauchen uns nicht an einen »Heilsegoismus«, d.h. Hoffnungen auf Erfüllung des Wunsches nach dem Fortbestehen unserer Individualität zu klammern. Gott wird das an uns erhalten, was nach seinem Wissen und Gutdünken an uns erhaltenswert ist.

Ob sich Pantheismus auch als Hintergrundannahme oder gar als Grundlage der Ethik eignet, ist eine schwierige Frage. Es wäre naheliegend, (nicht-pessimistischen) Pantheismus als Bollwerk von Sinn und Vernunft in der Natur und der Geschichte gegen die nihilistische Versuchung zu preisen. Ob die »Gefahr des Nihilismus« ein bloßes Phantom ist, das auf Konfusion beruht, oder ob es sich dabei um ein echtes Problem handelt, kann hier nicht in Kürze entschieden werden. Ver-

---

Wissen und diese Sorge Gottes kann durch kein Wissen und keine Theorie der Menschen ersetzt werden.

mutlich verbergen sich hinter dem Wort mehrere Probleme, die u. a. mit der zunehmenden Ablehnung einer teleologischen Naturbetrachtung verbunden sind. Eine Natur, die keine Zwecke enthält, scheint auch keine Werte oder Normen zu enthalten.

Auch der Naturpantheismus scheint Geist vorauszusetzen – sei es als unbewusste Produktivität oder als bewusste Vorsehung. Ein naturphilosophischer Pantheismus kann diese »höhere Zweckmäßigkeit« nicht restlos erklären. Er postuliert eine gegenseitige Spiegelung von Natur und Geist, so wie es Schelling in seinem berühmten *Aperçu* formuliert, das lautet:

»Die Natur soll der sichtbare Geist, der Geist die unsichtbare Natur seyn.«[2]

Im Selbstbewusstsein spielen Erinnerung, Wiedererkennen und Rückkehr eine prominente Rolle. Der göttliche Geist erkennt sich vollkommen erst in der Geschichte und in der Kultur der Menschen wieder. Bleibt das »Buch der Natur« in einer Geheimschrift verfasst, die wir nur unvollständig entziffern können, so lassen sich die »Bücher« der Anthropologie und Kulturgeschichte besser entziffern.

Geistpantheismus ist dem Naturpantheismus nicht in jeder Hinsicht überlegen; er verführt dazu, das Andere des Menschen, den Eigenwert der nicht-menschlichen Tiere und der Natur aufzugeben und den Menschen als Finalität oder »Krone der Schöpfung« zu behandeln. Der Mensch wird im Ansatz zu jenem Wesen, das sich denkend über die Natur erhebt. Dem gegenüber ist der Naturpantheismus »ökologisch« – er versenkt sich unparteiisch in die Kräfte der Natur und denkt nicht nur humanistisch, sondern kosmologisch. Er steht dem »Naturalismus« näher und damit auch den Gedankengängen einer natürlichen Theologie. Bei der Gegenüberstellung von Natur- und Geistpantheismus kann es sich allerdings nur um einen Unterschied der Akzente handeln, denn Pantheismus ist als monistische Vision auf Vereinigung von Geist und Natur, Substanz und Subjekt ausgerichtet. Naturpantheismus ist mit Geist (als produktiver Kraft) gesättigt, während Geistpantheismus die natürlichen Kräfte integriert und, wie im Falle Hegels, den sog. animalischen Magnetismus innerhalb der Geistphilosophie thematisiert und problematisiert. Denn auch »das Andere

---

[2] Schelling: *Ideen zu einer Philosophie der Natur als Einleitung in das Studium dieser Wissenschaft,* 1797, [2]1803, 56, in: Schelling 1967, 380, s. Literatur zum ersten Teil.

der Vernunft« gehört wie die Nachtseiten des Unbewussten zum Geistwesen Gottes und der Menschen.

Hegel spielt in dieser Darstellung auch deshalb eine Rolle, weil er sich gegen »den« Pantheismus sträubt, ohne dass er sich vom Verdacht »des« Pantheismus reinwaschen könnte. Auch dem Mesmerismus neigt er im Übergang von der Natur zur Geistphilosophie mit erstaunlicher Ausführlichkeit zu, weil die Aufklärung mit ihrer Vertreibung der Naturgeister zwar einen Fortschritt, aber auch einen Fortschrittsverlust signalisiert – nämlich eine teleologische Verarmung des Naturbegriffs. Der Mesmerismus wird durch seine Ausweitung von der Physik und Medizin zu einer esoterischen Weltanschauung, die Hegel letztlich zurückweisen muss. Der Mesmerismus in seinen figurativen und poetischen Transformationen wird aber auch zu einem Bestandteil jenes poetischen Pantheismus, den man im Chassidismus, bei Emerson und Tagore wiederfindet.

Wird »der« Pantheismus als »große Wahrheit« ausgegeben, kann er den Anspruch auf Wahrheit oder universelle Geltung verkörpern und verbreiten. Er hat alle Vorteile einer Betrachtungsweise, die sich von der Verengung partikulärer oder regionaler Perspektiven befreit. Wird Pantheismus dagegen als Einstellung, Einsfühlung und Entscheidung des Temperaments eingeführt, geht dieser Anspruch auf Universalität scheinbar verloren. Das könnte jedenfalls eine der Befürchtungen sein, doch ist sie auch berechtigt? Enthält nicht auch die »nebulöse« pantheistische Vision einen Vorgriff auf Totalität, Betrachtung des Einen und Ganzen? Ist es nicht ehrlicher, auf den Hegelschen Anspruch zu verzichten, (mit dem Christentum) im Besitz der Wahrheit zu sein und mit Hegels spekulativer Dialektik die einzige Wahrheit angemessen philosophisch zu bearbeiten? Führt der Verzicht auf überspannte Erkenntnisansprüche notwendigerweise zu einem »schwachen Denken«, das u.a. den Anspruch auf universelle Geltung der Regeln der Moral und der Menschenrechten fahren lässt? Oder bleibt die vage Vision eines Weltgeistes Anregung und Ansporn zum Kosmopolitismus?

Zwei Bedeutungen von ›universell‹ sollten hier unterschieden werden. Wird »der« Pantheismus als universelle Erklärung verstanden, als Anspruch, alles zu erklären, so wird er zur Anmaßung und Pseudowissenschaft. Es sieht dann so aus, als wolle er, einmal etabliert, alle anderen Erklärungen der Welt absorbieren. Monistische Erklärungsmanie, die sich bei Hegel und Haeckel findet, ist eine unwissenschaftliche Haltung. Es fehlt ihr die methodische Selbstbescheidung und Selbstbegrenzung kontrollierbarer Verfahren. Ein pseudo-wissenschaftlicher oder weltanschaulicher Pantheismus, wie ihn im 19. Jahrhundert katholische Apologeten wie H. Maret bekämpften, hat kaum Überlebenschancen.

Ein Pantheismus dagegen, der sich bloß als Hintergrundvision universeller Normen wie der Menschenrechte versteht, fällt nicht ins Visier der Apologetik. Er ist nicht ›universell‹ in der Bedeutung, dass er beansprucht, die beste, vollständige Erklärung der Welt zu sein, aber er ist vereinbar mit dem Weltethos universeller Menschenrechte. Er ist »aufklärungsverträglich«. Weil er keine Gefahr und keine Konkurrenz für vermeintliche Lösungen aller Welträtsel mehr ist, reiht er sich vielmehr in einen vielstimmigen Chor von Deutungen ein. Mit dem Pluralismus der Deutungen ist kein Relativismus der Wahrheit verbunden, sondern lediglich ein Pluralismus der Perspektiven.

Pantheismus lässt sich auf drei Linien artikulieren:

1.) Die optimistische Linie, die den Weltgeist mit den Ideen der Perfektibilität und des Fortschritts und der Theodizee in der Geschichte verknüpft. Sie enthält eine harmonische und garantierte Finalität, einen Ausblick auf das Ende der Antagonismen. Hegels unglückliches Bewusstsein scheint diesen Aspekt eines Pantheismus zu bestätigen; unglücklich ist es, weil es unmittelbar vor der Versöhnung und Vereinigung mit Gott stehen bleibt. Alles, was ist, ist oder wird gut.

2.) Die pessimistische Linie, die den werdenden Weltgeist mit dem Abstieg, der Verschlechterung der Lebensumstände, der Zerstörung der Natur und der Auflösung Gottes im Universum verknüpft. Das Werden Gottes mündet in dessen Suizid und die Agonie eines Universums ohne Gott. Die pessimistische Auffassung hält den Konflikt für essentiell. Sie lässt sich in ein modernes gnostisches Märchen übersetzen, dem gemäß Gott an seinen eigenen Abgründen, etwa dem Spannungsverhältnis von Liebe und Zorn, implodiert und in den radikalen Pluralismus von individuellen Kraftzentren zersplittert. Es ist dies der Denkweg, der von Schopenhauer und Philipp Mainländer zu Julius Bahnsen und Nietzsche (»Pessimismus der Stärke«) führt. War die Welt einmal der Gedanke Gottes, so wird sie nach dem Tod Gottes zum unheimlichen Schatten Gottes. Mit der Sinnfülle des optimistischen Pantheismus wird auch dessen inhärenter Humanismus ausgehöhlt. Für den pessimistischen Pantheismus, der den Tod (nicht die bloße Inexistenz) Gottes in Betracht zieht, ist alles, was besteht, wert, dass es zugrunde geht. Er ist vereinbar mit einem Universum, das ohne Sinn und Bedeutung ist bzw. Sinn und Bedeutung verliert.

3.) Der evolutionäre bzw. entwicklungsgeschichtliche Pantheismus, der die Nähe eines werdenden Gottes zur natürlichen und kulturellen Evolution betont; gemeint ist die Weltseele, die Pflanzen, Tiere und Menschen empathisch begleitet, im Selbstbewusstsein der Menschheit als Weltgeist »erwacht« und – in anthropomorpher Sprache ausgedrückt – mit den Menschen weint und lacht. Evolution bedeutet Differenzierung ohne garantiertes Ziel, mit einem echten *Novum*, als ein Abenteuer und *experimentum mundi* mit ungewissem Ausgang; in der Geschichte zeichnen sich gleichwohl Trends wie Freiheit oder Fortschritt ab.

Diese drei Strängen können auch kombiniert werden, auf mehr oder weniger spannungsreiche Art und Weise. Eine aufgeladene Vermischung von Optimismus und Pessimismus, bürgerlichem Sekuritätsdenken und Entsagung, Kulturfortschritt und nihilistischer Apokalyptik findet man in der zeittypischen Philosophie Eduard von Hartmanns und in den literarischen Parallelaktionen der Erzählungen Wilhelm Raabes. In den ersten und berühmtesten Werken Raabes, der *Chronik der Sperlinggasse* und dem *Hungerpastor,* wimmelt es von Reminiszenzen an eine pantheistisch und mesmeristisch belebte Natur, während sich in den späteren Werken die düsteren Seiten des Kulturniedergangs und der verhängnisvollen Nebenwirkungen der Industrialisierung in den Vordergrund schieben und die pantheistische Weltfrömmigkeit verdrängen. *Pfisters Mühle* gilt als einer der ersten umweltkritischen Zeitromane.

»Dem« Pantheismus wurde von Heinrich Heine eine Affinität zum Saint-Simonismus und zu den Junghegelianern nachgesagt. Heine geht dabei in seinem Zeitkontext weiter, nämlich in Richtung einer »linken Vereinnahmung« des Spinozismus. Er eröffnet die Dimension eines Frühsozialismus mit religiöser (nicht notwendigerweise christlicher) Tiefe. Heines Darstellung in seinem berühmten *Ausflug zum Pantheismus* ist knapp und suggestiv. Auch wenn man sich mit der politischen Tendenz Heines nicht zu identifizieren vermag, muss man seiner Lesart doch zugestehen, dass sie etwas von der Größe und Großzügigkeit der Auffassung Gottes vermittelt. Dieses Gottesbild ist unvereinbar mit dem Kleingeist pedantischer Zensoren. Zugleich zeigt sie auch, wie sehr sich ein rational durchkonstruierter Spinozismus und ein »Stimmungspantheismus« berühren und gegenseitig durchdringen können. Gegen den Vorwurf des Atheismus hält Heine lapidar fest:

»Statt zu sagen, er leugne Gott, könnte man sagen, er leugne den Menschen.«[3]

In dieser Zuspitzung könnte der alte Vorwurf stecken, »der« Pantheismus sei Akosmismus, leugne die Realität der Welt und die unabhängige Individualität und Menschenwürde. Sie könnte aber auch besagen, Pantheismus vermeide die Selbstanbetung der Gattung Mensch, das Insistieren auf speziesistischen Sonderrechten gegenüber allen anderen Lebensformen. Vielleicht durchkreuzen sich im Pantheismus die beiden unvereinbaren Bilder, Kind Gottes und Teil der Natur zu sein. Bilder dürfen sich widersprechen! Pantheismus ist poetisch ansprechend, aber auch ethisch und politisch ambivalent. Ob er mehr zur Toleranz als zum Fanatismus, mehr zur *liberalitas* oder zum »Ökofaschismus« anstifte, muss eine offene Frage bleiben. Widerfährt einem Pantheismus eine liberale und demokratische Rezeption, dann vor allem dank der Erinnerung an die Rolle von aufgeklärten Intellektuellen wie Spinoza, Heinrich Heine, Rabindranath Tagore und Ralph Waldo Emerson. Heine schreibt:

»Bei der Lektüre des Spinoza ergreift uns ein Gefühl wie beim Anblick der großen Natur in ihrer lebendigsten Ruhe. Ein Wald von himmelhohen Gedanken, deren blühende Wipfel in wogender Bewegung sind, während die unerschütterlichen Baumstämme in der ewigen Erde wurzeln. Es ist ein gewisser Hauch in den Schriften des Spinoza, der unerklärlich. Man wird angeweht wie von den Lüften der Zukunft. Der Geist der hebräischen Propheten ruhte vielleicht noch auf ihrem späten Enkel. Dabei ist ein Ernst in ihm, ein selbstbewusster Stolz, eine Gedankengrandezza, die ebenfalls ein Erbteil zu sein scheint; denn Spinoza gehörte zu jenen Märtyrerfamilien, die damals von den allerkatholischsten Königen aus Spanien vertrieben worden. Dazu kommt noch die Geduld des Holländers, die sich ebenfalls, wie im Leben, so auch in den Schriften des Mannes, niemals verleugnet hat.«[4]

Ich habe eine Vorselektion von zitierwürdigen Vertretern des Pantheismus getroffen, die hohen moralischen und politischen Standards entsprechen. Die Verweise auf Emerson erfolgten z. B. deshalb, weil dieser nicht nur eine raffinierte Form des analogischen und assimilierenden

---

[3] Heine 1996/1834, 564, s. Literatur zum ersten Teil.

[4] Heine 1996/1834, 561 f.

Zitierens vertritt und dem Pantheismus damit seine erkenntnistheoretische Naivität raubt, sondern auch deshalb, weil Emerson als Aktivist für die Abschaffung der Sklaverei »auf der richtigen Seite« steht.[5] Hinweise auf »vorbildliche«, weil »republikanische« Pantheisten wie Spinoza, Lessing oder den »deutschen Spinoza« Johann Christian Edelmann scheinen indirekt zu bestätigen, dass der Zusammenhang zwischen Pantheismus und politischem Republikanismus historisch und anekdotisch kontingent ist. Schließlich gibt es Pantheismus auch in Verbindung mit kulturkonservativer Gesinnung, wie das Beispiel Eduard von Hartmanns zeigt.

Dass der poetische Pantheismus eine Quelle von Trost und Energie sein kann, belegen viele Zeugnisse – ich habe das Beispiel von Rabindranath Tagore erwähnt, weil er in der aktuellen Bildungsdiskussion von Martha Nussbaum wieder eine Rolle spielt. Martha Nussbaum empfiehlt, den einseitigen, »intellektualistischen« Sokratismus, die Orientierung am begrifflich-argumentativ geprüften Leben, mit der Herzens- und Imaginationsbildung des Tagore zu kombinieren. Tagore hat seinen Pantheismus selber als Vision und poetische Religion bezeichnet. So weit brauchen allerdings nicht alle religiösen Menschen zu gehen, dass sie ihre Innenansicht zur Poesie abschwächen. Wichtiger noch: Es geht hier nicht darum, Pantheismus als Inbegriff der Tugend und Toleranz anzupreisen. Auch die Vorbilder Rabindranath Tagore und Albert Schweitzer können nicht beweisen, dass Pantheismus notwendigerweise mit liberaler Toleranz verknüpft ist. Es handelt sich um kontingente und individuelle Glücksfälle. Eine poetische oder musikalische Vision der Welt bleibt moralisch ambivalent. Man sollte nicht vom Extrem der moralischen Diskreditierung von Pantheisten ins andere Extrem ihrer Glorifizierung verfallen.

Liberale Toleranz kann dort entstehen, wo sich eine Kultur der Selbstkritik entwickelt, die neben der Innenansicht der Religion (als Wahrheit) eine Außenansicht (als Meinung) schafft. Voraussetzung für Toleranz ist die Fähigkeit, zwischen Innen- und Außenansicht zu wechseln. Die Pantheismen sind nicht *per se* tolerant, sondern sie wurden es unter den Bedingungen der Fähigkeit zur Selbstkritik und Selbstdistanz, den äußeren Bedingungen einer liberalen Kultur der

---

[5] Vgl. Ralf Waldo Emerson: *Emerson's Antislavery Writings*, ed. by Len Gouseon & Joel Myenou, New Haven, London: Yal UP 1995. Hier zählt wohl eher Emersons Nonkonformismus als sein Pantheismus.

freien Meinungsäußerung und einer Kultur der Imagination und der Empathie.

Die Fähigkeit zur Außenansicht besagt zweierlei: Ich weiß, dass andere meine Überzeugungen in einem negativen Licht sehen und diese als Irrtum, spirituellen Kitsch oder Konfusion beschreiben würden. Meine Reaktion ist, dass ich diese Außenansicht zwar als falsch oder unangemessen, aber nicht als beleidigend oder als Akt der Aggression erlebe. Mein Bild von Außenansichten wird nicht automatisch zum Angstbild und zum Hassbild. Ich kann mich teilweise in andere versetzen, ergeht es ihnen doch wie mir: Auch ich werde ihre Überzeugungen zunächst und zumeist ähnlich (abwehrend und abwertend) beurteilen. Ich weiß, dass ich meine Überzeugungen nur dann weiterhin ohne Gefahr gravierender sozialer und ökonomischer Nachteile vertreten, leben und sogar äußern kann, wenn andere das Faktum des weltanschaulichen Pluralismus anerkennen. Das Leben in einer liberalen Kultur verschafft die Erleichterung, von anderen in Ruhe gelassen zu werden, aber es vermehrt auch die Erfahrung der Verunsicherung und Reibungen im Stimmengewirr des Multikulturalismus. Im Sog des Multikulturalismus werden Gewissheiten zu bloßen Meinungen degradiert. Wird Toleranz als *modus vivendi* verstanden, so bleibt sie dieser gegensätzlichen und schwankenden Erfahrung ausgeliefert. Wird Toleranz dagegen als Verständnis und gegenseitige Anerkennung verstanden, stößt sie irgendwann an Grenzen der emotionalen und intellektuellen Überforderung. Mehr als bloße Duldung und gegenseitige Gleichgültigkeit (oder Abschottung) wäre Einübung in Geduld und Gelassenheit im Umgang und in der Konfrontation mit Uneinigkeit und Fremdem.

Pantheismen haben historisch betrachtet allmählich zur Erweiterung des Spektrums religiöser oder antireligiöser Bekenntnisse und Visionen geführt; sie wurden *nolens volens* Quellen der Toleranz, weil sie selber Toleranz am nötigsten hatten. Pantheismus kann überdies einen bescheidenen Beitrag leisten, Toleranz besser zu verstehen, nicht nur als Duldung eines »Wettbewerbs der Ideen und Interessen«, sondern auch als versöhnliche Perspektive, die besagt, dass es letztlich keinen Sinn macht, um Heil oder Nähe zu Gott wie um ein knappes Gut zu konkurrieren, religiöse Konkurrenten zu fürchten oder zu hassen. So betrachtet ist paradoxerweise die sog. große und umfassende »Wahrheit« ausgerechnet jene »Meinung«, um die zu streiten es sich am wenigsten lohnt. Das war eine der wichtigsten ethischen Botschaften Spinozas. Der Frömmigkeitswettstreit macht für »Spinozisten«

keinen Sinn. Herder hat diese Botschaft verstanden, wenn er schreibt: »Über Gott werde ich nie streiten.« Dagegen macht die geordnete Austragung von weltlichen Interessenkonflikten im Rechtsstaat Sinn, ja sie ist unvermeidlich.

Die versöhnliche Perspektive besteht keineswegs in der Bereitschaft oder gar im Appell, die religiöse Innenansicht aufzugeben oder sich an ein »säkulares Bewusstsein« zu assimilieren. Es kann auch nicht darum gehen, aus allen Menschen perfekte Kosmopoliten zu machen – eine Forderung, welche die Schriften von Martha Nussbaum gelegentlich nahelegen. Jede religiöse Innenansicht ist dem Test zu unterziehen, ob und wie sich ihre Anhänger zu den Spielregeln einer liberalen Kultur verhalten, ob sie insbesondere von Schädigungen und Diffamierungen Andersdenkender absehen. Doch es wäre zu viel verlangt, viele oder gar alle Außenansichten in die Formulierung der Innenansicht zu integrieren. Das Ideal, selber multikulturell zu werden oder gar die Zahl der Perspektiven zu maximieren, mag einige Intellektuelle faszinieren; ein für alle Menschen gleichermaßen lebbares Ideal ist es nicht! Im Rahmen einer »unreinen« Ethik genügt es, Pantheisten und Atheisten, Juden und Muslimen die Fähigkeiten zuzubilligen, gute Eltern und Bürgerinnen zu sein – man kann und darf dagegen niemanden dazu drängen, die Schönheiten oder gar die »Wahrheit« »des« Pantheismus anzuerkennen.

Personenregister

Sachregister